プロブレムQ&A

パートナーシップ・生活と制度

増補改訂版

［結婚、事実婚、同性婚］

■

杉浦郁子・野宮亜紀・大江千束・編著

緑風出版

プロブレムQ&A

目次

プロブレムQ&A

Ⅰ　パートナーシップとは

Q1 パートナーシップとは何ですか？ 14
この本で言うパートナーシップとは、どういうことをいうのですか？　実際にパートナーシップを組んでいる人はどんな人たちなのですか？

Q2 なぜパートナーシップについての制度が問題なのですか？ 17
パートナーシップを築くことは、二人の間の気持ちの問題ではないのでしょうか。なぜ、法律や制度が問題になるのか、よくわかりません。

Ⅱ　結婚制度

Q3 結婚をすることにはどんな利点があるのでしょうか？ 22
結婚をするといろいろな利点があるようですが、法律で定められていること、いないことなど、具体的に教えてください。また、不利益はないのでしょうか。

Q4 国によって結婚制度にも違いがありますか？ 27
世界では、同性婚や夫婦別姓、一夫多妻制などが認められている国があると聞きます。日本の結婚制度との違いを教えてください。

Q5 日本における結婚の歴史について教えてください。 31
結婚制度は昔からあったものなのですか。日本ではいつごろから今のような形が決まったのですか。日本における結婚の歴史を教えてください。

Q6 結婚する人は減っているのでしょうか？　実態について教えてください。 35
最近、独身の人が多いように思うのですが、全体的に結婚する人は減っているのでしょうか？　それとも、結婚する年齢が遅くなっているだけでしょうか？

Q7 結婚制度にはどんな問題があるのですか？
結婚に関する日本の法律には、いろいろと不都合な点があると聞きました。具体的には、どのような問題があるのでしょうか？ 41

Ⅲ 事実婚

Q8 事実婚とは何ですか？
事実婚という言葉を耳にしますが、役所に届出をしていないのだから、ただの同棲ではないのですか。内縁とはどう違いますか。 52
Q9 事実婚の法的な扱いについて教えてください。
事実婚は法律婚や同棲とは違う意味で使われているのはわかりましたが、法的には法律婚とどういう違いがあるのですか？ 具体的に教えてください。 56
Q10 どういった人が事実婚を選択しているのでしょうか？
私のまわりに事実婚をしている人はいませんが、どういう人たちが事実婚を選択しているのですか。事実婚を選択するのには、何か理由があるのですか。 59
Q11 国によって事実婚の法的な扱いに違いはありますか？
日本の事実婚カップルの法的保護と海外での法的保護とでは違いがあるのでしょうか？ 海外の方が法的保護が進んでいるように感じますがどうですか？ 63
Q12 事実婚をしていて実際に困ることはありますか？
事実婚をしようかと迷っているのですが、事実婚をして困ることは具体的にどんなことなのですか？ 法律婚をしないと不利益が多いのでしょうか？ 67

プロブレムQ&A

Ⅳ　同性のカップルと結婚

Q13 同性のカップルでもパートナーシップは成立するのですか？
私のまわりには同性愛者がいないので、同性愛者のカップルの現状がよくわかりません。異性愛者のカップルのようにパートナーシップは成立するのですか？　72

Q14 日本では同性のカップルは結婚できますか？
日本では結婚は異性同士しかできないと思うのですが、それはどんな法律で定められているのですか？　近い将来結婚できるようになる可能性はありますか？　74

Q15 同性のカップルはどんな問題に直面しているのですか？
同性のカップルと事実婚カップルは、どちらも法律婚をしていないという点で同じように思いますが、実際に困ることは同じではないのですか？　78

Q16 災害時に同性カップルが直面する問題にはどんなことがありますか？
東日本大震災で、性的マイノリティの人々が緊急サービスを利用しにくかったと聞きました。なかでも同性カップルが直面した問題について教えてください。　82

Q17 性同一性障害についての法律は同性婚を認めたものではないのですか？
性同一性障害をもつ人が、戸籍の性別を変更できるようになったと聞きました。これで同性でも結婚ができるようになったのではないでしょうか？　86

Q18 海外で同性の結婚を認めている国はありますか？
日本では同性婚は認められていませんが海外の状況はどのようになっているのでしょうか？　国際的には同性婚を認める方向へ動いているのでしょうか？　93

Q19 全米で同性婚が認められるようになったプロセスは？
州ごとで、同性婚の扱いが違ったそうですが、全米で同性婚が認められるまでに時間がかかったのはなぜですか。成立までの経緯をふくめて教えてください。　101

Ⅴ パートナーシップ制度

Q20 結婚以外のパートナーシップ登録制度とはどのようなものですか？

カップルの関係を保障する制度といえば結婚だと思うのですが、結婚以外の制度もあるのですか？　具体的に教えてください。

106

Q21 フランスのパートナーシップ制度について詳しく教えてください。

フランスには異性のカップルも同性のカップルも登録できるパックスという契約があるそうですが、どんな内容の契約なのですか？　教えてください。

109

Q22 スウェーデンのパートナーシップ制度について詳しく教えてください。

スウェーデンにはカップルに認められる法的保障の形がいくつかあると聞きました。それぞれの内容と、違いなどを詳しく教えてください。

113

Q23 ドイツのパートナーシップ制度について教えてください。

ドイツでは90年代前半まで、ソドミー法があり、同性間の性行為を禁じていたと聞きました。現在でも同性カップルは社会的に認められていないのでしょうか？

119

Q24 イギリスのパートナーシップ登録制度について教えてください。

イギリスでは同性愛行為を犯罪とみなしていた時代があったそうですが、今も犯罪ですか？　同性同士のパートナーシップ制度もないのでしょうか？

124

Q25 外国の同性間パートナーシップ制度を日本人が利用できますか？

同性婚や同性を対象としたパートナーシップ制度がある国の人と日本人が、その制度を利用することができますか？　日本に制度がなくても可能なのですか？

131

Q26 渋谷区や世田谷区の「同性パートナーシップ証明」について教えてください。

渋谷区と世田谷区が二〇一五年から始めた「同性パートナーシップ証明」とはどのようなものですか。どのような効力があるのでしょうか。

136

プロブレムQ&A

Q27 日本の同性カップルはどのような制度を望んでいますか? 140
日本では、同性同士の生活、パートナーとの関係を守るために、どんな制度が望まれているのでしょうか? 当事者のニーズは調査されているのでしょうか?

Q28 制度ができたら同性カップルは利用するのでしょうか? 145
パートナーシップ登録制度や、同性婚の法制化を望む声があることはわかりましたが、そういう制度ができたら、本当に当事者は利用するのですか?

Ⅵ 生活や権利を守るために

Q29 結婚していないカップルが緊急時にパートナーとしての権利を守る方法は? 148
結婚していないカップルは「もしものとき」のためにどんな備えができるのでしょうか? 事前にしておいたほうがよいことはありますか?

Q30 遺言を作ることにはどのようなメリットがありますか? 151
遺言という言葉をよく耳にしますが、どういう時に作成するものなのですか? 簡単に作成できますか? 遺言を作成するメリットは何があるのですか?

Q31 同性カップルは公正証書をどのように利用しているのですか? 156
同性カップルは公正証書をどのように利用しているのでしょうか。公正証書はカップルの生活をどれくらい保障するのでしょうか。

Q32 事実婚カップルが公正証書をつくるにはどうしたらいいですか? 158
事実婚カップルは公正証書をどのように作成し、利用しているのでしょうか。公正証書を作ることに、メリットはあるのでしょうか。

Q33 同性カップルが養子縁組制度を利用する際のメリット・デメリットは? 171
大人同士で養子縁組をすることができるそうですが、同性カップルが法的な家族となるためにこの制度を利用することができますか?

Q34 事実婚や同性のパートナーが入院した場合どう対応したらよいでしょうか？
パートナーが不慮の事故にあったとき、法律上の親族でない私に連絡が来るのか、容態の説明を受けることができるのかと心配しています。 176

Q35 事実婚や同性のパートナーでも生命保険の受取人になれるのですか？
自分が死んだとき同性パートナーに保険金を残したいと思っています。生命保険の受取人は法的な親族しか指定できないのでしょうか？ 179

Ⅶ 子どもとの関係

Q36 事実婚のカップルが子どもを育てる上で困ることはありますか？
事実婚カップルに子どもが生まれた場合はどうなるのですか。婚外子差別があると聞いたことがありますが、現状はどうなのでしょうか。 184

Q37 同性カップルに子どもがいる場合もあるのでしょうか？
同性同士のカップルの場合、妊娠・出産は難しいと思うのですが、実際に子どもを育てている人はいるのですか？ 子どもが欲しい場合はどうするのですか？ 188

Q38 同性のカップルが子どもを育てるうえで困ることはありますか？
同性カップルの子育てを社会や周囲の人々は理解できるのでしょうか？ 同性の親が二人いることを子どもはどのように感じるのでしょうか？ 191

Q39 同性カップルに子どもの共同親権を認める国はありますか？
同性カップルが子どもと養子縁組をして親権をもつことはできますか？ 認められている国や地域の動向なども教えてください。 196

Q40 養子縁組を利用してカップルが子どもを持つことができますか？
養子縁組を利用して、事実婚のカップルや同性のカップルが子どもを持つことができるのですか？ 日本や諸外国の動向を教えてください。 201

プロブレムQ&A

Q41 事実婚や同性カップルも生殖補助医療を受けられますか？ 205
生殖補助医療は、法律婚をしていないカップルでも受けることができるのでしょうか？ 日本の生殖補助医療の現状を詳しく教えてください。

Q42 子どもの父親が誰かを決めるルールはあるのでしょうか？ 209
夫と妻の間で生まれた子が、法律上、夫の子として認められないという話を聞いたことがあります。なぜ、そのようなことが起こるのでしょう？

Ⅷ 全体の課題

Q43 異性同士が利用できるパートナーシップ登録制度は必要でしょうか？ 218
同性間のパートナーシップは法的保護がありませんが、事実婚には一定の法的保護があるので、パートナーシップ登録制度は要らないのではないでしょうか？

Q44 どのような人が同性婚や同性パートナー制度に反対しているのですか？ 223
わたしは他人がどのような生き方をしても自由だし、同性婚のような制度があっても構いません。反対だという人が、なぜ反対するのかよくわかりません。

Q45 パートナーシップ登録制度や同性婚に否定的な同性愛者もいるようですが？ 229
パートナーシップ登録制度や同性婚の要求についてはＬＧＢＴコミュニティでも賛否があります。差別的な結婚制度に荷担することを懸念する声もあります。

Q46 パートナーシップ登録制度や同性婚より個人単位の社会を目指すべきでは？ 232
パートナーシップ登録制度や同性婚に対して否定的な声もあります。事実婚や同性のカップルが直面する問題は別の方法で解決されるべきなのでしょうか。

Q47 同性婚やパートナーシップ登録制度は特別な人たちの問題ではないですか？ 240
わたしは同性愛者ではありません。同性婚やパートナーシップ登録制度は、わたしたちの社会のあり方と何か関係があるのでしょうか？

本文イラスト＝天宮　沙江

プロブレムQ&A

Ⅰ パートナーシップとは

Q1 パートナーシップとは何ですか？

この本で言うパートナーシップとは、どういうことをいうのですか？　実際にパートナーシップを組んでいる人はどんな人たちなのですか？

パートナーシップという言葉の捉《とら》え方は様々にあるかと思いますが、そのひとつとしてビジネスの上での使い方を思い浮かべる人も多いのではないでしょうか。例えば業務提携《ぎょうむていけい》をした関係や、あるいは共同経営者《きょうどうけいえいしゃ》、共同出資者《きょうどうしゅっししゃ》であるなど。それからお笑いのコンビの相方《あいかた》、社交《しゃこう》ダンスやダブルス（ペア）競技《きょうぎ》でのパートナー、などもよく聞く使われ方です。信頼《しんらい》や友好《ゆうこう》などによる様々な協力関係《きょうりょくかんけい》を指す言葉であり、ひとことで「パートナーシップ」といった場合に、何についてのパートナーシップや関係性《かんけいせい》を表現しているかは、人それぞれであるというのが現状《げんじょう》です。

ただし、この本では「パートナーシップ」を、親密《しんみつ》で、継続的《けいぞくてき》、家族的な関係をもつ二人の関係を指す言葉として使います。簡単に言えば、愛情で結ばれ、日常的な生活を協力して維持《いじ》しているカップルのことと言ってよいでしょう。

このようなカップルには、次にあげるようにいくつかのパターンがあります。

①　法律上《ほうりつじょう》の結婚《けっこん》（法律婚《ほうりつこん》）をしている男女

パートナーシップ

上記のような意味の「パートナー」を仕事上の関係などから区別するために、「ドメスティック・パートナー」という言葉が使われます。直訳《ちょくやく》すると「家庭におけるパートナー」という意味になりますが、この言葉は「結婚」として認められない関係を指して用いられることが多く、とくに同性パートナーの生活保障との関連で使われることが多くなっています。

② 法律上の結婚はしていないが、生活をともにする男女のカップル

③ 生活をともにする同性《どうせい》のカップル

このうち、②は「将来的には結婚する予定」という場合もありますし、「法的な結婚はあえて選ばない」という場合もあるでしょう。実質的《じっしつてき》には夫婦と言える状態で、婚姻届《こんいんとどけ》を出していないケースが「事実婚《じじつこん》」です（↓Q８）。また事例《じれい》としては少ないかもしれませんが、法律で定められた条件を満《み》たさず、結婚が認められないというケースもあり得ます。

③は、現在の日本では、結婚ができません。最近では、同性カップルの挙式を認める結婚式場があったり、一部の自治体で同性間のパートナーシップを認める取組みが始まったりしていますが（↓Q26）、これらは同性間での法的な結婚を認めるものではありません（↓Q14）。

ここでは同性愛《どうせいあい》への偏見《へんけん》について詳しく述べることはしませんが、異性愛《いせいあい》のパートナーと同性愛のパートナーで愛情や信頼関係《しんらいかんけい》のあり方が変わるわけではありません（↓Q13）。その中には、「異性カップルと同様に、法的に結婚ができるのならそうしたい」と思うカップルもいるでしょうし、結婚までは望まないというカップルもいるでしょう。

制度上の問題についてはQ２以降で触《ふ》れますが、その前に、パートナーシップが持つ意味について考えてみましょう。生きていくうえで一人の方が気楽《きらく》だという

法律婚

この本では、婚姻届を出した婚姻関係を「法律婚」と呼び、事実婚と区別します。ただし、事実婚であっても、法律婚で認められている権利のうち、いくつかは法的に保障されています。

人もいますし、現実に一人で生活を送る人の割合も増えています。一方で、親しい人と一緒に暮らしたい、生活を共有《きょうゆう》していきたいと考える人も多いでしょう。

人が「一緒に暮らしたい」と思う、その理由は何でしょうか。一つには、生活を維持《いじ》するうえで都合《つごう》がよいといったことがありそうです。経済的《けいざいてき》な事情《じじょう》のほか、子育てや介護《かいご》をするうえで、一人では困難《こんなん》だといった都合もあるでしょう。しかし、このような合理的《ごうりてき》な理由以外に、情緒的《じょうちょてき》な理由もあるはずです。そこには、人と人との「絆《きずな》」を求める心といったものがあるのではないでしょうか。

このような関係は、恋人や結婚の相手だけでなく、親子や、兄弟・姉妹といった関係においても成立します。しかし、両者の間には大きな違いがあります。それは前者が「結婚」というアクションをとることで初めて法的に保護《ほご》される家族関係になるのに対し、後者は血縁《けつえん》としてほぼ自動的に法的な家族関係が成立するということです。

結婚という制度は、良い意味でも悪い意味でも長い歴史をもっており、全ての人に見合《みあ》う制度というわけではありません。この本のテーマは、①の法律上の結婚（法律婚）とはどのような意味をもっているのか、そして②や③のカップルが抱えている問題はどういったものか、それらの問題についてはどのような対処《たいしょ》ができるのか、また、制度的な改善《かいぜん》はあり得るのかといったことです。以降の設問《せつもん》では具体的に、これらを説明していきたいと思います。

（大江千束・野宮亜紀）

Q2 なぜパートナーシップについての制度が問題なのですか？

パートナーシップを築くことは、二人の間の気持ちの問題ではないのでしょうか。なぜ、法律や制度が問題になるのか、よくわかりません。

制度による保障

Q1で述べたように、パートナーシップと呼べる関係には、さまざまな形があります。それでは、法的《ほうてき》に保護《ほご》される関係と、それ以外の関係とは何が違うのでしょうか。

実際、長い年月を過ごしたパートナーであれば、お互いを、どんな他人よりも良く知っていることでしょう。一緒に笑い、泣き、秘密《ひみつ》を打ち明けあい、また一緒に暮らしていれば、相手に食事を作ったり、二人で掃除《そうじ》をしたり、寝顔《ねがお》を見て安心したり、そういったことの一つ一つを大切な経験として築いているはずです。この点は、法的な家族であっても、そうでなくても変わりはありません。

しかし、もし彼（彼女）が事故に遭《あ》って意識《いしき》のない状態になり、病院に運ばれたとしたら、どうでしょう。あなたは、誰よりも早く駆《か》けつけ、傍《そば》にいたいと思うに違いありませんが、ここで問題が生じます。

家族

家族とは何か、についてはさまざまな定義《ていぎ》が可能で、時代や地域によってもその概念《がいねん》は違ってきます。現代の日本では、家族は「夫婦」と「親子」の関係から成り立つものと考えることが一般的ですが、この本で問題とするパートナーシップは、この「夫婦」に相当する概念を、法的な婚姻関係よりも広く捉えようとするものだと言えます。

なお、民法には「家族」という言葉はなく、法律の世界で「家族法《かぞくほう》」

二人が法的な家族でなければ、病院のスタッフなど第三者《だいさんしゃ》から見て、二人の関係は「他人」または「ただの同居人《どうきょにん》」ということになります。面会《めんかい》はできず、それ以前に事故の連絡さえ、あなたのところには来ないかもしれません（→Q34）。そして万一《まんいち》の事態《じたい》になったとしても、あなたは家族の一員としては扱われず、彼（彼女）が残した思い出の品も彼（彼女）の両親や兄弟、親戚《しんせき》のものとなって、あなたにそれを引き継《つ》ぐ権利は与えられません。二人の貯金《ちょきん》も、彼（彼女）の名義《めいぎ》であれば、受け取ることができません。今まで住んでいた家に住み続けられるという保障《ほしょう》もありません。

一方、二人が法的に結婚していれば、第三者から見て、最も優先すべき人物があなたであることが明《あき》らかになります。とくに、相続《そうぞく》は法律婚に認められた最大の特権《とっけん》と言えるでしょう。

しかし、Q1の②や③のようなカップルは、法律婚に比べて不安定な立場に置かれることになります。

法整備の可能性

法律婚で認められている権利のいくつかは、事実婚《じじつこん》にも適用《てきよう》されますが、相続や、生まれた子の親権は法律婚とは異なる扱いとなります。また、同性カップルの場合は、全くと言って良いほど法的な保障がありません。

同性間のパートナーシップに法的な保護を与える上では、次のような可能性が

と言う場合は、民法の中の「親族《しんぞく》編」と「相続《そうぞく》編」を指すことが多いようです。一方で、日本の法制度には、「同居」を重視した「世帯」の考え方に基づく住民票と、「血縁」に基づく「親族」としての関係を記述する戸籍制度が並存しており、それぞれが家族の異なる側面を表わしているとも考えられます。

パートナーシップを保護する制度

この本では、法律婚の制度や、事実婚に対する法的な保護なども含めて、パートナーシップの保護に関わる社会的な仕組みの全般を「パートナーシップ制度」と呼びます。また、欧米で実現されているような、結婚とは異なる新たなパートナーシップ制度（特に、二人の関係を役所などに届け出て登録するもの）を「パートナーシップ登録制度」と呼びます。

考えられます。

① 事実婚の概念《がいねん》を、同性のカップルにも適用する
② 従来の結婚とは別に、パートナーシップを保護する新たな制度を設ける
③ 従来の結婚制度を、同性カップルにも開放《かいほう》する

海外では、欧米《おうべい》を中心に多くの国が②の制度を設けていました。しかし、これではは不十分だとして③を実現する国が増えています。

新しい「家族」のあり方に向けて

家族とは何か、という問いにはさまざまな答え方ができますが、現実の家族は、法律が想定する核家族《かくかぞく》だけではなく、さまざまな形をとっています。

法制度の役割については、公正《こうせい》や平等《びょうどう》といった理念《りねん》にしたがって積極的《せっきょくてき》に問題を解決すべきという考え方と、社会の慣習《かんしゅう》や過去とのつながりを重視するべきという考え方があります。一概《いちがい》にどちらが正しいとは言えませんが、法の恩恵《おんけい》を受けられない家族はそのことによって社会に認められにくく、結果として不利益《ふりえき》を被《こうむ》りやすいという現実もあります。多数の立場も、少数の立場もともに尊重され、豊かな社会を築けるような制度のあり方を望みたいと思います。

（野宮亜紀）

パートナーシップ登録制度には、国によって同性カップルだけが利用できるものと、異性のカップルでも利用できるものがあります。これらの具体的な内容については、第Ⅴ章を参照してください。

核家族

核家族とは、「父と母と（未婚の）子」を基本単位とする家族で、一九四九年に米国の社会人類学者マードックが提唱《ていしょう》したものです。マードックはこの核家族が人類の普遍的な家族形態であると考えましたが、この点は明らかではありません。

一方で、核家族は近代以降のヨーロッパ社会の価値観と密接に関係しているとも考えられています。

プロブレムQ&A

Ⅱ

結婚制度

Q3 結婚をすることにはどんな利点があるのでしょうか？

結婚をするといろいろな利点があるようですが、法律で定められていること、いないことなど、具体的に教えてください。また、不利益はないのでしょうか。

「結婚」には、役所《やくしょ》に届出《とどけで》をし法的に夫婦と認められた関係である「法律婚《ほうりつこん》」、届出はしていないものの生活の実態において夫婦と認められる関係である「事実婚《じじつこん》（内縁《ないえん》）」があります。また、諸外国では「同性婚」が認められているところがあり、国内でも挙式した同性カップルの関係がメディアで「結婚」と表現されるようになっています。

ここでは、日本の法律婚の夫婦に限り、どのような利点があるのかについて、経済面を中心に見ていきましょう。

法律で定められている事項

① 結婚が継続《けいぞく》している間

夫婦のどちらかが無収入《むしゅうにゅう》ないし低収入《ていしゅうにゅう》で、片方の収入で生計を立てているとき、生計維持者を経済的《けいざいてき》に支える制度があります。

たとえば、企業の従業員や公務員（給与所得者《きゅうよしょとくしゃ》）に収入の少ない配偶者《はいぐうしゃ》がいる場合、所得税《しょとくぜい》や住民税《じゅうみんぜい》が減額《げんがく》されるという制度（配偶者控除《はいぐうしゃこうじょ》）があります。また、その配偶者は、個人で保険料を支払わなくても国民年金に入ることができます。

経済面以外の利点を挙げれば、子どもに対して共同で親権《しんけん》をもてるのも、特別《とくべつ》養子縁組《ようしえんぐみ》が認められるのも、法律上の夫婦のみです。また、いわゆる国際結婚において、外国籍《がいこくせき》の配偶者には在留資格《ざいりゅうしかく》が与えられ、日本での長期滞在が可能になります。

②一方が死亡したとき

夫婦の一方が死亡《しぼう》したとき、法定相続人《ほうていそうぞくにん》として優先的《ゆうせんてき》に財産《ざいさん》を継承《けいしょう》できるのは配偶者です。相続《そうぞく》にあたっては税金を納めなければなりませんが、配偶者は控除額《こうじょがく》において優遇されており、一億六千万円以内また法定相続分までなら非課税です。

年金の加入者が死亡した場合、死亡した者によって生計を維持されていた子のある配偶者には、遺族基礎年金が支給されます。交通事故で配偶者が亡くなったときには、遺族（相続人）として加害者に慰謝料や損害賠償を請求することができます。

③離婚するとき

夫婦は互いに協力して生活をする義務がありますが、その義務を怠り関係解消

経済面以外の利点

国立社会保障・人口問題研究所「第14回出生動向基本調査（独身者調査）」（二〇一〇年）では、未婚の男女（十八～三十四歳）に結婚の利点をたずねています。男女とも「子どもや家族をもてる」「精神的な安らぎの場が得られる」が多く、「経済的余裕がもてる」を挙げる人は少ないという結果でした。しかし、結婚の「生活保障」という機能は、より女性に重視されており、二〇一〇年調査で女性のみ増加傾向にあった項目です。

の原因を作った配偶者に対し、原因を作られた側は慰謝料《いしゃりょう》を請求することができます。また、名義《めいぎ》にかかわらず、結婚してから二人で協力して築《きず》いたと見なされる財産については、分与《ぶんよ》を求めることが認められています。

法律で定められていない事項

右記以外にも、法律婚夫婦には社会的にさまざまなことが認められています。

たとえば、多くの民間《みんかん》の企業では、従業員に対する福利厚生《ふくりこうせい》として配偶者手当《はいぐうしゃてあて》を支給《しきゅう》していますし、会社の医療保険《いりょうほけん》にも配偶者は保険料を支払わずに加入することができます（いずれも配偶者が低収入の場合です）。

死亡保険受取人《しぼうほけんうけとりにん》は、法定相続人である配偶者を指定するのが一般的ですし、保険会社もそれを推奨しています（→Q35）。不動産《ふどうさん》を購入《こうにゅう》するために金融機関《きんゆうきかん》で融資《ゆうし》を受けるときにも、法律上の夫婦は有利です。通常、夫婦枠での融資額は単身者枠《たんしんしゃわく》より高く設定されているからです。

生殖技術《せいしょくぎじゅつ》の利用も法律上の夫婦に限られてきましたが、日本産婦人科学会は二〇一四年に学会ルールを改め、体外受精《たいがいじゅせい》の実施を事実婚カップルにも認めることを決めました。ただし、高額の不妊治療《ふにんちりょう》の費用を補助する自治体のほとんどは、その対象を法律上の夫婦に限っています。また、同性同士のカップルや単身者は、日本で生殖技術を利用できません（→Q41）。

それ以外にもありとあらゆる場面で、法律上の夫婦はお互いに対する権利義務

企業や官公庁の配偶者手当

近年、さまざまな理由で配偶者手当を見直す動きが出ています。たとえば、既婚者か否かで給与に差が出るのはおかしい、「同一労働、同一賃金」という理由で見直しを検討する動きがあります。これに対して「同一労働、同一〝実質〟賃金」という考え方もあります。同じ労働をしていたら、同じ水準の生活ができなければならないという考え方で、被扶養者が多い従業員への家族手当の必要を訴える根拠となっています。

また、最近では、女性の就労拡大をねらい配偶者手当を廃止したり、その代わりに少子化対策として子ども手当を増額したりする企業も登場しています（たとえばトヨタ自動車）。

を第一義的にもつ者として扱われます。病院で患者の安否《あんぴ》や容態《ようたい》が真っ先に配偶者に知らされる（→Q34）、葬式をとりしきる喪主は慣習的《かんしゅうてき》に配偶者が務める、などもその例です。

利点か不利益か

ところで、以上の権利義務が法律婚の利点と言えるかというと、一概《いちがい》にそうとは言い切れません。何が利点かは、夫婦における経済的な立場や夫婦のライフスタイルの違いなどによって変わってくるものだからです。

たとえば、夫婦に課せられる相互扶助《そうごふじょ》の義務は、経済的に依存《いぞん》される者にとっては扶養の負担をもたらしますが、扶養される者には経済的な安定をもたらします。経済的に自立している夫婦ならどうでしょうか。義務で縛《しば》られることを不自由だと感じる人もいれば、失業《しつぎょう》しても大丈夫だという安心感を得る人もいるかもしれません。

離婚時の財産分与請求権《ざいさんぶんよせいきゅうけん》も、収入の多い者（多くは夫）を不利《ふり》にし、そのことによって収入の少ない者（多くは妻）を保護するしくみですから、経済的な立場によってそれが利点となるか、負担となるかは異なります。

「企業の従業員（夫）と収入の少ない配偶者（妻）」への経済的な優遇は、共働き夫婦や自営業を営む夫婦からみれば、相対的に自分たちに不利益をもたらす制度だと感じられるかもしれません。さらに視点を広げれば、低収入の妻にとってさえ、

こうした優遇は必ずしも利点とはいえない側面をもち合わせています。というのも、この優遇を受けるためには収入をあえて低く抑えて働かなければならず、それが経済的自立を難しくしているからです。離婚したら生活できないという状況を生み出すこの優遇策は、離婚する自由を扶養される者から奪《うば》っているということもできます。

事実婚カップルや同性カップルの場合は？

なお、法律婚夫婦の法的な権利のうち、いくつかは事実婚カップルにも認められています。しかし、同性同士のカップルにはほとんど認められず、それが同性カップルの生活に困難や不安をもたらしています。事実婚カップルについては第Ⅲ章、同性カップルについては第Ⅳ章でとりあげます。

（杉浦郁子）

Q4 国によって結婚制度にも違いがありますか？

世界では、同性婚や夫婦別姓、一夫多妻制などが認められている国があると聞きます。日本の結婚制度との違いを教えてください。

結婚制度は、世界各国で異なっています。ここでは、日本の結婚制度との違いに着目《ちゃくもく》して、主要な国の結婚制度を紹介します。大きく分けて、①結婚が認められるための条件、②結婚するための手続、③結婚の効果、④離婚するための手続に、国によって違いがあります。

結婚が認められるための条件

日本とは違い、一人の男性と一人の女性の結合《けつごう》であることを、法的な結婚が認められるための条件としない国や地域があります。オランダ、ベルギー、スペイン、カナダ、アメリカ、ブラジル、フランス、イギリスなどの国では、同性同士の結婚を認める法律や最高裁判所《さいこうさいばんしょ》の判決によって、同性同士であっても結婚することができるようになっています。また、イスラム諸国では、コーランの教えに従い、法律上も、一人の男性が複数の女性と結婚することを認めています（ただし複数いる妻の扱いに差異を設けてはならないとされています）。これを一夫多妻制《いっぷたさいせい》といい、逆に中国のチベット自治区では、地方条例により、一人の女性と複数の男性との結婚を認める一妻多夫制《いっさいたふせい》をとっています。

一方で、日本と同じように一夫一婦制《いっぷいっぷせい》をとる国であっても、結婚が認められるための条件は全く同じではありません。日本では、結婚するためには男性十八歳以上・女性十六歳以上であることが必要と規定されていますが、この年齢の設定は国によって様々です。また、日本では、いとこ同士の結婚が認められていますが、イタリアや中国、韓国では、いとこ同士の結婚も近親婚《きんしんこん》にあたるとして禁止されています。反対に、ドイツやデンマークでは、おじ（おば）と姪《めい》（甥《おい》）の結婚が可能ですが、日本では禁止されています。このように、どのような関係を「近親」だとして結婚を禁止するかについても、国によって違っています。

結婚するための手続

日本のように、役所への婚姻届の提出のみ（しかも代理人が提出してもよい）で法的な結婚が認められるという国は、少ないといえるでしょう。キリスト教文化圏《ぶんかけん》の国では、法的な結婚をするために「挙式《きょしき》」が必要とされています。そこでの挙式は、どのようなものでもいいというわけではなく、法律上、一定の要式《ようしき》が定められています。その挙式において、当該《とうがい》結婚が法律上成立したことが宣言《せんげん》され、役所の登《とう》録簿《ろくぼ》に登録されるのです。

結婚可能年齢の違い

	男性	女性
中国	22歳以上	20歳以上
フランス オランダ スイス 韓国	18歳以上	18歳以上
日本	18歳以上※	16歳以上※
イギリス ニュージーランド	16歳以上※	16歳以上※

※成人するまでは、親の同意が必要

結婚の登録のされ方

日本では、結婚をすると新しい戸籍が作られ、夫婦が一緒にそこに登録されますが、このような国は他にはあまりありません。多くの国では、個人単位の身分登録簿ですので、そこに誰といつ結婚したかが書き加えられるだけです。

キリスト教文化圏ではない国においても、日本よりは厳格《げんかく》な手続が採用されています。例えば中国では、結婚登記手続によって法的な結婚と認められるのですが、結婚しようとする人が自ら登記機関に赴《おもむ》いて申請《しんせい》しなければならない点や、登記機関が実質的な審査《しんさ》をしたうえで結婚証が発給《はっきゅう》される点で、日本の手続きとは違っています。

結婚の効果

法律婚をすると、夫婦には様々な法的効果が付与されるわけですが、それらのうち、国ごとに大きく異なっているのが、夫婦の名字《みょうじ》（姓《せい》・氏《うじ》）の扱いです。日本では、夫婦同姓《どうせい》が強制《きょうせい》されており、結婚すると夫婦の一方が他方の姓に変更しなければなりません。

一方、夫婦別姓《ふうふべっせい》が強制《きょうせい》されている国としては韓国《かんこく》やカナダのケベック州が挙げられます。また、フランス、スペイン、デンマーク、ドイツ、オーストリア、スイスは、原則として夫婦別姓としています。夫婦の選択により、同姓としたり結合姓とすることも可能です。

これらに対して、アメリカ、イギリス、オーストラリアでは、名字の選択は自由とされています。さらに中国では、結婚後もそれぞれ自己の姓名を使用することを、権利として認めています（夫婦別姓が強制されているわけではありません。夫婦の意思によって、どちらか一方の姓にしたり、結合性とすることもできます）。

結婚の財産的効果の違い

上記以外に国ごとに大きな違いがあるのは、夫婦間の財産的関係についてです。夫婦の財産を共通のものとするか、別々とするか、管理権は誰にあるか等に違いがあります。

離婚するための手続

日本のように役所に離婚届を出すだけで離婚できるという国は少ないといえます。アメリカ、イギリス、フランス、ドイツなど多くの国では、夫婦が離婚に同意していたとしても、裁判所《さいばんしょ》から離婚を認められなければ、離婚することができません。裁判所で離婚が認められるために必要な離婚原因は、近年では、緩《ゆる》やかになってきています。不貞行為《ふていこうい》といった特別な原因がなくても、一定期間の別居や、修復しがたい夫婦関係の破綻《はたん》があれば、夫婦の双方《そうほう》あるいは一方からの離婚請求を認めるとする国が多くなっています。

一方、中国には、日本と同様に、裁判所を通さずに離婚することができる協議離婚制度《きょうぎりこんせいど》があります。しかし、日本よりも手続は厳格です。必ず二人で登記機関に赴き離婚登記を申請しなければならないとされているうえ、登記機関は実質的審査《じっしつてきしんさ》を行うこととされているのです。

以上のような違いを前にすると、日本で「常識」とされている結婚観《けっこんかん》は、必ずしも普遍的《ふへんてき》なものではないということが明らかになってきます。結婚制度は、その国の社会的文化的背景から大きな影響を受けていると言えるでしょう。

（大島梨沙）

中国の登記機関の実質的審査とは

例えば、夫婦の感情がまだ完全に破綻していない場合は和解《わかい》を進めたり、子どもの問題について協議が成立していない場合は、離婚登記を認めなかったりします。

※本文内の各国のデータは、二〇一六年段階のデータに基づきます。

Q5 日本における結婚の歴史について教えてください。

結婚制度は昔からあったものなのですか。日本ではいつごろから今のような形が決まったのですか。日本における結婚の歴史を教えてください。

結婚の制度《せいど》、形態《けいたい》、習慣《しゅうかん》、意味などは、時代によって異なります。ここでは、戦前の大日本帝国が定めた結婚と戦後の日本国が定めた結婚との違いを、制度面を中心に見ていきましょう。戦前と戦後の対比《たいひ》において、現在の結婚の特徴がよりよく理解できると思います。

明治民法の定めた結婚――家制度における

戦前までは、一八七一（明治四）年に定められた戸籍法、一九八九（明治三一）年に定められた民法（親族・相続篇）が結婚や家族のあり方を大きく規定《きてい》していました。戦前の家族制度は、家制度と呼ばれています。

家制度とは「家名《かめい》や家業《かぎょう》の存続《そんぞく》を重視する規範体系《きはんたいけい》である」と定義《ていぎ》することができます。家を統率《とうそつ》する家長《かちょう》がいて、家業《かぎょう》を営《いとな》み、家に属《ぞく》する財産を跡継《あとつ》ぎに相続《そうぞく》させていく、そうすることで家の世代を超えた繁栄《はんえい》を望む、といった家族をめぐる規

結婚の歴史

古代《こだい》以来の結婚の歴史については、『日本女性の歴史――性・愛・家族』（総合女性史研究会編／角川書店）、『家族と結婚の歴史』（関口裕子・服藤早苗ほか著／森話社）が参考になります。

規範

規範《きはん》とは、人々に共有されている行動についての期待のことを指します。具体的には「このようなとき、このような人は、このようにすべき

範群が家制度です。

こうした規範は、江戸時代にはすでに広く観察されましたが、家督《かとく》の相続は意外にも長男《ちょうなん》に限られていたわけではありませんでした。しかし、戦前の旧民法は長男が家督を独占的に相続することを定め、それ以外にもさまざまな権限を長男に集中させ、それに法的な正統性を与えたのです。そのかわり、家長（戸主《こしゅ》）以外の家族、なかでも結婚した女性の権利や自由は、かなり制限されることになりました。

明治民法には、結婚によって「妻は夫の家に入る」と明記《めいき》されていました。また、妻は夫の家の氏《うじ》を称《しょう》すること、夫と同居《どうきょ》する義務を負うこと、妻の財産は夫が管理し、妻の経済行為には夫の許可《きょか》が必要であること（妻の法的無能力《ほうてきむのうりょく》）、子に対する親権《しんけん》は父のみに認められること、などが規定されていました。

さらに、結婚した女性には姦通罪《かんつうざい》（刑法《けいほう》）が適用《てきよう》され、旧民法でも妻の姦通《かんつう》は離婚理由として挙げられていました。他方、夫の姦通は、相手が未婚の女性であるかぎり罪に問われることもなく、また離婚理由になりませんでした。つまり、明治民法は一夫一妻制《いっぷいっぷせい》を取り入れはしましたが、事実上、男性による婚姻外《こんいんがい》での性交渉《せいこうしょう》の自由を認めていたのです。

このような制度のもとでの結婚は、家の存続のためになされるものでした。女性にとって結婚とは、親が決めた相手の家に異動し、跡継《あとつ》ぎとなる男子《だんし》を生み育て、家業があればそれを手伝い、なおかつ家事《かじ》もする従順《じゅうじゅん》で安価《あんか》な働き手になることだったといえます。

だ」というルールのことです。規範は、さまざまなかたちをとります。慣習《かんしゅう》や道徳《どうとく》など、明文化《めいぶんか》されていない規範もあれば、法律のように明文化されている規範もあります。個人的なポリシーのようなものは、規範とは呼べません。規範は、あくまでも社会の一定程度の人々が「当たり前」に知っている行動指針《こうどうししん》です。

家督

家長《かちょう》としての地位、家名《かめい》、家族に属する財産などの家の属性《ぞくせい》をまとめて家督と言います。

権限を長男に集中

家長の権利は「戸主権《こしゅけん》」として法的に規定されました。戸主《こしゅ》（戸籍の筆頭者）は、戸籍に登録されたメンバー（家族）の扶養義務を負うとともに、家督を相続する権利、家族の

男性にとっては、家に登録されたメンバーに対する権利とともに扶養義務《ふようぎむ》を背負うことが結婚の意味だったといえるでしょう。

戦後の結婚──家制度の廃止

戦後日本では、国家のあらゆる制度を民主化《みんしゅか》するための大改革《だいかいかく》がおこなわれました。もちろん、家族に関する制度も例外ではありませんでした。旧民法下の家制度は、封建的《ほうけんてき》で差別的なものと見なされ、それに替わる新しい制度作りがめざされたのです。

戦後の結婚や家族に関する理念《りねん》は、一九四六年に公布《こうふ》された日本国憲法第二四条に掲げられています。「両性《りょうせい》の合意《ごうい》のみに基《もと》いて成立し、夫婦が同等《どうとう》の権利を有《ゆう》することを基本として、相互《そうご》の協力により、維持《いじ》されなければならない」。「配偶者《はいぐうしゃ》の選択、財産権、相続、住居の選定《せんてい》、離婚並びに婚姻及び家族に関するその他の事項に関しては、法律は、個人の尊厳《そんげん》と両性の本質的平等に立脚《りつきゃく》して、制定されなければならない。」。

ここには、結婚は本人の意思で決められること、夫婦の権利義務は平等であること、夫婦関係を家族形成の基本とすること、などが書き込まれています。これらの理念にもとづいて、戸籍法《こせきほう》、民法《みんぽう》、刑法《けいほう》などの家族に関する法も改められていき、戸主権《こしゅけん》、長子単独相続《ちょうしたんどくそうぞく》、妻の法的無能力、姦通罪など家制度を支えた規定が撤廃されたのです。子の親権も夫婦共同でもつようになりました。

結婚や離婚、養子縁組《ようしえんぐみ》を決める権利、家族の居所を指定する権利などをもちました。

戦後の結婚をめぐる変化

結婚に関する制度が変わったことで、実際の結婚も変わっていきました。たとえば配偶者選択の方法は、着実《ちゃくじつ》に変化したことの一つです。一九六〇年代後半頃、好きな人との交際を経て結婚に至る恋愛結婚《れんあいけっこん》が見合《みあ》い結婚を上回ります。それ以降も見合い結婚は減少していき、一九九五年には一割を切りました。家柄《いえがら》ではなく愛情や人柄《ひとがら》で相手を選び、親ではなく自分の意思で結婚を決めるのが、今では当たり前になっています。

変わらない点もあります。戦後七〇年経った今でも、跡継《あとつ》ぎとして男の子を望んだり、相続を長男に集中させたりする慣習《かんしゅう》が残っている地域もありますし、「世帯主《せたいぬし》／戸籍筆頭者《ひっとうしゃ》たる夫が妻子を扶養《ふよう》する」という家族イメージは強固《きょうこ》です。「嫁にやる／嫁に入る／嫁をもらう」といった表現も聞きます。こうした慣習や意識のなかに家制度を見てとることができ、それは日本の結婚や家族のあり方を未だに少なからず規定しています。

とはいえ、結婚はもはや、家や親のためになされるものではありません。「結婚が自分のニーズを満たさない」と思えば、結婚を避《さ》けたり、遅《おく》らせたり、あるいは結婚から離脱《りだつ》したりすることも、それほど躊躇《ちゅうちょ》されなくなっています。昨今《さっこん》の未婚《みこん》化《か》や晩婚化《ばんこんか》、離婚の増加（→Q6）は、結婚が個人の選択肢のひとつになったことをあらわしているのではないでしょうか。

（杉浦郁子）

Q6 結婚する人は減っているのでしょうか？ 実態について教えてください。

最近、独身の人が多いように思うのですが、全体的に結婚する人は減っているのでしょうか？ それとも、結婚する年齢が遅くなっているだけでしょうか？

進む未婚化

「最近の人は結婚しない、結婚が遅い」と言われるようになって久しくなります。これはどういうことでしょうか。

まず、年間の婚姻数《こんいんすう》と、普通婚姻率《ふつうこんいんりつ》（日本で発生した日本人を含む婚姻数を日本在住《ざいじゅう》の日本人人口〈六六年までは外国人も含む〉で割ったもの）をみると、いずれも一九七〇年代から減少傾向《げんしょうけいこう》にありますが、八〇年代後半から二〇〇〇年代初めにかけて上昇していたり、その後も低下のスピードが緩やかになっていたりと、結婚する人の数が継続的《けいぞくてき》に同じスピードで減っているとはいえません（図1）。

次に、人口全体に未婚者《みこんしゃ》が占める割合（未婚率）を男女別、年齢層別にみると、全年齢層において未婚率が増加傾向にあることがわかります（表1）。例えば、二十代後半では、女性の未婚率は一九七〇年では一八％、九〇年では四〇％、二〇一〇年では六〇％、男性の未婚率は一九七〇年では四七％、九〇年では六五％、二〇

初婚年齢

結婚する人の年齢をみると、結婚が遅くなっていることも明らかです。男性の初婚年齢（はじめて結婚する人の平均年齢）は、一九七〇年で二十七・五歳、九〇年で三十・四歳、二〇一〇年には三十一・二歳に達しました。女性の平均初婚年齢も、一九七〇年で二十四・六歳、一九九〇年で二十六・九歳、二〇一〇年に二十九・七歳と、上がり続けています。

一〇年では七二%と、大きく上昇してきました。二〇一〇年では、三十代後半の男性の三人に一人、女性の四人に一人が未婚です。未婚者割合の増加をみると、明らかに「結婚する人が減っている」ということができます。

離婚する人も増えています。離婚率は八〇年代前半から九〇年代にかけて急上昇しました。有配偶者《ゆうはいぐうしゃ》（結婚している人）に対する離婚率（有配偶者千人あたりの離婚件数）をみるとどの年齢層でも上昇しています（図2）。再婚数の方は、年々増え続けていますが（図3）、結婚全体の増加にはつながっていません。

結婚したくない人は増えているのでしょうか

確かに、未婚者の割合は増えていますが、それらの人々のほとんどに、結婚する意思がみられます。国立社会保障・人口問題研究所が実施した出生動向基本調査によると、十八～三十四歳で「いずれ結婚するつもり」と考えている未婚者は、八二年では男女とも九五%前後、〇二年では八八%前後で、減少傾向がみられたものの、二〇一〇年では男性八六%、女性八九%で、九割近くの未婚者が、依然《いぜん》として結婚する意思を示しています。ただし、「一生《いっしょう》結婚するつもりはない」と表明《ひょうめい》する未婚者は、〇二年までは男女共五%を超えることはありませんでしたが、二〇一〇年では男性の九%、女性の七%と微増しています。「結婚すべきである」という意識には、それほど大きな変化はみられません。同調査で「生涯《しょうがい》を独身で過ごすというのは望ましい生き方ではない」という考えに賛成《さんせい》する割合は、十八～三十四歳の

結婚しない理由

出生動向基本調査（二〇一〇年）のデータに基づいて、独身でいる理由を「結婚できない」（相手がいない、資金、親の同意、住居の面などでの障害がある）と「結婚しない」（若すぎる、必要ない、結婚と競合するものがあるなど）に分けて分析すると、二十五歳未満では、男女とも「まだ若すぎる」（男性四七%：女性四二%、以下同様形式）「必要性を感じない」（三九%：四一%）「仕事（学業）に打ち込みたい」（三六%：三九%）など、必然性《ひつぜんせい》のなさや、結婚と競合するものの存在を多くの人が挙げています。また、男性の三一%、女性の三五%が「適当《てきとう》な相手にまだめぐり会わない」を理由として挙げています。

二十五歳以上になると、「適当な相手にまだめぐり会わない」がトッ

図1　婚姻数および普通婚姻率：1950～2014年

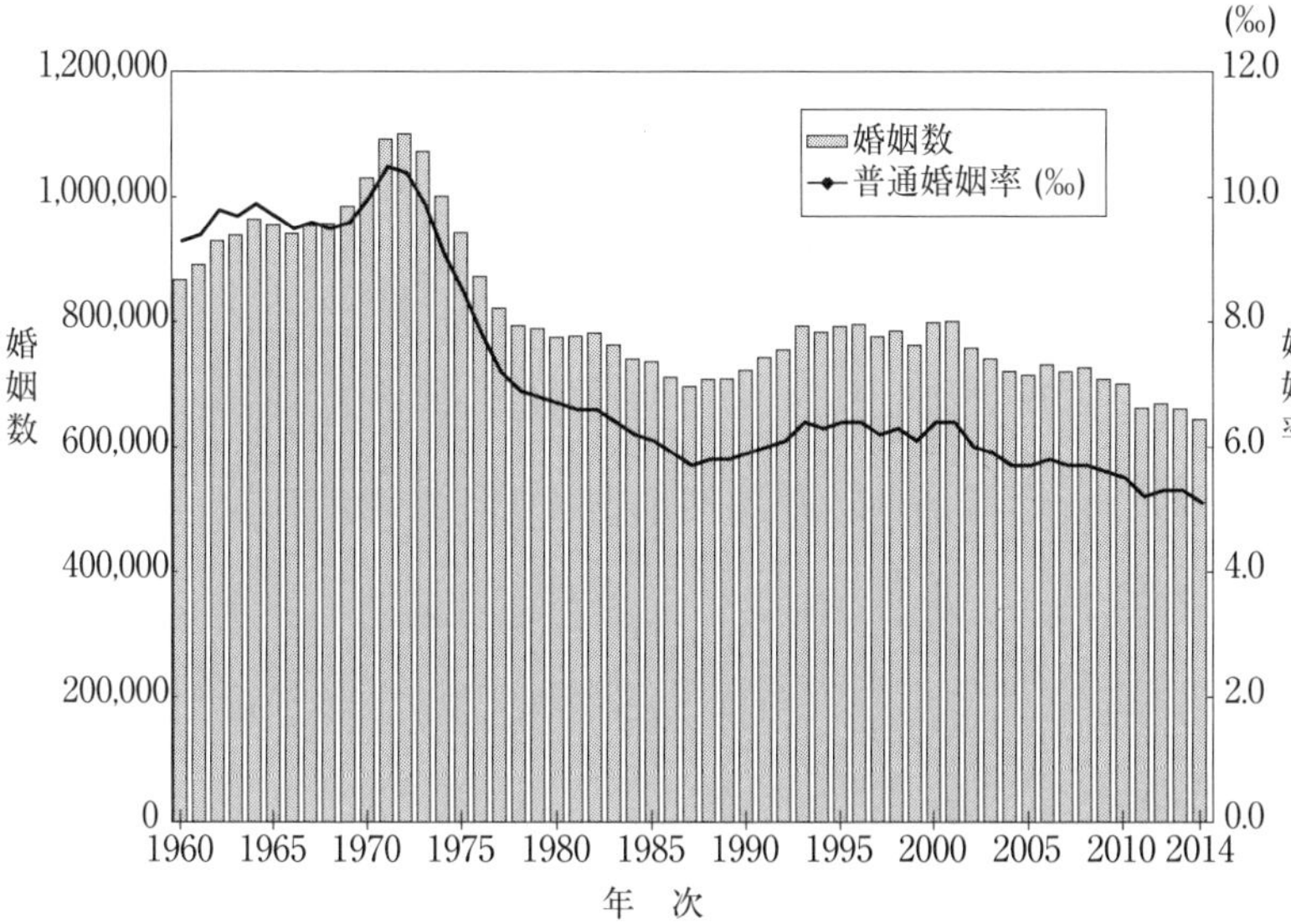

厚生労働省統計情報部『人口動態統計』による。

表1　性、年齢（5歳階級）別、未婚者の割合：1950～2010年　（%）

年齢		1950年	1960年	1970年	1980年	1990年	2000年	2010年
男性	15～19歳	99.5	99.8	99.3	99.7	99.7	99.5	99.7
	20～24歳	82.9	91.6	90.1	91.8	93.6	92.9	94.0
	25～29歳	34.5	46.1	46.5	55.2	65.1	69.4	71.8
	30～34歳	8.0	9.9	11.7	21.5	32.8	42.9	47.3
	35～39歳	3.2	3.6	4.7	8.5	19.1	26.2	35.6
	40～44歳	1.9	2.0	2.8	4.7	11.8	18.7	28.6
	45～49歳	1.5	1.4	1.9	3.1	6.8	14.8	22.5
	生涯未婚率*	1.5	1.3	1.7	2.6	5.6	12.6	20.1
女性	15～19歳	96.6	98.6	97.9	99.0	99.3	99.1	99.4
	20～24歳	55.3	68.3	71.7	77.8	86.0	88.0	89.6
	25～29歳	15.2	21.6	18.1	24.0	40.4	54.0	60.3
	30～34歳	5.7	9.4	7.2	9.1	13.9	26.6	34.5
	35～39歳	3.0	5.5	5.8	5.5	7.5	13.9	23.1
	40～44歳	2.0	3.2	5.3	4.4	5.8	8.6	17.4
	45～49歳	1.5	2.1	4.0	4.5	4.6	6.3	12.6
	生涯未婚率	1.4	1.9	3.3	4.5	4.3	5.8	10.6

*各年次の50歳時の未婚率（45～49歳と50～59歳の未婚率の平均値）
総務庁統計局『国勢調査報告』による．

未婚男性では、一九九二年から一九九七年にかけては六五%から五八%に低下しましたが、その後増加に転じ、二〇一〇年では六四%でした。未婚女性についても同様に、一九九二年の五八%から、一九九七年には四九%に低下しましたが、二〇一〇年には再び五七%に戻りました。

結婚（法律婚した男女）に替わる生き方をする人は増えているのでしょうか

では次に、結婚に替わる生き方をする人が増えているのかどうかを出生動向基本調査でみてみましょう。まず、同棲《どうせい》をみると、十八～三十四歳の未婚者で同棲している人の割合は、一九八七年から二〇一〇年にかけて、〇・七%から二・四%の間で推移しています。二〇一〇年では男女共、一・六%でした。

二十代でも現在同棲している人の割合は、三%未満です。従来《じゅうらい》から指摘《してき》されているように、日本では、結婚の前段階としての同棲はあっても、結婚に替わる生き方としてそれを位置づけることはできないといえましょう。

同棲に対する意識をみると、「男女が一緒に暮らすなら結婚すべきである」という考えを支持《しじ》する割合は、未婚女性では九二年の七三%から九七年の五九%に低下した後、再び二〇一〇年には六七%まで上がっています。未婚男性でも同じ傾向がみられます（九二年では七九%、九七年では六九%、二〇一〇年では七四%）。つまり、依然《いぜん》として同棲を結婚に替わる生き方としてみる考え方は、支持されていないといえます。

プの理由となります（四六%：五一%）。しかし、この年齢層でも、三割が「必要性を感じない」「自由や気楽さを失いたくない」なども挙げています。経年的な変化をみると、二十五歳未満でも、二十五歳以上でも、「結婚しない」理由よりも「結婚できない」理由に微増傾向が観察されています。

なお、適当な相手にめぐり会わないという理由に関連して、未婚者の異性との交際状況をみると、十八～三十四歳の男性の六一%、女性の五〇%が、交際している異性の友人／恋人はいないと答えています。

男女間の法律婚以外への抵抗感

二〇一四年の調査によると、抵抗感があると答えた人の割合は、同棲（結婚していない男女が一緒に住む）では四〇%、婚外出産（結婚し

図2　年齢(5歳階級)別、有配偶者に対する離婚率(妻):1970〜2010年

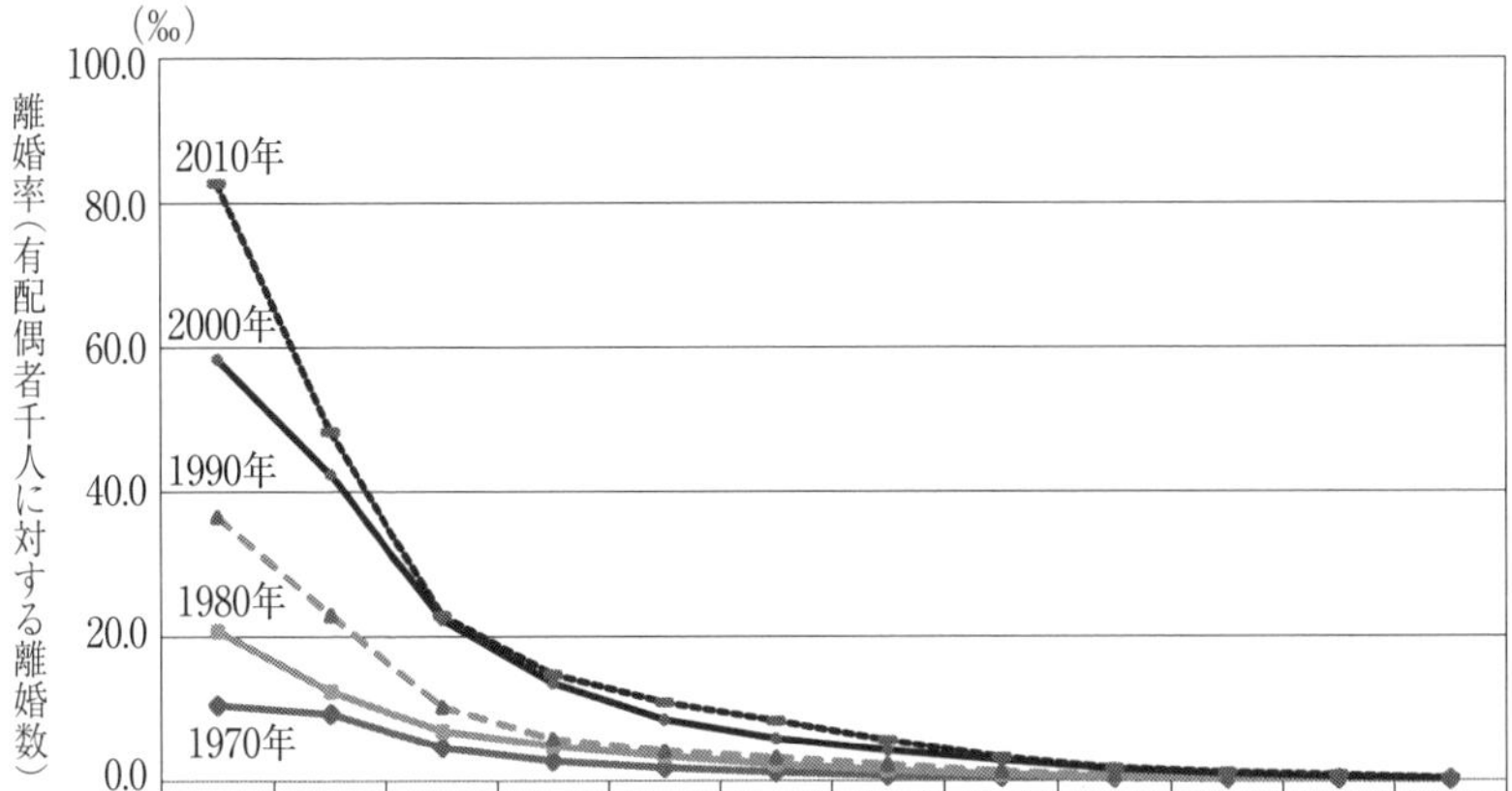

	19歳以下	20〜24歳	25〜29歳	30〜34歳	35〜39歳	40〜44歳	45〜49歳	50〜54歳	55〜59歳	60〜64歳	65〜69歳	70歳以上
1970年	10.52	9.30	4.60	2.74	1.80	1.17	0.72	0.48	0.31	0.20	0.16	0.11
1980年	20.75	12.42	6.89	4.84	3.44	2.27	1.43	0.82	0.46	0.27	0.16	0.10
1990年	36.50	22.94	10.26	5.78	4.13	3.18	2.19	1.22	0.66	0.35	0.21	0.11
2000年	58.35	42.45	22.33	13.56	8.49	5.85	4.19	2.83	1.59	0.92	0.51	0.21
2010年	82.74	48.34	22.88	14.80	10.90	8.33	5.60	3.22	1.72	1.13	0.73	0.28

厚生労働省統計情報部『人口動態統計』による。

図3　性別、再婚数および再婚率:1960〜2010年

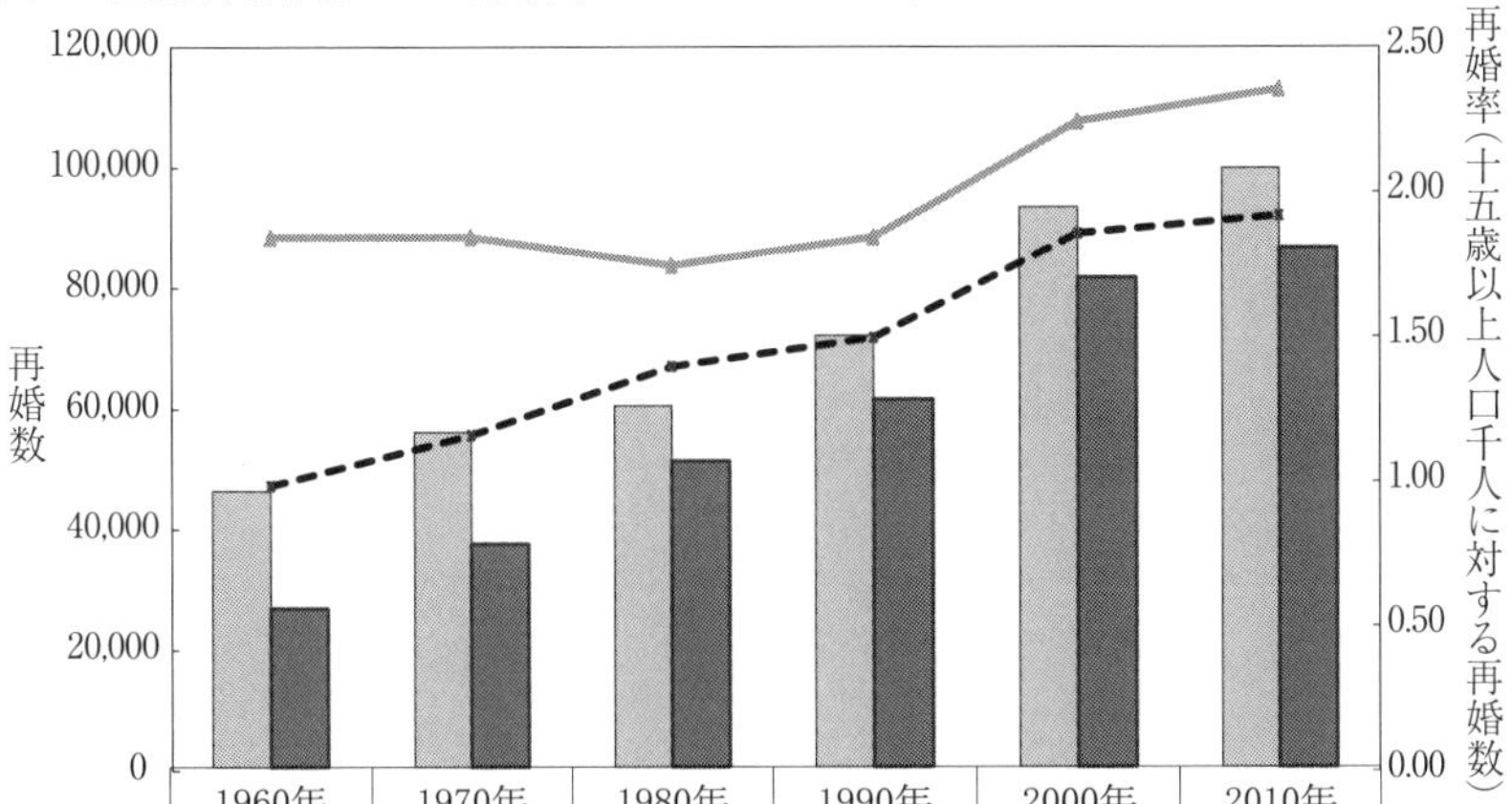

	1960年	1970年	1980年	1990年	2000年	2010年
再婚数 男性	45,945	55,723	60,095	71,765	93,191	99,672
再婚数 女性	26,325	37,044	50,933	61,153	81,395	86,440
再婚率 男性	1.47	1.47	1.39	1.47	1.79	1.88
再婚率 女性	0.78	0.92	1.11	1.19	1.48	1.53

厚生労働省統計情報部『人口動態統計』による。

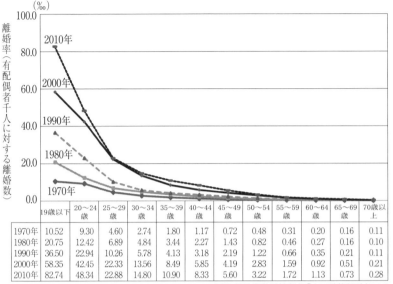

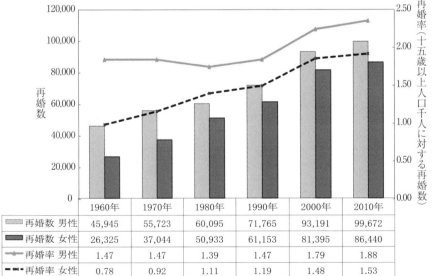

その他、シングルマザーやシングルファザーも、少しずつではありますが増えています。母子世帯数《ぼしせたいすう》（最年少の子どもが二十歳未満）は二〇〇〇年の六二万五九〇四世帯から二〇一〇年の七五万五九七二世帯と、十年間の間に、約十三万世帯も増えています。そのうち母親が未婚である割合も、六・一％から一〇・一％に増加しています。また、十八歳未満の子どものいる核家族《かくかぞく》世帯（夫婦と子ども、あるいは夫婦のどちらかと子どものみの世帯）に子どもと母親のみが暮らす世帯が占める割合をみると、九〇年では七・二％であったのが、二〇〇〇年には九・一％、二〇一〇年には一一・八％と、一割を超えています。父子世帯も二〇〇〇年では八万七三七三世帯、二〇一〇年では八万八六八九世帯で、数はほとんど変わりませんが、父親が未婚である割合は二〇〇〇年では一・二％であったのが、二〇一〇年では三・三％に増えています（すべて総務省『国勢調査報告』による）。

要約すると、現在の日本では、結婚する人が減り、結婚する年齢も遅くなっていますが、ほとんどの未婚者がいずれは結婚するつもりであると考えています。同棲経験のある人や未婚で子どもをもつ人もわずかながら増える傾向を示しているものの、これらが社会で結婚に替わるものとして位置づけられているとはいいがたいでしょう。法律婚した男女を中心とした家族のみが「正しい家族」である、という考えは、今後も弱まったり強まったりしながら、揺れ動いていくと思われます。その揺れ動きの中に同性パートナーシップや同性婚についての議論がどのように絡んでくるかも注目すべき点でしょう。

（釜野さおり）

ていない男女が子どもを持つ）では七〇％です。同性結婚（同性婚を法的に認める）に対しては、六四％が反対側回答をしました（日本世論調査会、全国の二〇歳以上の三千人を対象、回収率五八％）。これまでの研究から、男性より女性、また大概の場合、若い世代の方が、男女間の法律婚以外の生き方に抵抗感をもつ人が少ないことがわかっています。例えば「性的マイノリティについての意識二〇一五年全国調査」（研究代表者・河口和也）によると、「同性どうしの結婚を法で認めること」への賛成割合は五一％、反対割合は四一％ですが、賛成割合を男女別にみると、男性四五％に対し女性五七％、年代別にみると六十〜七十代では三二％、四十〜五十代では五五％、二十〜三十代では七二％です。

Q7 結婚制度にはどんな問題があるのですか？

結婚に関する日本の法律には、いろいろと不都合な点があると聞きました。具体的には、どのような問題があるのでしょうか？

事実婚主義と法律婚主義

結婚制度について考える上ではさまざまな視点《してん》がありますが、まず、「結婚している」とはどういう状態なのかを考えてみましょう。

一つには、結婚式を挙《あ》げて生活を共同で営《いとな》むなど、夫婦としての実態《じったい》がある状態を「結婚」と考えることができます。もう一つには、国や自治体に対して、何らかの形で夫婦関係の登録《とうろく》を行った状態を「結婚」と考えることもできます。

前者（事実婚主義《じじつこんしゅぎ》）は慣習《かんしゅう》に沿《そ》った自然な考え方ですが、結婚している状態としていない状態を明確《めいかく》に分けることはできません。相続《そうぞく》や財産分与《ざいさんぶんよ》などでもめる可能性もありますし、重婚《じゅうこん》が問題となることもあり得ます。

一方、後者（法律婚主義《ほうりつこんしゅぎ》）の考え方をとれば線引《せんび》きは明確になりますが、実態は夫婦として生活を送っているのに、届出《とどけで》をしていないために結婚として認められないというケースが出てくる可能性があります。

事実婚主義、法律婚主義

事実婚主義という言葉は論者《ろんじゃ》によって微妙に異なる意味で使われていますが、特に宗教的・慣習的な儀式の有無を重視する場合は「儀式婚主義」という言い方がされます。欧米では儀式を重視する伝統が強く、今日では法律婚の要件の中に儀式婚が組み込まれる形が主流となっています。

日本では、法律婚の要件に儀式は含まれず、届出のみで婚姻が成立します。これについては「届出主義」「届出婚主義」という言い方がされ

日本では、明治時代に法律婚主義が採用されました。しかし結婚にあたって父母の同意などが必要な上、家を継《つ》ぐ者はほかの家の戸籍に入れないという決まりもあったため、法律婚を選択《せんたく》できない夫婦が多かったそうです。今日ではむしろ、姓を変えることの不便《ふべん》などから法律婚を避《さ》ける夫婦が珍《めずら》しくありません。生活の実態と法的な位置づけの不一致《ふいっち》が生じることは、法律婚主義が必然的《ひつぜんてき》に抱《かか》えるジレンマだと言えます。

婚姻届出の問題

日本の場合、法律婚は市役所などの窓口に婚姻届《こんいんとどけ》を出すことで成立します。この婚姻届は二人の婚姻の意思を確認するものとされていますが、あくまで形式的な確認であって、挙式《きょしき》や同居《どうきょ》の有無《うむ》、愛情の有無といった事柄《ことがら》について実質的な審査を受けることはありません。

プライバシーに立ち入らないという意味では良いことですが、強迫《きょうはく》や、親の強制《きょうせい》によって届出がなされてしまうようなケースもないとは言えません。意外に思われるかもしれませんが、婚姻届は本人が出さなくてもよく、郵送も可能です。

このため、本人の知らない間に婚姻届が提出されるという事件も起こり、最近では運転免許証などによる確認や、郵送による提出の場合には本人に文書で通知を行うなどの措置がとられるようになっています。

ることがあります。

婚姻届

婚姻届には、二人の氏名・生年月日・住所・本籍、両親の氏名、両親との続柄《つづきがら》、どちらの姓を選ぶかの別を記入するようになっているほか、証人二人以上の連署《れんしょ》が定められています。

婚姻意思の確認

二人が知らない間に出された婚姻届や人違《ひとちが》いによる婚姻届は、合意が成立していないとみなされ「無効《むこう》」となります。この場合、戸籍の再製（作り直し）の手続きをすれば、婚姻の記録がない戸籍が再現されます。しかし、強迫を受けて届出を出した場合は「取消し」の対象となり、取消しの後でも、婚姻の記録が戸籍に残ってしまいます。

婚姻の条件

民法《みんぽう》は婚姻の成立条件《せいりつじょうけん》として、二人に婚姻の意思があることのほかに、婚姻適齢《てきれい》に達していること、重婚《じゅうこん》でないこと、近親婚《きんしんこん》でないこと、さらに、女性が再婚禁止期間《さいこんきんしきかん》にないことなどを定めています。

このうち婚姻適齢は、男性が十八歳、女性が十六歳と定められていますが、社会的な自立ができる年齢に統一すべきだという議論があります。

また、再婚禁止期間は、女性が再婚の場合に、生まれた子の父親が誰かを確定するために設けられたものですが、男性の方は離婚の届出をした直後に別の女性と再婚することができるため、不公平《ふこうへい》ではないかという疑問が生じます。

なお、健康状態については、日本の法律では規定がありません。性別についても明文上の規定はありませんが、現在の日本では事実上、同性婚は認められていないと言ってよいでしょう（↓Q14）。

婚姻に伴う義務

民法では、「夫婦は同居《どうきょ》し、互《たが》いに強力し扶助《ふじょ》しなければならない」として婚姻に伴う義務を定めています。しかし、同居については職業的な理由などから困難である場合も多く、これをどこまで厳密《げんみつ》に解釈《かいしゃく》するか、例えば同居を希望しない「遠距《えんきょ》離婚《りこん》」は有効《ゆうこう》なのかといったことが問題になります。

なお、無効・取消しのいずれの場合も家庭裁判所の判断が必要となります。

婚姻適齢
婚姻が認められる適齢のことで、国によっても違います（↓Q4）。

重婚の禁止
重婚の禁止は、いわゆる「一夫一婦制《いっぷいっぷせい》」を定めたものですが、海外では一夫多妻制《たさいせい》を認めている国もあります（↓Q4）。

近親婚の禁止
近親婚《きんしんこん》というと、親子《おやこ》や兄弟姉妹《きょうだいしまい》間のような血族関係を想像しがちですが、例えば、以前の配偶者《はいぐうしゃ》の父母や、子の以前の配偶者との婚姻も禁止されています。また、養子縁組《ようしえんぐみ》をしている場合には、養子、養親《ようしん》、養

このほかに明文化《めいぶんか》はされていないものの、夫婦は「貞操《ていそう》の義務」を負うとされています。例えば、妻が夫の浮気《うわき》の相手に慰謝料《いしゃりょう》を請求するといったケースがあり、過去の裁判ではこのような請求を認めていますが、夫婦間の義務を根拠《こんきょ》として第三者への請求を認めることの妥当性《だとうせい》については疑問が付されています。

夫婦の財産

夫婦の財産については、婚姻中に得た収入で買ったものや貯蓄《ちょちく》を、各個人のものと考えるか、それとも夫婦の共有と考えるかという問題があります。

現在の民法は前者の考え方（夫婦別産制《ふうふべっさんせい》）をとっていると言われますが、専業《せんぎょう》主婦など、直接の収入がない場合には自分の財産を持つことが難しいという問題があります。離婚の際には財産分与《ざいさんぶんよ》を請求することもできますが、離婚が成立していない状態では、例えば家や貯金《ちょきん》が夫の名義である場合に、それらを一方的に処分されても異論《いろん》を挟《はさ》めません。

しかし、共働《ともばたら》きで家事も共同で分担し、お互いの収入に応じて財産を持つべきだと考える夫婦もあるでしょう。このような場合には別産制の方が都合が良いことになり、一概には言えない現状があります。

親子の関係

婚姻（法律婚）をしていない男女から生まれた子（婚外子《こんがいし》）のことを、法律用語

子の子、養親の父母などとの婚姻が禁止されますが、これは、養子縁組を解消した後でも適用されます。

一方で、以前の配偶者の兄弟姉妹、養親の兄弟姉妹、養親の子などとの婚姻は可能です。どこまでを近親婚とすべきかは社会慣習の問題であり、明確には線が引きづらいと言えます。

再婚禁止期間と嫡出推定

民法には、「妻が婚姻中に懐胎《かいたい》した子は、夫の子と推定する」という規定があり、具体的には婚姻成立から二百日よりも後、または婚姻の解消・取消から三百日以内に生まれた子は、婚姻中に懐胎した子とみなされます。

再婚禁止期間の「百日」は、「前の婚姻の解消・取消から三百日以内」と「次の婚姻から二百日よりも後」が重なる事態を避けるためのも

で「非嫡出子《ひちゃくしゅつし》」と言います。以前は、この「非嫡出子」の相続分《そうぞくぶん》は、婚姻関係にある夫婦から生まれた婚内子（法律用語では「嫡出子」）の半分と定められていました。その根拠は婚姻の尊重にあると言われてきましたが、婚外子の立場から見ると、自らはその出生について何の責任もないのに不平等な扱いをされることになります（→Q36）。背後には婚外子に対する偏見の問題もあると言われ、是正を求める声が強く上がっていました。

このような民法の規定について、最高裁は一九九五年に合憲《ごうけん》との判断を示していましたが、二〇一三年には、社会の変化や諸外国の法制度の状況なども踏《ふ》まえると相続《そうぞく》に区別をもうける合理的な根拠《こんきょ》は失われていると述べ、あらためて法の下の平等を定めた憲法一四条に反するとの判断を下しました。その結果、婚外子と婚内子の相続を平等とする法改正が行われました。

一方、出生届には父母との続柄として「嫡出子」か「嫡出でない子」かを区別して記載する必要があり、これが憲法に反するという訴えもなされましたが、最高裁は、この記載上の区別については違憲ではないとの判断を、前述の相続規定に関する違憲判断の後に下しています。

なお、親子関係については、血縁《けつえん》に基づく親子関係以外にも養子《ようし》や継親子《けいしんし》の関係など様々な形があり、ここではそれらの問題について十分に触れることができません。特に最近では、生殖補助医療《せいしょくほじょいりょう》によって生まれた子の親子関係をどう定めるかといったことも、問題となっています（→Q41、およびQ42）。

のです。しかし、これはあくまで計算上の「合理性」で、実質的なパートナーシップや性関係は法的な離婚よりもずっと以前から破たんしている場合が多いため、これでは解決できない問題が生じます（→Q42）。

なお、医師の診断で妊娠していないことが証明されれば、禁止期間内でも再婚が可能です。

不貞

不貞行為とは、配偶者のある者が、自らの意思で、配偶者以外の者と性《せい》的関係《てきかんけい》を結ぶことを指します。民法での直接の規定はありませんが、離婚原因の一つに「配偶者に不貞な行為があったとき」があげられていることから、間接的に「貞操《ていそう》の義務」が定められていると言われます。

夫婦の姓

現在の民法では、婚姻にあたって、お互いの姓《せい》(氏)を夫または妻のどちらかの姓に統一《とういつ》しなければなりません。しかし、慣《な》れ親《した》しんだ姓を変えることへの抵抗《ていこう》や、職業的な理由から変えたくないという人も少なくありません(→Q10)。夫婦が共に働き、社会でキャリアを積んでいくという前提《ぜんてい》では、いずれかが姓を変えなければいけないというルールには不都合《ふつごう》があります。一方で、夫婦を別姓とすることについては、家族は一つの姓を名乗ることが好ましいと考える人からの根強い反対論も提起《ていき》されています。

別姓の使用が認められないことについては違憲性《いけんせい》を問う訴訟も起こされました(→新聞記事参照)が、最高裁は二〇一五年に、憲法に違反しないとの判断を示しました。この中で最高裁は、夫婦のいずれか一方が姓を変えることについて「形式的

最高裁の判断を伝える新聞記事(二〇一五年十二月十七日 朝日新聞)

夫婦の財産

戦前の民法では、「夫ハ妻ノ財産ヲ管理ス」と定めており、夫が夫婦の財産を管理する形になっていました。戦後は夫の管理権《かんりけん》が廃止され、別管理かつ別産制《べっさんせい》となっています。

婚内子・婚外子

明治民法では、婚姻外の関係から生まれた子を「私生子《しせいじ》」と呼んでいましたが、その後「嫡出ニ非サル子」(非嫡出子)という言葉に改められ、現在でも法律上の議論では嫡出子・非嫡出子という言い方が用いられます。しかし嫡出という概念は「正当な」という意味を含むことから、非嫡出子という言い方自体が婚外子に対する差別的な意味合いになるという指摘《してき》もあります。

な不平等が存在するわけではない」とし、選択的夫婦別姓《せんたくてきふうふべっせい》などの導入については国会で議論、判断されるべき事項だと述べています。

ただし、この最高裁判決においては、別の観点から重要な問題が指摘されています。男性裁判官は十二人で、夫婦同姓を合憲とすることに反対意見を述べたのはそのうち二人でしたが、女性裁判官は三人で、その全員が反対意見を述べたのです。裁判官の性別が法的な判断に関わるかどうかは一概《いちがい》には言えません。しかし、夫婦の姓に関わる議論が、男性であることによって、または女性であることによって必然的に当事者性が生じる議論であることは確かです。

この判決は、司法界の「平等」や、重要な地位に女性が就くことを促《うなが》す「ポジティブ・アクション」の必要性についても、結果的に議論を投げかける形となったと言えます。

離婚の条件

協議離婚《きょうぎりこん》とは、夫婦間の合意《ごうい》さえあれば、窓口に届けを提出するだけで離婚ができるもので、日本特有の制度と言われます（→Q4）。夫婦で対等《たいとう》に話し合いをして意思を決められる人には良い制度ですが、弱い立場の妻が、財産分与《ざいさんぶんよ》や養育費《よういくひ》などの経済的な補償《ほしょう》について曖昧《あいまい》なままで、離婚届に判を押さざるを得ないといった場合もあり得ます。具体的な取り決めがないまま離婚ができてしまうことは、協議離婚制度の課題として指摘されています。

継親子

継親子《けいしんし》関係とは、いわゆる「連《つ》れ子《こ》」など再婚《さいこん》によって生じる新たな親子関係を指します。

親権と監護権

親権《しんけん》には子の財産の管理権《かんりけん》と監護権《かんごけん》（監督・保護）が含まれます。戦前の民法では原則として父親が親権を持つとされていたため、母親の子育てを認めるために、親権とは別に監護権が設定されたと言われています。現在、親権と監護権に分けることの必要性については様々な議論があります。

婚姻法改正要綱

「民法の一部を改正する法律案要綱」（平成八年二月二十六日・法制審議会）

また、夫婦間の合意が成立せず裁判所《さいばんしょ》の調停《ちょうてい》なども不調《ふちょう》に終わった場合には、離婚訴訟《そしょう》という形がとられることになります。このとき、特別な原因がなくても別居が続いている事実さえあれば離婚を認めるのか、また、原因を作った側（有責《ゆうせき》配偶者《はいぐうしゃ》）が離婚を求める場合にもそれを認めるのかが議論となっています。夫婦関係が回復できないのに離婚を認めないのは問題の解決にはならないため、積極的に認めていくべきだという意見がある一方で、離婚の条件を緩《ゆる》めると経済的に強い立場にある側が身勝手に婚姻関係を捨てることができ、弱者《じゃくしゃ》に不利益《ふりえき》となるといった反対論もあります。

なお、夫婦間に子がある場合は、離婚にあたって父母の一方を親権者《しんけんしゃ》と定める必要があります。離婚後の親子の面会をめぐるトラブルは多く、二〇一一年の民法改正で、離婚時の協議事項として面会交流や養育費の分担が明示されました。また、夫婦関係の破綻《はたん》と親子の絆は別の問題であると考えるなら、諸外国のように離婚後の共同親権や共同監護《きょうどうかんご》を認めていくべきかもしれません。

婚姻と社会の変化

個人の自由を前提《ぜんてい》とする民主主義の社会では、結婚は二人の当事者の合意によって成立しますが、現実の社会では、他の親族や第三者との間でさまざまな利害関係《りがいかんけい》が生じます。また、二人の関係が常に平等であるとも限りません。これらを調整する上で、法律婚の仕組みは重要な役割を果たしています。しかし、法律に

形式的な不平等

平等には「形式的な平等」と「実質的な平等」があると言われます。夫婦同姓を定めた現在の制度は、男女のいずれが姓を変えるべきかは定めていないので形式的には平等と言えますが、これまでの社会慣習上、女性が姓を変えることが一般的となっており実質的には不平等と言えます。最高裁の判断は、形式的な平等の枠組みに基づくものでした。

ポジティブ・アクション

ルール上の形式的な平等だけでなく、社会参加を妨げているハードルを取り除いたり、一定の限度で優先枠を設けたりすることによって「実質的な平等」を促す施策を「ポジティブ・アクション」と言います。必ずしも「結果の平等」を直接に実現するものではありません。詳しくは、

基づく結婚制度は、事実婚と法律婚という「二つの結婚」が存在するという矛盾《むじゅん》を必然的にはらんでいます。

婚姻制度に関連した問題の多くは、結婚のあり方が時代によって変化していることを表しています。例えば、離婚の条件をどう定めるかは、女性の社会的・経済的自立《じりつ》という前提《ぜんてい》をどこまで現実のものと考えるかによって判断が異なるでしょう。また、婚外子差別《こんがいしさべつ》や親権《しんけん》の問題は、夫婦関係や親子関係をそれぞれの個人の関係と見るか、あるいは「家」として一体になった関係と見るかということに左右されます。

夫婦別姓論議《ふうふべっせいろんぎ》の高まりも、職業を持つ女性が増えたことのほかに、姓が家族の呼称《こしょう》から、むしろ個人の呼称として意識されるようになってきたことを反映《はんえい》していると言えそうです。これらは、結婚というテーマを越えて、男女の平等、さらに個人の自立と家族のあり方といった問題について私たちがどう考えるかという問題に大きく関わっていると言えるでしょう。

（野宮亜紀）

『ポジティヴ・アクション――「法による平等」の技法』（辻村みよ子著／岩波書店、二〇〇一年）などを参照してください。

プロブレムQ&A

Ⅲ

事実婚

Q8 事実婚とは何ですか?

事実婚という言葉を耳にしますが、役所に届出をしていないのだから、ただの同棲ではないのですか。内縁とはどう違いますか。

事実婚とは

事実上結婚《じじつじょうけっこん》をしている状態にある男女の関係のことを「事実婚《じじつこん》」といいます。事実婚は「法律婚《ほうりつこん》」に対置《たいち》される概念《がいねん》です。結婚の届出《とどけで》をしていないため法律上の夫婦としては認められませんが、生活の実態《じったい》において夫婦と認められるような関係のことです。

法律では、そうした事実上の夫婦関係を「内縁《ないえん》」と表現してきましたし、「同棲《どうせい》」という言い方もあります。それらと事実婚とを厳密《げんみつ》に区別して定義するのは難しいのですが、一般的な使われ方には違いがあります。

同棲は、法律婚をしていない男女が一緒に住むことですから、内縁や事実婚に含めることもできるでしょう。しかし、この言葉は現在、若いカップルの一時的な同居を指して使われることが多いように思います。

内縁は、片方または両方が法律婚をしているケースでよく使われます。法律上の結婚相手とは別居《べっきょ》しているのですが、離婚をしておらず、実際に生活をともにしている相手と届出ができない場合に、この言葉が選ばれているようです。ただし、法律用語としての内縁は、必ずしもこうした重婚《じゅうこん》的なケースに限っているわけではありません。

事実婚は、同棲や内縁とは異なる概念として、一九八〇年代後半から多用《たよう》されるようになりました。内縁は、法律婚ができないやむを得ない事情を想像させる言葉ですが、事実婚は、自《みずか》らの主義主張《しゅぎしゅちょう》にしたがって意図的《いとてき》に届けを出さない人々の関係や生活を表す言葉です。そうした人々は、法律婚への移行に必ずしも積極的でなく、長期間ないし生涯、届出をしません。事実婚は、法律婚にかわる一つの生き方として選択されているのです。

事実婚の社会的な承認

事実婚を選んだ人たちのほとんどは、「私たちは結婚をしている」という意識をもち、お互いを人生のパートナーだと認め合う関係において共同生活《きょうどうせいかつ》をしています。たいていの場合、ふたりの関係を周囲にオープンにし、夫婦だと認められています。ふたりの子どもを育てているケースもあります。事実婚という言葉が新聞などで使われるようになってからおよそ三十年が経ち、今では多様《たよう》なライフスタイルの一つとして社会的な認知を獲得しているといえるでしょう。

では、事実婚をしている人はどれくらいいるのでしょうか。残念ながら、その

「結婚している」という意識

なかには「結婚している」という意識をもたない事実婚の実践者もいます。彼／女らは、自分たちの関係や生き方が「事実上の結婚」とくくられることに違和感をもち、「非婚（結婚に非ず）」のほうが的確な表現だと述べています。また、事実婚と非婚を包括するより中立的な言葉として「非法律婚」が提案されています（『〈近代家族〉を超える――非法律婚カップルの声』善積京子著／青木書店）。

数は正確に把握《はあく》されていません。十八歳から三十四歳の未婚者を対象にした全国調査では同棲経験をたずねていますが、二〇一〇年調査では、三十代前半の経験割合は男性八・九%、女性九・三%、そのうち現在も同棲している割合は男性一・六%、女性二・八%でした（→Q6）。そのなかに自分の信条にもとづいて長期に渡って届出をしていない事実婚の実践者がいるかもしれないのですが、果たしてどれくらいなのかはわかりません。いずれにしても、事実婚は日本社会では少数派であることは確かです。

同棲や事実婚をしている人々が法律婚へ移行する大きなきっかけとなっているのが妊娠です。日本では、出産のほとんどが法律婚のなかで行われており、欧米諸国に比べ婚外子の比率が極端に少ないことで知られています。背景にある婚外子への偏見が、大多数の人々を法律婚に誘導《ゆうどう》しているのです。

同性カップルの事実婚

ところで、日本では「事実婚＝男女」という認識が一般的ですが、同性同士でも事実婚とみなす国もあります。日本でもこの認識が変わりつつあることを示す事例を、最後に紹介しておきましょう。

日本経済新聞（二〇一〇年八月三十一日夕刊一六面）は、同性間暴力においてＤＶ防止法にもとづく保護命令が出されたケースが二〇〇七年にあったと報じました。保護命令は「配偶者の暴力」から被害者を保護することを目的に裁判所が出すもの

全国調査
国立社会保障・人口問題研究所「出生動向基本調査　結婚と出産に関する全国調査（独身者調査）」

で、この「配偶者」に「事実婚にある者」も含むとＤＶ法は規定しています。このケースを扱った裁判所は、同性のパートナーから暴力を受けたと申し立てた女性の生活実態を「事実婚」だと判断した、ということになります。事実婚をしている異性カップルの権利を同性カップルに拡げていく動きとして、注目に値します。

（杉浦郁子）

Q9 事実婚の法的な扱いについて教えてください。

事実婚は法律婚や同棲とは違う意味で使われているのはわかりましたが、法的には法律婚とどういう違いがあるのですか？ 具体的に教えてください。

事実婚の法的保護

事実婚《じじつこん》のカップルは、法律婚《ほうりつこん》のカップルとまったく同じ法的扱いを受けることはありません。しかし、事実婚だからといって、そのカップルが法律の外に置かれるわけでもありません。日本では、法律婚をしていなくても（婚姻届を出していなくても）、事実上夫婦と同様の生活をしているカップルには、法律婚に準《じゅん》じた関係であるとして、一定の法的保護《ほうてきほご》が与えられてきました。

例えば、事実婚のカップルの一方が事故で死亡した場合、他方から加害者《かがいしゃ》に対する損害賠償請求《そんがいばいしょうせいきゅう》が認められたり、事実婚関係が一方的に解消《かいしょう》された場合、被《ひ》解消者から解消者に対する慰謝料《いしゃりょう》請求が認められたりしています。これらの扱いは法律で規定《きてい》されているわけではありませんが、事実婚が解消されると生活に困窮《こんきゅう》してしまう当事者《とうじしゃ》（多くは女性）を救済《きゅうさい》するために、裁判所《さいばんしょ》によって形成されてきたものです。これに対して、社会保障《しゃかいほしょう》に関する法的保護については、事実婚のカップル

法律婚に準《じゅん》じた関係

事実上夫婦と同様の生活をしているカップルを、法律用語では「内縁」と呼んでおり、「事実婚」という言葉はあまり使われません。法律婚に準じた関係であるとされることの意味は、それ自体が法的保護に値する関係と見られることにあり、法律婚の規定が事実婚の場合にも類推《るいすい》適用《てきよう》されることにあります。例えば、貞操義務、同居協力の義務、婚姻費用分担の義務などの規定が事実婚の

にも適用されることが法律に明記《めいき》されています。「配偶者《はいぐうしゃ》」という言葉の定義規定の中に、「婚姻の届出をしていないが、事実上婚姻関係と同様の事情にある者」を含むとされているのです。したがって、扶養手当《ふようてあて》や健康保険《けんこうほけん》、遺族年金《いぞくねんきん》の受給権《じゅきゅうけん》などが事実婚の場合にも認められます。

法的保護が受けられる基準

ですが、事実上夫婦と同様の生活をしているカップルと言えるかどうか、あるいは、「事実上婚姻関係と同様の事情にある者」に当てはまるかどうかは、裁判所や行政《ぎょうせい》が判断するのだという点に注意が必要です。自分たちは事実婚をしていると思っていても、事実婚としての法的扱いをしてもらえない場合も生じえます。特に、一方あるいは双方が既婚者《きこんしゃ》のカップルである場合や、近親者間《きんしんしゃかん》（おじとめい、兄と妹など）のカップルである場合、同居《どうきょ》しておらず生計《せいけい》も別々のカップルである場合などは、事実婚に認められてきた法的保護が受けられない可能性があります。

例えば、最高裁の判決（最高裁第一小法廷平成十六年十一月十八日判決・判時一八八一号八三頁）では、法律婚はしていないものの、十六年間事実婚で共同生活をしていたカップル関係を一方が突然解消した事例《じれい》について、他方（解消された側）からの慰謝料請求を認めませんでした。このカップルは、共働きで、同居もせず、二人の間の子どもの養育《よういく》は第三者《だいさんしゃ》に任《まか》せていました。最高裁は、こういった従来の夫婦観とは異なるような具体的状況を見て、法律婚に準じた関係とは言えないし、法的保カップルにも及ぶ可能性があります。

事実婚保護を明記している法律

健康保険法三条七項、厚生年金保険法三条七項、国民年金保険法五条八項など。

契約による事実婚の形成・維持

裁判所や行政から法的保護の有無を判断されることを不安・不満に思う事実婚カップルには、契約を結んで、その内容を文書化しておくことをお勧めします。それでも、裁判所や行政からの評価を完全に排除することはできませんが、自分たちがどのような関係を形成しているのかを明示できるだけでも、意味があるといえます。

護を与えるべき関係ではないと判断したのです。

法律婚のカップルとの違い

つまり、事実婚のカップルにはどのような法的保護が与えられるのか、どのようなカップルが事実婚としての法的扱いを受けることができるのかは、一概《いちがい》に決まってはいないのです。個々《ここ》のカップルの状況から、問題となっている法的保護をそのカップルに与えることが妥当《だとう》かどうかが判断されるわけです。この点が、法律婚のカップルの法的扱いとの最大の違いだと言えます。法律婚をしていれば、そのカップルが実際どのような生活をしているかといったこととはひとまず関係なく、法律で定められた扱いがなされるからです。

必要最小限の法的保護で、裁判所・行政によって個別具体的《こべつぐたいてき》に判断《はんだん》されるというのが、事実婚の法的扱いの特徴《とくちょう》なのです。（大島梨沙）

表1　日本において法律婚・事実婚・同性カップルが法的・社会的に認められる事項

	認められる事項	法律婚	事実婚	同性カップル	備考
法律で定められている事項	関係継続中				
	同居・協力・扶助の義務	○	○	×	
	所得税・住民税の配偶者控除	○	×	×	○ 給与所得者のみ
	国民年金の第三号被保険者	○	○	×	○ 給与所得者のみ
	配偶者ビザの取得	○	×	×	
	子の共同親権	○	×	×	
	特別養子縁組	○	×	×	
	一方の死亡時				
	相続権	○	×	×	× ただし遺言により遺贈は可能
	相続税の控除・税率における優遇	○	×	×	
	加害者への損害賠償請求	○	○	×	
	遺族年金の受給権	○	○	×	○加入者によって生計を維持されていた場合
	祭祀主宰者	△	△	△	△ 生前に意思を示すことにより可能
	関係解消時				
	慰謝料請求権	○	○	×	○要件を充たす場合
	財産分与請求権	○	○	×	
それ以外	企業における配偶者手当	△	△	△	△ 会社ごとの判断による※
	健康保険への配偶者の加入	△	△	△	△ 会社ごとの判断による
	死亡保険の受取人	○	△	△	△ 保険会社の方針および交渉次第で可能
	金融機関のローン	○	△	△	△ 会社ごとの判断による
	生殖補助医療	○	○	×	

※例えば、パナソニックなどの企業が同性のカップルも福利厚生の対象としている。
注）「同居・協力・扶助の義務」「慰謝料請求権」「財産分与請求権」などについては、同性カップルの場合、参照できる事例がなく、明確に判断できない。　（大島梨沙作成）

Q10 どういった人が事実婚を選択しているのでしょうか？

私のまわりに事実婚をしている人はいませんが、どういう人たちが事実婚を選択しているのですか。事実婚を選択するのには、何か理由があるのですか。

非法律婚《ひほうりつこん》のカップルを対象《たいしょう》にした調査によれば、婚姻届を出さない理由として、「夫婦別姓《ふうふべっせい》を通すため」「戸籍制度《こせきせいど》に反対」「性関係《せいかんけい》はプライベートなことなので、国に届ける必要を感じない」「夫は仕事、妻は家事《かじ》という性別役割分担《せいべつやくわりぶんたん》から解放《かいほう》されやすい」と回答した人が多かったと報告されています。

夫婦別姓を通すため

事実婚という選択が広く知られるようになったのは、「夫婦別姓」を求める運動を通してでした。

夫婦別姓とは、結婚後も夫婦それぞれが結婚前の姓を名乗《なの》り続けることを言います。民法七五〇条は、婚姻の届出をするさいに夫婦の姓《せい》を統一しなければならないと定めています。夫婦はどちらの姓を名乗ってもよいのですが、夫の姓を名乗る夫婦が圧倒的《あっとうてき》に多いのが現状《げんじょう》です。

事実婚カップルを対象にした調査

一九九二年十一月から九三年二月にかけて行われた非法律婚カップルを対象にした質問紙調査で、有効回収数は女性三一九票、男性三〇〇票（『〈近代家族〉を超える――非法律婚カップルの声』善積京子著／青木書店）。

結婚によって改姓《かいせい》を強いられていることに疑問をもった女性たちが、夫婦別姓という選択肢《せんたくし》を求めて声を上げ、その議論は一九八〇年代半ば頃から盛《も》り上《あ》がりを見せるようになりました。一九九〇年代以降、国会に民法改正案《みんぽうかいせいあん》が提出され続けていますが、審議されず再提出される、ということが繰り返されています。

二〇一一年二月には事実婚の実践者たちが国家賠償を求めて訴訟を起こしました。原告は「同姓を強制する民法七五〇条が個人の尊厳を保障する憲法十三条や両性の平等を保障する憲法二十四条に反する」と主張し、別姓を認めない規定の違憲性が初めて争点化されました。しかし、最高裁は合憲の判断を示しました（二〇一五年十二月十六日）。

このように状況が変わらないなか、同姓の強制に苦痛を感じる人々が事実婚を選択しています。

結婚で名字が変わることにはどのような不都合《ふつごう》があるのでしょうか。たとえば、仕事面で不利益が生じることがあります。仕事の実績《じっせき》を積み、その業界で名前が知られるようになっている場合、改姓することで仕事上の人脈《じんみゃく》が維持《いじ》しづらくなったり、業績《ぎょうせき》の連続性《れんぞくせい》が保ちづらくなったりするのです。また、相手の姓を称するようになると「〇〇家の嫁《よめ》／婿《むこ》」として扱われ、配偶者やその親族から嫁や婿の務めを果たすことを期待されて、要求が増えたりすることもあります。さらに、名字が変わったことでプライベートを詮索《せんさく》される、各種手続《かくしゅてつづ》きがたいへんである、「私の名前」を大切にしたい、などの訴えも聞かれます。事実婚は、改姓によるこうした不

各種手続き

運転免許証、パスポート、銀行口座、クレジットカード、健康保険証など、改姓により名義を変更しなければならないものがたくさんあります。運転免許証とパスポートは、原則、戸籍名を使わなければなりません。銀行などの金融機関も、犯罪防止のため、戸籍名以外の名前（通称や旧姓）の使用を渋るようです。

利益を回避する一つの方法として実践《じっせん》されています。

性別役割からの解放

「夫は仕事、妻は家庭」という性分業の実態は、さほど変化が見られません。仕事で長時間労働をする夫の家事《かじ》・育児参加《いくじさんか》時間は、妻に比べて非常に短いですし、出産《しゅっさん》で離職《りしょく》や働き方の変更《へんこう》を迫《せま》られるのは、相変わらず妻の側です。

事実婚の実践者には、こうした妻／夫の役割に押し込められることを窮屈《きゅうくつ》だと思う人々がいます。もちろん、事実婚だからといって、性別役割からすぐさま解放《かいほう》されるわけではありません。しかし、法律的には夫婦でないということで、妻／夫の役割にとらわれず、お互いの個性《こせい》を尊重《そんちょう》し合いながら対等《たいとう》な関係を作りやすくなるようです。

戸籍制度に反対

戸籍は、日本国籍をもつ者の身分登録制度《みぶんとうろくせいど》です。個人単位ではなく家族単位の登録であることが他国《たこく》にない特徴で、夫婦と未婚の子を一つの戸籍簿に登録するシステムです。子は、結婚の届出により親の戸籍を抜け、夫婦どちらかを筆頭者《ひっとうしゃ》とした新たな戸籍を作ります。このようにして婚姻制度は戸籍制度とつながっています。

ところで、戦前の戸籍は家制度（↓Q５）を具現《ぐげん》するものでした。戸籍は、家を統率する戸主《こしゅ》を中心にして、その親族《しんぞく》の明確な序列関係がわかるように編成《へんせい》されて

戸籍制度に反対

夫婦別姓を通すために事実婚を選択している人は、民法が改正されて別姓が認められれば、婚姻届《こんいんとどけ》を出すことにやぶさかでありません。しかし、戸籍制度に反対という理由で非法律婚を選択している人たちは、夫婦別姓が認められても法律婚をするつもりはありません。そのような人たちに、異性同士が利用できるパートナーシップ登録制度のニーズが存在します（↓Q43）。

いました。結婚した女性は序列の底辺《ていへん》でほぼ無権利《むけんり》の状態に置かれ、嫁いだ家のために生きることを強いられました。

戦後の戸籍は、縦のつながり（親子）ではなく横のつながり（夫婦）を家族形成の基本にするという理念にもとづき、一つの戸籍に三世代《さんせだい》以上を記載《きさい》することをやめ、夫婦と未婚の子の二世代《にせだい》だけが記載されるようになりました。しかし、戦後の戸籍も筆頭者の夫、妻、子という序列を表す形式になっている点は変わりません。事実婚の実践者のなかには、戸籍の序列のなかに置かれることを嫌い、また家制度の発想《はっそう》を残した戸籍制度そのものに反対している人もいるのです。

（杉浦郁子）

Q11 国によって事実婚の法的な扱いに違いはありますか？

日本の事実婚カップルの法的保護と海外での法的保護とでは違いがあるのでしょうか？　海外の方が法的保護が進んでいるように感じますがどうですか？

事実婚については、ほとんどの国で、何らかの法的保護を与えています。とはいえ、事実婚に一定の法的保護を与える点では同じだとしても、その保護の程度や方法は、国によって異なっています。

民法（家族法）上に規定があるかないか

フランスやメキシコでは、民法《みんぽう》の中に、事実婚についての規定が置かれています。フランスでは、事実婚を「カップルとして生活する異性または同性の二名の者の間における安定性《あんていせい》および継続性《けいぞくせい》を示す共同生活によって特徴《とくちょう》づけられる事実上の結合《けつごう》」とする定義規定を、民法典《みんぽうてん》の中に置いています。同性カップルも事実婚とされうる点に大きな特徴がありますが、事実婚にどのような法的効果を与えるかについては、民法上では記載されていません。これに対して、メキシコでは、事実上の妻に夫の相続権《そうぞくけん》を認める、事実上の夫について父性調査《ふせいちょうさ》・父性推定《ふせいすいてい》を認める、一方

同性カップルも事実婚とされうる国
　スウェーデン、ハンガリー、オランダ、ベルギー、オーストリア、ポルトガル、クロアチア、アルゼンチンなどの国では、同性カップルを事実婚に含めうるとしています。

死亡の場合、事実上の他方配偶者に対して遺族年金《いぞくねんきん》を認めるといったことが、民法上で規定されています。しかし、このように事実婚についての規定を民法に定めてある国は少数派です。日本を含め多くの国は、法律婚保護の観点《かんてん》から、民法上では、事実婚については触《ふ》れていません。

法律による保護か裁判例による保護か

とはいえ、多くの国では、事実婚カップルの一方が事故死した場合に、他方から加害者《かがいしゃ》への損害賠償請求《そんがいばいしょうせいきゅう》を認めたり、社会保障《しゃかいほしょう》に関する法的保護を認めたりしています。多くは、民法以外の特別立法《とくべつりっぽう》や社会保障法によって認められています。例えば、イギリスでは、制定法《せいていほう》によって、賃貸《ちんたい》住宅の借家権《しゃくやけん》の相続、生活保護《せいかつほご》、家《か》族給付《ぞくきゅうふ》、所得保障《しょとくほしょう》などの社会保障上の権利、一方の事故死の場合の他方から加害者に対する損害賠償請求権などを認めています。このうち、事故死の場合の損害賠償請求については、フランスや日本では、制定法《せいていほう》ではなく、判例《はんれい》によって認めています。この違いは、単に方法が違うということであって、実際の事実婚の保護にとってそれほど大きな違いというわけではありません。

どのような保護を与えるか

社会保障に関する事実婚の保護については、どの国も認める傾向《けいこう》にありますが、事実婚カップルに生殖補助医療《せいしょくほじょいりょう》を受ける権利を認めるかといった問題については、国ごとに違いが見られます。例えば、アメリカやフランスでは、事実婚であっても生殖補助医療を受けることができますが、日本では、認められないとする考え方が強い状況が長く続きました。しかし、婚外子の相続分が婚内子と異なることを違憲とした最高裁判所の判決を受けて、二〇一四年から事実婚夫婦にも体外受精を認める方針が日本産婦人科学会によって示されました（↓Q41）。

また、事実婚夫婦から生まれた子の親権者を誰にするかについても、国によって違いがあります。日本では母のみが親権者となりますが、フランスでは父母に共同親権が認められます。このように、子どもの問題が関係するものについては、国ごとの扱いの違いが大きいように思います。

事実婚に関する裁判の解決方法の違い

法律上に事実婚についての規定があろうがなかろうが、事実婚に関連して何らかの法的な紛争《ふんそう》が生じた場合、裁判になることがあります。そこでどのような判断がなされるかは、国によって違っています。日本のように、事実婚を法律婚に準じるものと評価して、法律婚のカップルに認められる規定を事実婚のカップルにも適《てき》用《よう》するという解決方法をとっている国はあまりありません。フランス、ドイツ、スイスの裁判所では、結婚とは関係ない民法上の規定《きてい》（いわゆる財産法《ざいさんほう》の規定、不法行《ふほうこう》為《い》や契約《けいやく》、不当利得などの規定）を根拠《こんきょ》に、当該紛争《とうがいふんそう》にどのような法的解決《ほうてきかいけつ》を与えるかを検討するという方法がとられています。

解決方法の違いの例——日仏の違い

専業主婦（夫）型の事実婚が解消された場合、財産をどのように清算したらよいでしょうか。日本では、法律婚の規定である夫婦の財産分与の規定を事実婚カップルにも類推適用して解決します。これに対して、フランスでは、事実婚関係を「組合」と考えて、組合解散時の財産清算の規定（これは財産法の規定です）を適用して解決しています。

日本のように、法律婚の規定を事実婚のカップルにも適用したほうが事実婚の保護に厚《あつ》いようにも思えます。しかし、日本の裁判所のやり方では、当事者の意思は考慮《こうりょ》されず、「事実上」法律婚に近いかどうかですべてが判断されてしまいます。つまり、当事者が事実婚だとは考えていなかったとしても、裁判所から事実婚だと認定《にんてい》されて法律婚と同様の法的義務を課《か》されてしまったり、当事者が事実婚だと考えていたにもかかわらず、裁判所から事実婚だと認定《にんてい》されず、法的保護が与えられなかったりする可能性があるのです。これに対し、フランス、ドイツ、スイスの裁判所は、保護の程度が下がる可能性はあるものの、あえて財産法的《ざいさんほうてき》に考えることによって、当事者の意思をも考慮できるようにしています。このことは、法律婚をせずに事実婚で生活するという選択の自由を尊重《そんちょう》することにつながると考えられているのです。

このように、事実婚に認められる法的保護が違う場合はもちろん、結果的に事実婚に与えられる法的保護が同じだとしても、どういった方法でその法的効果が認められるかの違いは、各国の法律婚や事実婚に対するスタンスの違いに由来《ゆらい》していると言えるでしょう。

（大島梨沙）

Q12 事実婚をしていて実際に困ることはありますか？

事実婚をしようかと迷っているのですが、事実婚をして困ることは具体的にどんなことなのですか？　法律婚をしないと不利益が多いのでしょうか？

相続・税金・配偶者ビザ

Q11のとおり、男女の事実婚は法律婚に準じた関係として一定の法的保護が与えられています。また、事実婚というライフスタイルへの理解も進んできましたから、子どものいない事実婚カップルの場合、日常生活で困ることはそれほど多くないでしょう（子どもに関しては項を改めて説明します→Q36）。

ただし、相続《そうぞく》や税金の面では、法律婚と事実婚とで大きな違いがあります。法律婚では夫婦はお互いの法定相続人《ほうていそうぞくにん》ですが、事実婚ではそうではありません。所得税・住民税・相続税における配偶者控除《はいぐうしゃこうじょ》の適用もありません（もっとも所得税と住民税の控除については、双方とも経済的に自立していれば関係はありません）。また、外国籍のパートナーと暮らしている場合は、事実婚では配偶者《はいぐうしゃ》ビザを取得《しゅとく》できないというのが大きな不利益です。

配偶者ビザ

パートナーの海外赴任《かいがいふにん》や留学《りゅうがく》などに同行《どうこう》したいというときは、「しかたなく婚姻届を出して配偶者ビザを取得する」「観光ビザで出入国《しゅつにゅうこく》を繰り返す」「自力《じりき》で労働ビザや学生ビザを取得する」などの方法がとられています。しかし、相手国の事情によっては、事実婚でも配偶者としてビザが取得できるケースがあります。日本では、事実婚のパートナーが外国籍《がいこくせき》の場合、配偶者ビザの取得は認められません。

社会保障と行政サービス

社会保障面では生活の実態が重視《じゅうし》されますから、重婚《じゅうこん》的なケースを除き、事実婚で不利益を被ることはあまりないでしょう。国民年金《こくみんねんきん》の第三号被保険者《だいさんごうひほけんしゃ》になることもできますし、遺族年金《いぞくねんきん》の受給権《じゅきゅうけん》もあります。二〇〇七年度に始まった年《ねん》金分割制度《きんぶんかつせいど》も利用できます。民間企業の配偶者手当《はいぐうしゃてあて》や健康保険《けんこうほけん》などでも、事実婚を法律婚と同じように扱っているところがあります。

同居している事実婚カップルは、市町村が作成する住民票を同じにすることができます。世帯主《せたいぬし》との続柄《つづきがら》も「同居人」「妻／夫（未届《みとどけ》）」などの表記を選べます。同居していても「生計《せいけい》は別」という理由で住民票を分けることもできます。公営住《こうえいじゅう》宅《たく》の申し込みも認められています。

子どもがいる場合、保育園の入園の可否《かひ》、保育料《ほいくりょう》、児童手当《じどうてあて》の受給なども、生活の実態に即して判断されますから、事実婚の家族も法律婚の家族と同じように、一つの家族として扱われています。

企業サービス

日本の生命保険会社《せいめいほけんがいしゃ》では、死亡保険受取人を「夫または妻」と指定した場合には、法律婚の夫婦に限定しているところが多いようです。最近では、柔軟に対応する会社も増えていますので、交渉次第で、事実婚パートナーの生命保険の受取人になる

世帯

住居と生計を同じくする者の集団を世帯といいます。必ずしも親族で構成されるとはかぎりません。また、一人で住んでいる場合もありますが、それは単独世帯と呼ばれています。

ことは可能です（→Q35）。住宅購入のため民間金融機関で融資を受けるとき、法律婚であれば夫婦の収入を合算し、融資額を増やすことができますが、事実婚だと対応が異なるようです。クレジットカードの家族会員や携帯電話《けいたいでんわ》のファミリー割引などの利用は認められるケースもあります。

企業のスタンスは、ライフスタイルの多様化への理解が進めば変わっていきます。窓口でねばり強く交渉することが企業の意識を変え、ひいては事実婚の認知にもつながっていきます。嫌な思いをすることもあるかもしれませんが、窓口での交渉を楽しむつもりでチャレンジしてください。

（杉浦郁子）

内縁も家族に含む自動車保険

自動車保険の「運転者家族限定特約（保険会社ごとに呼び方は多少違う）」では、内縁を家族に含むとしているところがあります。保険会社にもよりますが、同居していること、住民票が同一であることが、条件になっている場合が多いようです。

ただし、同じ保険会社でも、商品によって、家族の規定が異なります。

プロブレムQ&A

Ⅳ

同性のカップルと結婚

Q13 同性のカップルでもパートナーシップは成立するのですか？

私のまわりには同性愛者がいないので、同性愛者のカップルの現状がよくわかりません。異性愛者のカップルのようにパートナーシップは成立するのですか？

「異性愛《いせいあい》が当たり前」とされている社会では、同性同士のカップル像《ぞう》を思い浮かべることは難しいかもしれません。たしかに十数年前までは同性愛者《どうせいあいしゃ》向けの情報も数少なく、お互いが知り合うことすら難しい時代が続き、孤立《こりつ》や孤独《こどく》を感じる当事者《とうじしゃ》も多かったと思われます。パートナーシップ、つまり二人の関係性をどのようにイメージし築いていくかということを考える前に、まずは出会うことができるのかどうかが先決《せんけつ》になるのは当然でしょう。

しかし最近では各種メディアに同性カップルが登場する機会も増えており、可《か》視化《しか》は進みつつあります。ブライダル産業では同性カップルの結婚式を扱うところが出てきています。渋谷区や世田谷区で同性パートナーに特化した証明書や宣言書《せんげんしょ》が発行されるという動きは各自治体に影響を与えており（↓Q26）、三重県の伊賀市で二〇一六年四月から、兵庫県宝塚市では同年六月から、そして沖縄の那覇市でも七月から、同性パートナーシップ公認制度《こうにんせいど》が始まるようです。東京都江戸川区では

EMA日本

http://emajapan.org/

EMA（いーま）は、同性カップルの人達にも、結婚という異性カップルと同じ平等な権利と、生き方の多様な選択肢が認められる社会を目指します。

特別配偶者（パートナーシップ）法全国ネットワーク

http://partnershiplawjapan.org/

特別配偶者法（パートナーシップ法）の制定に向けた活動を通して、同性同士でも不安なく家族としての

同性カップルからの陳情《ちんじょう》が実《みの》り「パートナーシップ制度とLGBTが住みやすい区政作り」が趣旨採択《しゅしさいたく》されたそうですし、札幌市では市民団体が同性パートナーシップ制度を求めて要望書の提出を行う構えです。

一部企業では社内規定《しゃないきてい》や福利厚生《ふくりこうせい》を見直して、社員の同性パートナーについても婚姻と同様に扱うことをすすめる企業が出始めています。公的サービスや民間サービスでの近年の動きは驚くような変化であると思われます。

このように同性愛者や同性間パートナーシップについての社会の変化には、欧米圏などで同性婚や同性パートナー制度が次々に整備されている状況が刺激になっていたり、同性婚やパートナーシップ法の法制化を求める当事者団体による様々な活動、そして何より当事者の姿が見えてきていることの影響が大きいでしょう。このような動きからも、同性間のパートナーシップは成立していると言えるのではないでしょうか。

二〇一五年七月には、日本で同性婚が認められていないことは人権侵害であるとして、日本弁護士連合会（日弁連）に対して、四五五人の同性愛者、両性愛者が人権救済を申し立てました。「同性婚の法律を作るように」と、日弁連から、内閣総理大臣、法務省、衆議院、参議院に対して勧告を出してもらうための申し立てということです。中立代理人は同性婚人権救済弁護団（LGBT支援法律家ネットワーク有志）の弁護士のみなさんです。二〇一六年八月現在、すでに予備審査を通過し、本調査に入ったところのようです。

（大江千東）

生活を営める社会を作り上げていきます。

同性婚人権救済弁護団（LGBT支援法律家ネットワーク）

http://lgbt.sakura.ne.jp/lgbt/

同性愛を取り上げている本

プロブレムQ&Aシリーズ『同性愛って何？［わかりあうことから共に生きるために］』（伊藤 悟・大江千束・小川葉子・石川大我・簗瀬竜太・大月純子・新井敏之著／緑風出版）

Q14 日本では同性のカップルは結婚できますか？

日本では結婚は異性同士しかできないと思うのですが、それはどんな法律で定められているのですか？　近い将来結婚できるようになる可能性はありますか？

日本では結婚は異性のカップルに限られているため、同性のカップルは結婚することができない、という理解が一般的です。

結婚は法律用語では婚姻といいます。憲法二四条では婚姻が「両性《りょうせい》の合意《ごうい》のみ」にもとづいて成立することが規定《きてい》されています。この条文は、戦前にあった夫婦間の深刻な不均衡《ふきんこう》に鑑《かんが》みて、男女平等や個人の尊厳《そんげん》を基本とする新しい憲法のもとでは、夫婦間でも平等を実現していかなければならない、という意図《いと》で作られました。この点から、もともと同性カップルを排除《はいじょ》する意図で作られた条文ではないので、「両性」が男女だけでなく同性のカップルも含みうるという主張もなされています。同性のカップルの婚姻は禁止されているのではなく、想定《そうてい》されていなかったにすぎないという理解です。海外では同性の結婚も認められるようになった今日（→Q18）、憲法上の人権のひとつとして規定されている婚姻を同性のカップルも平等に享受《きょうじゅ》できなければならないというわけです。

日本国憲法第二四条【家族生活における個人の尊厳と両性の平等】

①婚姻は、両性の合意のみに基いて成立し、夫婦が同等の権利を有することを基本として、相互の協力により、維持されなければならない。

②配偶者の選択、財産権、相続、住居の選定、離婚並びに婚姻及び家族に関するその他の事項に関しては、法律は、個人の尊厳と両性の本質的平等に立脚して、制定されなければならない。

ただし、日本の法律が、あくまで婚姻を異性のカップルのものとして作り上げられている事実も無視できません。まず、日本で婚姻をするためには、婚姻届《こんいんとどけ》という文書を役所に提出しなければなりません。この婚姻届に二人の名前を書く欄《らん》がありますが、左側に「夫となる人」、右側には「妻となる人」と書かれています。「夫」「妻」という言葉はもともと性別を特定するものですし、それぞれの戸籍筆頭者との続柄を記載する場所には「男」「女」という文字がすでに印字されています。実際に女性どうしや男性どうしで婚姻届を出したところ、役所では門前払《もんぜんばら》いされています。婚姻した夫婦の関係を規律する法律の条文でも、この「夫」「妻」という言葉や、「父」「母」という言葉が対語として使われています。結婚している一方の当事者のことを法律用語では「配偶者《はいぐうしゃ》」といいますが、この言葉だけは性別に特定的な意味はありません。いずれにせよ、憲法二四条の「両性」や民法の「夫」「妻」といった言葉使いから、日本の法制度が同性の結婚を想定しておらず、結婚は異性カップルを前提に作られています。したがって、現状では「同性のカップルは結婚できない」という結論になります。

だからといって憲法が同性カップルの婚姻を禁止しているとも言えません。憲法はあくまで異性カップルの不平等な婚姻関係

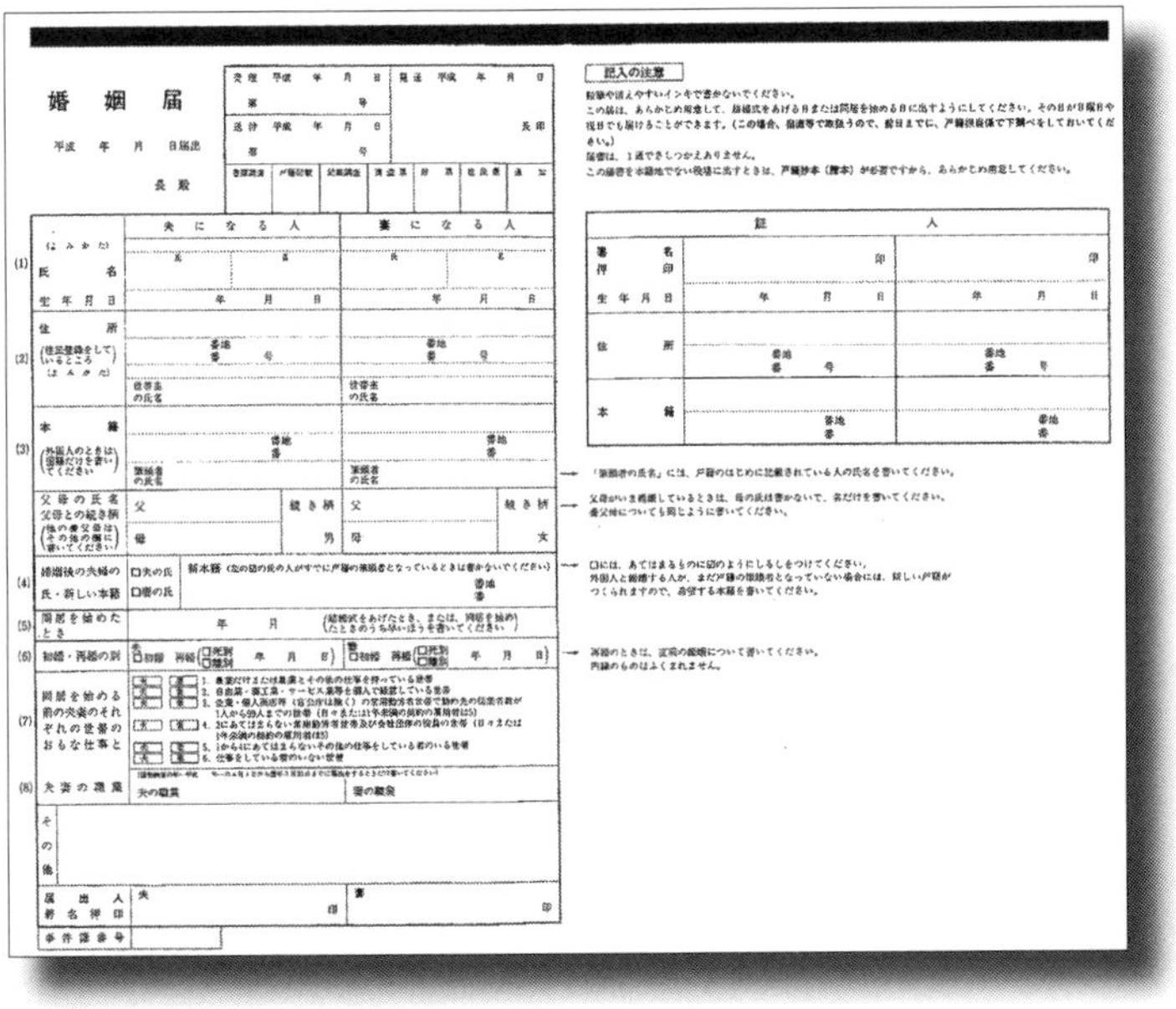

婚姻届

だけを禁止しています。婚姻を同性カップルに認めることについて、憲法は無言のままです。逆に、婚姻を異性カップルに限定することは、法の下の平等（憲法一四条）や個人の尊重・尊厳（憲法一三条）などの点から、憲法違反となる可能性があります（アメリカでは違憲と判決→Q19）。同性カップルに婚姻を認めるかどうかは、憲法の問題というより、政治的な選択の問題といえます。

同性カップルの実際のとりあつかいは？

法務省《ほうむしょう》は、日本では同性のカップルが婚姻できないことを前提として、いくつかの実務的《じつむてき》なとりあつかいを決めています。たとえば、海外で婚姻する場合に、本人が日本で結婚していないことなどを証明するために「婚姻要件具備証明書《こんいんようけんぐびしょうめいしょ》」の提出を求められることがあります（→Q25）。かつては相手の性別が申請者と同性である場合、この証明書が発行されていませんでした。しかし、二〇〇九年から使用されている新たな証明書は、独身であることを示すための書類として、婚姻の相手が同性の場合にも証明書は発行されています。また出入国審査で用いられる「入国・在留審査要領《ざいりゅうしんさようりょう》」では、同性婚の相手方には配偶者ビザを発給《はっきゅう》しないことが明記《めいき》されています（→Q15）。外交上の配慮から、外交使節や在日米軍職員の場合は例外的に配偶者として扱われますが、一般の人は法的に他人としてあつかわれます。

また、性同一性障害《せいどういつせいしょうがい》をもつ人々が戸籍の性別欄を変更できるようになった二〇〇三年の「性同一性障害者の性別の取扱いの特例《とくれい》に関する法律」では、性別を変更

婚姻要件具備証明書

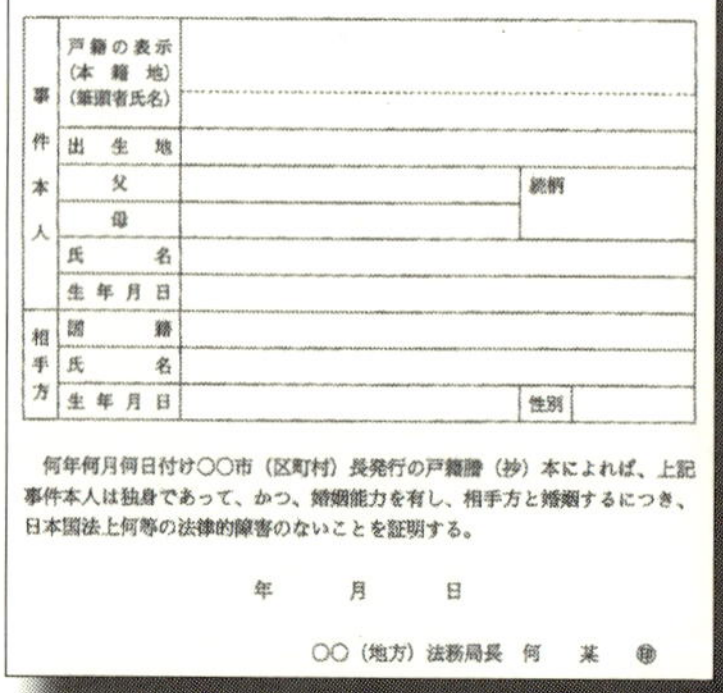

交付番号第　　号

証　明　書

事件本人	戸籍の表示（本籍地）（筆頭者氏名）			
	出生地			
	父		続柄	
	母			
	氏名			
	生年月日			
相手方	国籍			
	氏名			
	生年月日		性別	

何年何月何日付け〇〇市（区町村）長発行の戸籍謄（抄）本によれば、上記事件本人は独身であって、かつ、婚姻能力を有し、相手方と婚姻するにつき、日本国法上何等の法律的障害のないことを証明する。

年　　月　　日

〇〇（地方）法務局長　何　某　㊞

日本国憲法第一四条【法の下の平等・貴族の禁止・栄典の授与】
①すべて国民は、法の下に平等であって、人種、信条、性別、社会的身分又は門地により、政治的、経済的又は社会的関係にお

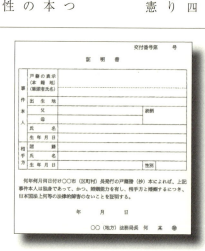

する条件のひとつとして「現に婚姻していないこと」が求められています。これは、婚姻したままで戸籍の性別を変更すると法的に同性同士の「夫婦」となってしまうので、それを防ぐ目的で設けられた条件です。

さらに、男性から女性に性転換した外国籍の女性と、その事実を知らずに婚姻した日本人男性との関係について、日本では同性婚が想定されていないことを理由に、その婚姻を無効とした裁判例もあります。

このように、行政《ぎょうせい》・立法《りっぽう》・司法《しほう》の三権いずれの場面においても、日本では同性間で結婚ができないという前提でのとりあつかいがなされています。

同性の結婚が日本で認められる可能性は?

現行の憲法や法律のもとでは、実際上、結婚は異性に限られていると考えざるをえません。日本で同性の結婚をみとめるためには、最初に述べたような憲法の解釈論を前提として、民法の関連規定を改正することが考えられます。また、立法事実という視点から、現実の不利益を洗い出し、法律の未整備について訴訟を起こしていくことも有効です。あるいは、アイルランドが実施したように、正面から憲法二四条の改正を求めるのもひとつの手段です。いずれにせよ、日本で同性の結婚をみとめるためには、丁寧に憲法上の議論を整理した上で、関連する現行法の規定を再検証することが必要です。

(谷口洋幸)

いて、差別されない。
②華族その他の貴族の制度は、これを認めない。
③栄誉、勲章その他の栄典の授与は、いかなる特権も伴はない。栄典の授与は、現にこれを有し、又は将来これを受ける者の一代に限り、その効力を有する。

日本国憲法第一三条【個人の尊重・幸福追求権・公共の福祉】
すべて国民は、個人として尊重される。生命、自由及び幸福追求に対する国民の権利については、公共の福祉に反しない限り、立法その他の国政の上で、最大の尊重を必要とする。

Q15 同性のカップルはどんな問題に直面しているのですか？

同性のカップルと事実婚カップルは、どちらも法律婚をしていないという点で同じように思いますが、実際に困ることは同じではないのですか？

あなたの身の回りに同性《どうせい》をパートナーとして暮らしている人はいますか？　同《どう》性愛者《せいあいしゃ》であることを自己受容《じこじゅよう》し、周囲《しゅうい》に伝えていく（カミングアウトする）ことさえ困難《こんなん》な日本社会の中で、同性カップルの抱《かか》える生活上の問題は非常に見えにくくなっています。しかし、実際には、様々《さまざま》な問題が起きています。

生活の問題

社会制度《しゃかいせいど》そのものが、いわゆる異性愛《いせいあい》の男女とその子どもたちを標準的《ひょうじゅんてき》な「家族」と想定して設計されているので、それ以外の形の「家族」を営《いとな》む人々は何かと不自由《ふじゆう》な思いを強いられています。まず一緒に住む家を探すのが一苦労《ひとくろう》です。同性同士だと法律上の親族《しんぞく》ではありませんので、賃貸住宅《ちんたいじゅうたく》の家族向け物件に入居《にゅうきょ》できないことがあります。公営住宅《こうえいじゅうたく》にはそもそも申し込みもできませんし、マンション等を購入する時にローンを共同名義《きょうどうめいぎ》にすることも銀行等で断られてしまいます。一緒

財産相続

相続に関しては、遺言により相続人として同性パートナーを指定することができます（→Q30）。ただし、親族の遺留分は確保されるので注意が必要です。養子縁組により同性パートナーを法定相続人とすることもできますが、実際に相続の際には、親族等の第三者から養子縁組の無効を申し立てられる恐れがあります。

「Rainbow Talk 2006 同性パートナーの法的保障を考える全国リレーシンポジウム」

ウェブサイト http://homepage2.

の家で生活を始めても、親族や地域の人に同居人《どうきょにん》をパートナーとして紹介していないこともあります。一人の名義で契約した賃貸住宅に、居候《いそうろう》のような形でもう一人が住んでいる、というのもよく聞く話です。これは厳密《げんみつ》には、契約違反《けいやくいはん》として退去《たいきょ》を迫《せま》られる恐れがあります。

住居の他には、もしものときの不安が大きな問題です。パートナーに万が一のことがあったときに病院で面会《めんかい》や看護《かんご》はできるのか（→Q34）、一緒に築いた財産は相続できるのか、葬儀に出席できるのか……。パートナーが法律上の異性であれば、事実婚（内縁関係）としてある程度の権利が保障されています（→Q9）。しかし、パートナーが同性の場合については、法律上の規定は何もありません。

パートナーが亡くなった時

現実にどんな問題が起きているのか、当事者《とうじしゃ》のニーズはどこにあるのかを考えるために、二〇〇六年二月から四月にかけて、私の呼びかけで、全国四都市、五カ所で「Rainbow Talk 2006 同性パートナーの法的保障を考える全国リレーシンポジウム」が行われました。何人かの当事者が体験談《たいけんだん》を語ってくれましたが、特に切実《せつじつ》だったのは、大阪と香川のシンポジウムで登壇《とうだん》した三十代の男性の話でした。

彼は、長年のパートナーであった四十代の男性と同居して、パートナーの実家の家業《かぎょう》を手伝っていたのですが、そのパートナーがある日、発作《ほっさ》を起こして突然死《とつぜんし》

---

nifty.com/rainbowtalk2006/

二〇〇六年二月から四月にかけて、全国各地の当事者団体等の企画で、全国四都市、五カ所で開催され、合計で約七〇〇人が参加したイベント。新聞等にも大きく掲載されました。

在留資格

内縁・同性婚では家族滞在《かぞくたいざい》、または日本人の配偶者等の在留資格《ざいりゅうしかく》は与えられません。これは国籍を問わないため、外国籍同士の同性カップルであったとしても、日本では家族滞在の在留資格は得られません。これは、以下の規定が根拠になっています。

法務省入国管理局《ほうむしょうにゅうこくかんりきょく》「入国・在留審査要領」第一二編 在留資格

二二七頁 第二五節 家族滞在 第一 該当範囲《がいとうはんい》

「配偶者」には、内縁の者及び外国で有効に成立した同性婚による者は含まれない。

してしまったのです。彼は一人で車の運転をしていて、すぐに身元が分からなかったため、救急隊員はパートナーが持っていた携帯電話の着信履歴を見て、彼に電話してきました。

「この携帯電話の持ち主のご家族の方ですか？」

「いいえ、同居人です」

「ご家族の連絡先を教えて下さい」

「どうしたんですか？」

「意識不明《いしきふめい》なのですが、詳しい病状はご家族の方にしか教えられません」

彼は仕方《しかた》なくパートナーの実家の連絡先を教えて電話を切り、しばらくしてから再度実家に電話し、搬送《はんそう》された病院を聞いて駆けつけたのですが、すでにパートナーは息を引き取っていました。彼とパートナーとの関係は周囲にあまり公《おおやけ》にしていなかったため、葬儀《そうぎ》には従業員《じゅうぎょういん》として出席したそうです。マンションの名義はパートナーだったので、彼はほとんどの家財道具を置いてマンションから退去《たいきょ》しました。預金《よきん》もほとんどがパートナーの名義になっていたので、二人で協力して築いた財産《ざいさん》も彼のものとは見なされませんでした。パートナーの生命保険は、もちろんすべて彼の親族に。彼のいない彼の実家で働き続けることもできず、仕事も辞めたそうです。彼は結局、パートナーの死によって、大切なパートナーだけでなく、住む場所も仕事も財産も失ってしまったのです。彼の経験は、同性をパートナーとする人にとって、決して他人事《ひとごと》ではありません。

二二六頁 第二九節 永住者《えいじゅうしゃ》の配偶者等 第一 該当範囲

1（注）同性婚に係る「配偶者」は、それが当事者間の国において有効に成立し得るものであっても、我が国において効力を生じ得ないものであるので、配偶者としては認めない。

海外の同性婚の配偶者の滞在

前記のとおり、配偶者として在留資格はありませんが、他の在留資格が与えられることになりました。

二〇一三年十月に法務省は入国管理局長宛に通知を出しており、海外の同性婚の配偶者の滞在には、「特定活動」として在留資格を認めました。ただし、日本国籍と外国籍のカップルには適用されません。

法務省管在第五三五七号　平成二五年十月十八日

同性婚の配偶者に対する入国・在

外国籍のパートナーの場合

また、パートナーが日本国籍《にほんこくせき》ではない場合、ビザ（査証《さしょう》）の問題が切実です。私の友人の場合、現在はパートナーの母国《ぼこく》・英国で日本語教師をしているのですが、英国では二〇〇五年にパートナーシップ法が施行されたので（↓Q24）、同性パートナー用の滞在許可《たいざいきょか》を得ることができます。また二〇一四年には同性同士の婚姻も認められました。彼女は英国で永住ビザを取得しています。将来的には日本でパートナーの女性と一緒に暮らしたいと望んでいるのですが、日本の法務省は同性パートナーに家族としての滞在許可を出していません。彼女は、パートナーと一緒に日本に帰って来ることができないのです。これは、非常に悲しいことだと思います。

同性カップルの抱えるこうした課題を、是非、もっともっと多くの人に知って欲しい、そして問題の解決に力を貸して欲しいと願っています。

（尾辻かな子）

留審査について（通知）

在留資格「家族滞在」、「永住者の配偶者等」等にいう「配偶者」は、我が国の婚姻に関する法令においても有効なものとして取り扱われる婚姻の配偶者であり、外国で有効に成立した婚姻であっても同性婚による配偶者は含まれないところ、本年五月にフランスで「同性婚法」が施行されるなどの近時の諸外国における同性婚に係る法整備の実情等を踏まえ、また、本国で同性婚をしている者について、その者が本国と同様に我が国においても安定的に生活できるよう人道的観点から配慮し、今般、同性婚による配偶者については、原則として、在留資格「特定活動」により入国・在留を認めることとしました。（以下、略）

外交官や在日米軍の同性婚の配偶者も入国が認められています。

Q16 災害時に同性カップルが直面する問題にはどんなことがありますか？

東日本大震災で、性的マイノリティの人々が緊急サービスを利用しにくかったと聞きました。なかでも同性カップルが直面した問題について教えてください。

自然災害《しぜんさいがい》の被災者《ひさいしゃ》が直面する困難《こんなん》は、その人の属性《ぞくせい》や置かれている状況によって異なりますが、いわゆる弱者がより顕著《けんちょ》な困難を経験することが知られています。たとえば、貧困層《ひんこんそう》、子どもや高齢者、乳幼児や妊産婦、障害や病気とともに生きる人々、外国語を母語《ぼご》とする人々、DV被害者、女性や少女、そして、性的マイノリティも特有の支援ニーズをもつ集団のひとつです。

東日本大震災で被災した性的マイノリティからは、避難所生活や復興時《ふっこうじ》の対応に関して、様々な問題提起がなされています。以下で紹介しましょう。

避難所生活における性的マイノリティの支援ニーズ

戸籍や見た目の性別と自認《じにん》する性別とが一致していない人々からは、避難所生活において必要なサービスにアクセスしづらかった、という声が寄せられています。たとえば「避難所に届いた支援物資《しえんぶっし》が登録されている性別ごとに配布されたため、

性的マイノリティの支援ニーズ

ここで紹介する体験談はすべて、ＬＧＢＴ法連合会「性的指向および性自認を理由とするわたしたちが社会で直面する困難リスト（第2版）」二〇一五年九月二日（http://lgbtetc.jp/pdf/list_20150830.pdf）から引用しています。

性自認《せいじにん》にもとづく肌着や衣服などが入手できなかった」「避難所のトイレが男女分けのものしかなく、見た目の性と性自認が不一致《ふいっち》であったため利用しにくかった」「性別移行のための治療中に罹災《りさい》したが、避難所で十分なホルモン剤などが入手できず、治療を中断・断念せざるをえなかったため、体調が著《いちじる》しく悪化した」等々。避難所が、「性別は男と女しかない」「性別は見た目で判断できる」といった性別をめぐる常識にもとづいて運営されていることが、不便を生み出しています。

「避難所で性的指向を暴露《ばくろ》されてしまい、周囲から疎外《そがい》され、変態扱いなどのいやがらせを受けたため、避難所を離れざるを得なかった」というアウティングの被害も報告されています。これは、同性愛に対する偏見《へんけん》によって生み出された二次被害と言えるでしょう。また、このようにして性的マイノリティが避難所から去ることにより、その不可視性《ふかしせい》や孤立《こりつ》が助長されることも見逃せません。

このような性的マイノリティ特有の脆弱性《ぜいじゃくせい》はあまり知られていないだけでなく、過小評価《かしょうひょうか》される傾向もあります。「避難所を管理する自治体職員に性的指向や性自認への配慮を求めたところ、『こんな大変な時にわがままを言わないでほしい』とたしなめられた」という体験談が、そうした傾向を物語っています。性的マイノリティのニーズを「わがまま」と一蹴《いっしゅう》する背景には、「関心を払うほど人数が多くない」「支援を受ける資格がない」といった無理解や偏見があるのだと思われます。このような対応により、性的マイノリティがさらに「見えない存在」へと追いやられることは言うまでもありません。

同性のパートナーのいる人が直面した困難

同性のパートナーのいる人々からは、避難所で次のような経験をしたことが報告されています。「避難所で同性パートナーの所在《しょざい》を確認しようとしたところ、親族でないことを理由に情報提供を拒《こば》まれ、確認できなかった」「周囲の視線が気になり、避難所で同性パートナーと一緒に寝起きすることができず、不安な毎日を過ごすこととなった」。

また復興時《ふっこうじ》には、「復興支援住宅に同性パートナーとの入居を希望していたが、申込みがカミングアウトにつながることに恐怖を感じ、申込みを断念《だんねん》した」「復興支援住宅に同性パートナーとの入居を申し込んだが、親族ではないことを理由に共同での入居は断られた」など、日常生活への復帰が遅れたことが報告されています。

「NPO法人共生社会《きょうせいしゃかい》をつくるセクシュアル・マイノリティ支援全国ネットワーク」は、政府の緊急災害対策本部へ「東日本大地震の被災地におけるセクシュアル・マイノリティへの対応に関する要望書（第二版）」を送っています（二〇一一年三月十七日）。性的マイノリティの多岐《たき》に渡る支援ニーズに触れられている要望書ですが、その中から、同性のパートナーをもつ人々のニーズの箇所を抜粋しましょう。

> 同性パートナー関係を含め、非婚《ひこん》／未婚《みこん》パートナーとの関係を「世帯」として扱ってください。単身者が連絡したい人が「親族」でなくても、本人の希望

を尊重願います。

①同性パートナーへの連絡等の支援は、一般的に「家族」と呼ばれる関係と同じ扱いでお願いします。避難所等での生活空間を家族単位で分ける時にも、世帯構成員が同性か異性か、あるいは非婚か既婚かで差別的扱いを行わないでください。

②自衛隊、警察、消防、病院、保健所、その他の救援関係者へ。被災親族の身元確認など、心の支えを必要とする極限《きょくげん》状況において、同性だから、あるいは婚姻していないから、との理由でパートナーの同伴を拒否されることは、被災者にとって深刻な二次被害となることにご留意《りゅうい》ください。

③「あなたの大切な人は大丈夫ですか」と訊《き》いて、本人の希望を尊重してください。パートナーが「同性」であるとわかっても「お友達ですか」などと聞き直さないで、「大切な人なんですね」と話を聞き、本人から申し出がない限りはそれ以上追求しないでください。

災害・復興時の支援に携《たずさ》わる人々には、異性愛にもとづく親族ネットワークのみを前提とせず、柔軟な姿勢で被災者のニーズを聞きとってほしいです。それは、同性カップルのみならず、多様な家族を生きる人々のニーズを満たすことにつながるはずです。

（杉浦郁子）

Q17 性同一性障害についての法律は同性婚を認めたものではないのですか？

性同一性障害をもつ人が、戸籍の性別を変更できるようになったと聞きました。これで同性でも結婚ができるようになったのではないでしょうか？

二〇〇三年七月に、「性同一性障害者《せいどういつせいしょうがいしゃ》の性別の取扱《とりあつか》いの特例《とくれい》に関する法律」（性同一性障害特例法）が成立しました。この法律は、性同一性障害をもつ人に、一定の条件のもとで法的な性別変更を認めるものですが、同性婚を認めたものではありません。

性同一性障害とは

出生《しゅっしょう》上の性別とは異なる性別に自分が属《ぞく》すると考える人、または、出生とは異なる性別で生きたいと考える人、実際にそうして生きている人などをトランスジェンダーと呼びます。

これに対し、「性同一性障害」というのは医学上の診断名《しんだんめい》で、出生上と反対の性に対する持続的《じぞくてき》な同一感、出生上の性に対する持続的な不快感《ふかいかん》（または性役割への不適切感）があり、それによって精神的な苦痛や社会的・職業的な困難などが引き起

出生上の性別

多くの場合は、出生時に外性器の形状から男児か女児かが判断され、この性別が出生届や戸籍などに記載されます。似たような意味で「生物学的な性別」という言葉が用いられることもありますが、生物学的な性別をどう判定するかは厳密には難しい問題で、必ずしも男性と女性を明確に分けることはできないとも言われます。ここでは社会的な性別の決定という観点から、「出生上の性別」という言葉を使って説明します。

こされている状態とされてきました。
この二つの言葉は、当事者の人権擁護《じんけんようご》と、医学的な診断・治療という二つの異なる側面を表す言葉と言えます。トランスジェンダーの人々が全員「性同一性障害」とみなされるわけではありませんが、ホルモン療法《りょうほう》や手術などを希望する人も多く、医学との関わりが深い問題であることは確かです。

性同一性障害と同性愛

多くの人は、性同一性障害と同性愛を混同《こんどう》しがちですが、この二つは別の問題です。性同一性障害をもつ人は、出生時《しゅっしょうじ》に割り当てられた性別に違和感《いわかん》をもち、それとは反対の性別でありたいと考えます。性別への違和感が強い場合は自分の体を傷つけたり、絶望《ぜつぼう》から自殺を考えることもあります。恋愛対象は人によって異性の場合もあれば、同性の場合もあります。

反対に、多くの同性愛者は、自分の性別への違和感はありません。例えば、多くの男性同性愛者にとって自分の性別はあくまで「男性」であり、自らが女性でありたいとは考えません。

このことから「好きになる相手が男性か、女性か」と「自分自身の性別をどう捉《とら》えるか」は別の問題だということがわかります。つまり、同性愛は「恋愛や性愛の対象」（性指向《せいしこう》）に関わる問題ですが、性同一性障害は「自分の性別に対する認識」（性自認《せいじにん》）に関わる問題です。

医学上の診断名

日本の医学系学会は二〇一五年時点ではまだ「性同一性障害」の語を用いています。しかし、米国精神医学会は「性同一性障害」という言葉の使用を取りやめ、二〇一三年のマニュアルから「性別違和」という新しい概念を用いています。また、世界保健機関（ＷＨＯ）が現在行っている国際疾病分類の改訂作業でも、「性同一性障害」に変えて「性別不一致」という名称を用いることや、これを精神疾患に分類することをやめ「性の健康に関わる状態」の一つに位置付けることが検討されています。

法的な性別変更

特例法では、「法令上の性別の取扱いの変更」という表現を用います。

男性から女性へと移行する人（ＭＴＦ）が女性を恋愛対象とする場合、遺伝学的な性で見ると「異性愛《いせいあい》」ですが、本人の性自認から見ると「同性愛」ということになります。特に心理的・社会的な関係を見る場合は、遺伝学的な性を基準にするよりも本人の性自認を基準にした方が実情に合っているため、当事者や専門家の間では本人の性自認を基準とすることが多くなっています。

性同一性障害特例法

出生上の性別に違和感をもち、性別を移行《いこう》して暮らす人の多くは、戸籍や住民票、パスポートなどの性別と、外見や生活の実態が食い違うことで苦境《くきょう》に立たされてきました。例えば、就職の際に不利《ふり》な扱いを受ける、海外渡航《かいがいとこう》の際に危険な立場に置かれる、などです。性同一性障害特例法はこれらの解決を目的とした法律で、性同一性障害をもつ人が二人以上の医師から診断を受け、かつ次の五つの要件をすべて満たす場合に、法的な性別を変更できるようにしたものです。

①二十歳以上であること
②現に婚姻をしていないこと
③現に未成年の子がいないこと
④生殖腺《せいしょくせん》がないこと又は生殖腺の機能を永続的《えいぞくてき》に欠く状態にあること
⑤その身体について他の性別に係る身体の性器《せいき》に係る部分に近似《きんじ》する外観を備

性指向

性的指向《せいてきしこう》、性的指向性とも言い、恋愛や性愛が向く方向性を指す言葉です。性行動の好みを指す「性嗜《し》好《こう》」とは異なる概念です。

性自認

性同一性とも言い、「自分は男性である」、または「女性である」というような、どの性に自分が属《ぞく》しているかという認識を指す言葉です。

ＦＴＭ、ＭＴＦ

男性、女性という言い方は、それ自体が当事者の性別をどう判断するかという価値観を含み、混乱を招きやすいため、ＦＴＭ、ＭＴＦという表記が使われます。女性から男性へと移行する場合をＦＴＭ（female to male）、男性から女性へと移行する場合をＭＴＦ（male to female）と表

えていること

法律の条文をそのまま引用したためわかりづらい表現となっていますが、一般的には、成人で性別適合手術《せいべつてきごうしゅじゅつ》を受けており、独身で、未成年の子どもがいない場合に要件を満たすことになります。しかし、これらのすべてに当てはまる人は限られること、また同様の法制度をもつほかの国に比べてかなり厳しい条件となっていることから、その妥当性についてはさまざまな議論が提起されています。

「現に婚姻をしていないこと」

ここからが本題ですが、同性婚の問題は②の要件に関連しています。

例えば、男性から女性へと性別を移行する人（ＭＴＦ）が女性と結婚しているケースでは、そのまま法的な性別変更を認めると女性同士の結婚となります。しかし、日本の法制度は同性婚を認めていません（→Ｑ14）。②はこの矛盾《むじゅん》を避けるために設けられた要件《ようけん》で、独身の場合にだけ法的な性別変更を認めるというものです。当人たちが結婚生活を続けたいと考えている場合でも、性別変更のためには離婚《りこん》が必要となります。このため、結婚している当事者の中からはこの要件に反対する意見も出ています。

仮に要件が削除《さくじょ》された場合、法的な性別変更の前から結婚している人については、同性婚が成立することになります。

わします。

性別適合手術

性同一性障害の治療《ちりょう》としては、カウンセリングのほか、体の特徴を望む性に近づけて違和感《いわかん》を軽減《けいげん》するためのホルモン療法や、手術療法が提供されます。このうち主に性器に関わる手術が「性別適合手術」です。

なお、性別適合手術は、性器以外の身体的外観や社会的な生活とは無関係です。性別適合手術を受けずに、性別を移行して生活している人も数多くいますが、このような場合は要件の④や⑤を満たさないため、法的な性別変更は認められません。

子の有無

子の有無に関する要件は、もともと「父が女性」「母が男性」となることを避け、この福祉に配慮する上

しかし、性別変更の後で同性婚を望む人についてはどう扱うのか、また、同性婚が認められない一般の同性愛者との間で不平等が生じることをどう考えるのかという問題が残ります。

なお欧州では、結婚している者は離婚しないと性別変更ができないということについて、オーストリアとドイツの憲法裁判所《けんぽうさいばんじょ》がそれぞれ二〇〇六年と二〇〇七年に憲法違反と判断しています。これらの国では同性婚が実現していないことから、トランスジェンダーが性別を変更した場合に限って、法的な同性どうしの婚姻が成り立つことになります。

法的な性別変更の後での結婚

日本の現行の法制度で前述の①から⑤の要件などをクリアした人が、性別変更の後で結婚する際の扱いは、一般の人々と同じです。つまり、MTFが性別を法的に男性から女性へと変更した場合、男性とは結婚できますが、女性とは結婚できないことになります。

繰り返しになりますが、現行の法律では、一般の人も同性愛者も、性同一性障害をもつ人ももたない人も、法的に性別変更をした人もしていない人も、みな結婚できる相手は法律上（戸籍上）の異性に限定されます。つまり、性同一性障害特例法は、あくまで異性間の婚姻のみを認める従来の法制度の枠組みにしたがったものです。MTFが性別変更後に男性と結婚した場合には、遺伝学的には男性同士という形で設けられたと言われます。しかし、親の法的な性別がその生活実態と食い違うことは、子の福祉にとってはむしろ好ましくないとも考えられます。

生殖機能の喪失

国連女性機関や、ユニセフ、世界保健機関（WHO）などは、生殖機能の喪失を求めるような政策に反対する共同声明を二〇一四年に発表しており、この対象には、法的な性別変更にあたって生殖機能の喪失を求めることも含まれます。

性別変更に関する諸外国の法制度

二〇〇四年に成立したイギリスの法律では、希望する性別での二年以上の生活経験が求められ、ホルモン療法や手術は必須とされていません。スウェーデンでは二〇一三年に、生殖能力の喪失を求める要件が裁判所

うことになりますが、法律上はあくまで異性間の結婚であるということに注意が必要です。

家族をつくる権利

性同一性障害特例法は、あくまで性同一性障害をもつ人の法的な性別変更について定めた法律であり、同性間パートナーシップの法的保護という問題をこの中で解決することは不可能でしょう。根本的な解決には、やはり同性婚やそれに代わるパートナーシップ制度の実現が必要と言えます。

この点についてはオランダの例が参考になります。オランダでは一九八五年の民法改正で法的な性別変更が可能になり、当初は日本と同じように婚姻していないことを条件としていましたが、この条件は二〇〇一年に同性間の婚姻が認められたため（→Q18）、削除されました。

特例法の要件については、②以外にもいくつかの問題があります。③のような子どもの有無についての要件を立法《りっぽう》で定めている国は、日本のほかには確認されていません。

④のように、生殖機能の喪失《そうしつ》を要求することには国際的な批判があります。

また⑤のように、外見や公の社会生活に関わりのない「性器」の形を問題として性別適合手術を求めることについても、議論の余地があります。

特に近年、諸外国の法制度は、法的な性別変更にあたって当人の性自認や社会によって違憲と判断されました。このほか、ドイツ、オーストリア、スペイン、ポルトガル、オランダ、デンマーク、アルゼンチン、ウルグアイなどの国で、性別適合手術は性別変更の要件とされていません。米国では州によって制度が異なりますが、ニューヨークなどいくつかの州で要件が撤廃されています。またオーストラリアのように、旅券の性別表記に限定して、出生証明や住民登録とは別に要件の緩和を進めている国もあります。

的な生活実態を重視し、④や⑤のような、生殖機能の喪失や、性器の手術といった身体的要件は求めない方向で進んでいます。このような動きの背景には、「性別」や「家族」についての考え方が大きく変わってきたということがあります。

トランスジェンダーかそうでないか、同性愛者か異性愛者か、性的少数者かそうでないかといったことに関わりなく、「家族をつくる権利」を平等に保障していくことが重要な課題となっていると言えます。

（野宮亜紀）

参考となる書籍

性同一性障害について

『性同一性障害って何？［増補改訂版］』（野宮亜紀・針間克己・大島俊之ほか／緑風出版、二〇一一年）

プロブレムQ&A
性同一性障害って何？
増補改訂版
[一人一人の性のありようを大切にするために]
野宮亜紀・針間克己・大島俊之・原科孝雄・虎井まさ衛・内島 豊・著
悩みを解消し
自分らしく生きるために
ロングセラーの増補改訂版！

性同一性障害と法律との関連について

『性同一性障害と法律』（石原明・大島俊之／晃洋書房、二〇〇一年）

『性同一性障害と法』（大島俊之／日本評論社、二〇〇二年）

性同一性障害特例法について

『【解説】性同一性障害者性別取扱特例法』（南野知恵子 監修／日本加除出版、二〇〇四年）

Q18 海外で同性の結婚を認めている国はありますか?

日本では同性婚は認められていませんが海外の状況はどのようになっているのでしょうか? 国際的には同性婚を認める方向へ動いているのでしょうか?

世界で増える同性婚を認める国と州

同性の結婚をみとめている国は二〇カ国あります(二〇一五年七月時点)。成立した順に、オランダ、ベルギー、スペイン、カナダ、南アフリカ、ノルウェー、スウェーデン、ポルトガル、アイスランド、アルゼンチン、デンマーク、ブラジル、フランス、ウルグアイ、ニュージーランド、イギリス(北アイルランドを除く)、ルクセンブルク、アイルランド、メキシコそしてアメリカです(↓世界地図)。結婚の法律を改正したり、憲法にある結婚の定義《ていぎ》を書き換えたり、裁判所の判決で婚姻届の受理を義務づけたりと、結婚をみとめる方法は国ごとに異なります。

オランダでは一九九八年に登録パートナーシップ制度が作られ、同性同士のカップルにも一定の利益が保障されていましたが、二〇〇〇年には結婚は異性および同性の二人の間でなされるものと法律上の定義を変更し、翌年から同性間でも結婚ができるようになりました。

ベルギーでは二〇〇三年から同性間でも結婚が可能となっています。成立当初は親子関係や養子縁組が制限されていましたが、二〇〇五年に養子縁組を可能となる法改正がなされ、現在では異性の結婚との差はなくなっています。

またスペインでは政権与党《せいけんよとう》が社会労働党にかわったことをきっかけに急激に同性婚の議論が盛り上がり、二〇〇五年に成立しました。

カナダでは二〇〇五年の市民婚姻法（civil marriage act）によって同性間の結婚が可能となりましたが、この背景には二〇〇三年ころから同性間で結婚できない現状がカナダ人権憲章《じんけんけんしょう》に違反するという判決が州裁判所で相次《あいつ》いだ事情があります。市民婚姻法では、結婚を「すべての他人を除外《じょがい》した二人の人物の合法的な連合」と定義しています。オランダが「異性または同性」と明記《めいき》したのに対して、カナダでは性別をしめす言葉を明記しない形が採用されました。もうひとつカナダの状況で特徴的なのは、州によっては外国人同士でも結婚できる点です。実際、日本人同士でも何組かの同性カップルがカナダで結婚をしています。

ブラジルやメキシコでは、裁判所が同性どうしの婚姻届の不受理《ふじゅり》を憲法違反と判断したことから、事実上、結婚が認められるようになりました。

また、アイルランドでは憲法改正の国民投票によって、婚姻が同性間

同性婚を認めている国と州

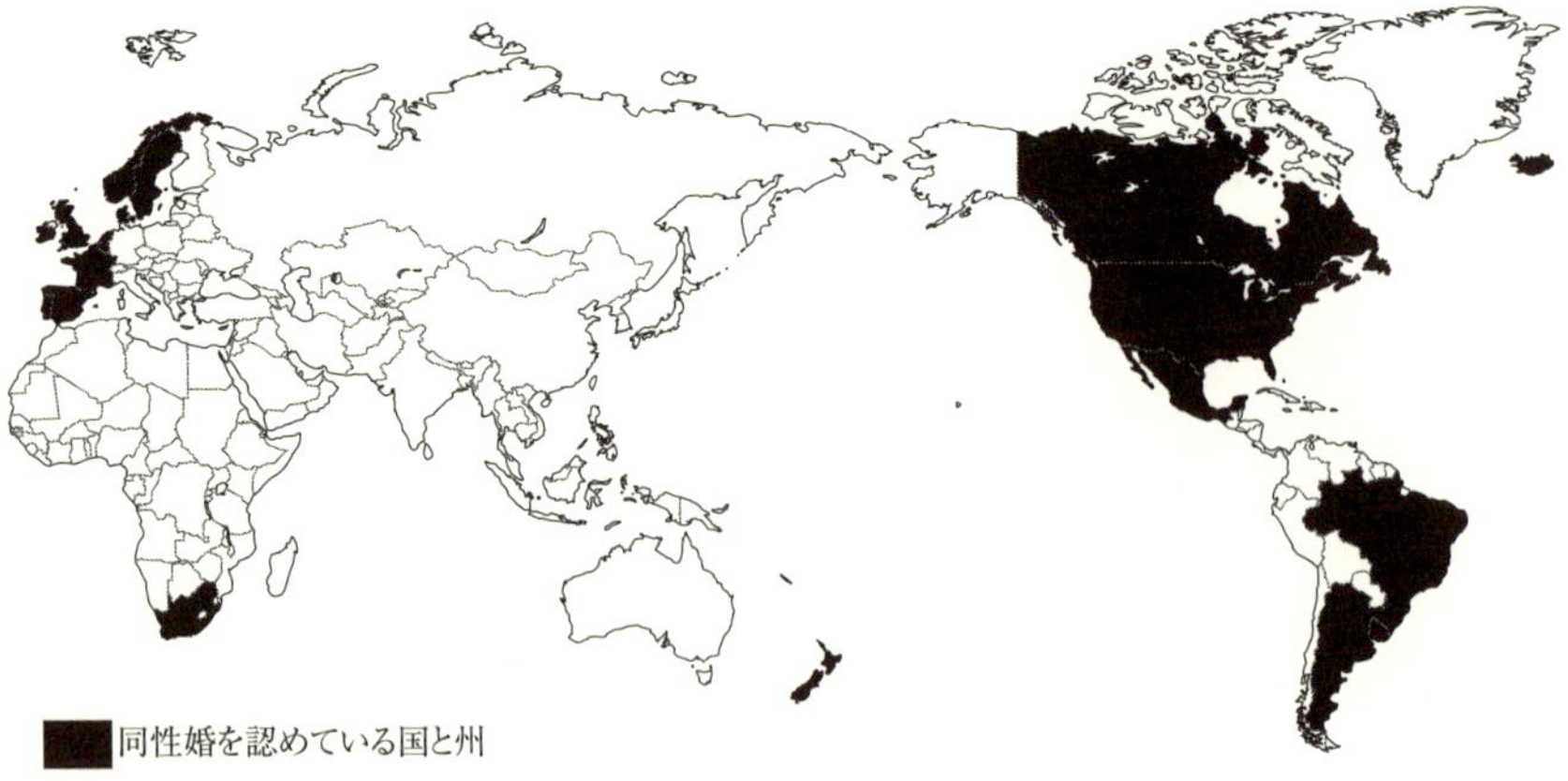

2015年現在

にも拡大されました。国民の多数決による結婚の承認はアイルランドがはじめてです。

この二〇カ国以外に、フィンランドでも二〇一七年から同性の結婚を認めることが決まっています。北欧諸国は一般的に同じような法律を作っていく伝統があります。ところが同性の結婚については、デンマーク、ノルウェー、スウェーデンが世界に先駆《さきが》けて法律を作っていたのですが、フィンランドだけが長らく拒《こば》み続けてきました。福祉や人権の先進国である国ですら根強い抵抗があったことは、この問題がいかに難しいかを物語っています。

同性の結婚をみとめていない国

これらの国とは逆に、同性の結婚をみとめない方向に動いているところもあります。これまで結婚という言葉はとくに定義されることはなかったのですが、各国での同性婚議論のもりあがりをうけて、結婚は男女間のみに限る、とあえて定義をする国があらわれたのです。結婚を男女間に限ると定義することは、すなわち、同性同士の関係は結婚にはあてはまらないことを意味します。これは同性婚を禁止する法改正とも言いかえられます。たとえば、州ごとに同性同士の関係に法的な保障をみとめはじめたオーストラリアでは、その流れに反対する勢力によって二〇〇四年に婚姻法が改正されました。これまで無定義だった結婚について、改正婚姻法五条では男女の結合を意味するものと定義されています。また、また国際人権法の分野では、婚姻そのものを異性カップルに限定することは自由権規約二三条二項に違反しないとの見解《けんかい》が示されています（二〇〇二年規約人権委員会ジョスリンほか対ニュージーランド事件）。ただし、同性カップルが異性カップルと同等の保障をうけられないこと自体は、性的指向にもとづく差別であると判断された事件もあります（二〇〇三年規約人権委員会ヤング対オーストラリア事件）。アメリカでは、二〇一五年六月、結婚を異性間に限定する州法は憲法違反であると連邦最高裁判所が判断し、すべての州で同性どうしの結婚が認められるようになりました（→Q19）。

賛成派と反対派の主張は？

結婚を同性カップルにも認めるか、それとも異性カップルに限定するか。この議論は価値観や宗教観あるいは倫理観《りんりかん》といった難しい問題をはらんでいます。たとえば、結婚は異性同士に限るべきだと主張する人々は、次のような根拠を挙げます。まず同性婚を認めてしまうと、昔からの婚姻や家族に関する伝統的な価値が崩壊《ほうかい》してしまうという理由です。多くは同性同士では生物学的に子どもをもつことが不可能であることや、同性カップルが養育する子どもたちに与える悪影響への懸念《けねん》を根拠としています。

また、同性愛そのものが不道徳あるいは宗教上の罪であるという信仰から、法的な承認そのものを否定的に捉える立場もあります。

さらに、家父長制やイエ制度への批判という立場から、問題は婚姻制度そのも

人権侵害の審査システム

自由権規約の履行監視機関である規約人権委員会には、個人が委員会に対して直接に人権侵害状況の審査を請求できるシステムがあります。このシステムを利用するためには、自由権規約の本体とは別に自由権規約選択議定書という条約を批准する必要があります。日本は自由権規約を批准していますが、この選択議定書を批准していませんので、日本に住んでいる人はこのシステムを利用することができません。

自由権規約二三条二項

自由権規約二三条二項は「婚姻をすることができる年齢の男女が婚姻をしかつ家族を形成する権利は、認められる」と規定しています。

のであって、同性カップルが婚姻制度にとりこまれることは時代に逆行《ぎゃっこう》するものだという反対意見もあります。

他方で、同性の結婚をみとめていくべきだと考える人々の主張は次のようなものです。まず結婚する権利は人権であるという考えから、同性同士であるから結婚できないという理屈は正当化できないという意見です。また、パートナーシップ制度など結婚に類似した別制度を設ける選択肢に対して、そのことが同性カップルは異性カップルと異なる存在であるとの現状認識を存続させてしまい、ひいては同性カップルを二流市民あるいは差別の対象として固定化しうる危険性を指摘する向きもあります。

あるいは、反対派があげる次世代の出産・養育という点に対して、異性の夫婦でもすべてのカップルが子どもをもっているわけではないという理由から反論がなされています。さらにこの点からは、あえて子どもの問題は切り離し、結婚は二人の関係性のみに限定して論じられるべきものとして、同性の結婚と同性同士の親子関係の問題を切り離して議論する折衷的《せっちゅうてき》な立場もあります。

同性同士で生活する人々の存在が社会的に認知されていくのにともない、今日のわたしたちは、これまで無意識に使い続けてきた結婚という言葉の内容や意味を熟慮する時代にさしかかっているのかもしれません。

（谷口洋幸）

コラム①

オーストラリアでパートナーを看取って

あと数日で二〇〇五年のお正月というある日、六年来のパートナーであるジャッキーと私は都内のクリニックで、ジャッキーの胸のしこりの検査結果が乳がんであることを知らされました。それから約十八カ月に渡る闘病《とうびょう》の末、彼女の母国オーストラリアでパートナーとして彼女を看取るまでの体験は、それまでの私の人生観を変えるほどの、貴重なかけがえのないものになりました。

信頼する医師のアドバイスのもとで彼女はスケジュールを減らしながら英語講師の仕事を続けましたが、二〇〇五年の夏の暑さが厳しくなるにつれて体調のすぐれないことが多くなり、二人で話し合った結果、仕事を諦《あきら》め、私も長期休暇を取って一緒にオーストラリア・ブリスベンへ帰る決心をしました。八月半ば、成田空港では車イスが必要なほど体調が悪く、搭乗《とうじょう》できないのではと心配したくらいでしたが、ブリスベンでは、彼女が来日する直前までルームメイトとして住んでいた家で、親友で家族同様の存在のカレンが準備万端整えて待っていてくれました。カレンは毎日仕事で忙しくしていたため、私が家事全般を受け持ちながら介護《かいご》に当たる毎日の始まりです。

その年の暮れ、むくみの悪化で緊急入院した時、救急車の中で患者情報を聞かれた私は、迷わず自分がパートナーであることを伝えました。それまで対外的な自分の立場について意識する必要は特になかったのですが、この時以来すべての場面で彼女のパートナーとして扱われることとなり、日本との違いを身に染みて感じることになりました。

ジャッキーはこの入院の時から、余命《よめい》が三カ月以内とされる「緩和《かんわ》ケア」の対象となり、退院後にお世話になり始めた仏教系の在宅ホスピスサービスからは、車イスや電動式のベッドなど自宅で必要な道具がすべて無料で貸与され、専門の看護師やスピリチュアルケアを担当する尼僧さんなどの訪問が始まりました。この時の家族情報の欄には当然私の名前がパートナー／ケアラー（介護者）として記入されました。患者だけでなく家族もケアの対象で、定期的に私あてに電話があり、困っていることはないか、カウンセラーとの面会を希望するかどうかなどを尋ねてくれるのもとても有難いことでした。

二〇〇六年の五月、初めての緩和ケア専門病棟への入院となりました。ここでも私は治療に関する決定権のあるパートナーとして認知《にんち》されましたが、その中でも私とジャッキーにとって心強かったのは看護師のスーの存在です。ちょうど私たちが以前から申請《しんせい》を考えていたパートナー・ビザについて話をしていた時、彼女が自分にも女性のパーナーがいると話してくれたのです。私の頭の中に浮かんだ「え？　それってこの他の人たちも知ってるの？」という日本なら即座《そくざ》に沸《わ》き上がる疑問を尋《たず》ねるのも野暮《やぼ》に感じるくらい、実に自然にふるまう彼女の姿には感じ入ることしきりでした。

この国では、一方がオーストラリア国籍あるいは永住権を持っていれば、同性カップル、異性カップルにかかわらずパートナー・ビザの申請が可能です（一年以上関係性が続き同居していること、銀行の共同口座などの共有財産があること、など様々な証明が必要）。スーもこのビザを持つ外国人のパートナーと暮らして十三年になるとのこと。残念ながらジャッキーと私にはこの申請のための準備に裂《さ》く時間は残されていませんでしたが……。

容体が落ち着いたため一旦退院したものの、息苦しさを訴えてほとんど危篤《きとく》に近い状態で再び同病棟に戻ったのが六月の上旬《じょうじゅん》でした。老齢者施設《ろうれいしゃしせつ》に住む母親も駆《か》けつけましたが、ベッド脇《わき》に母親が座っていても、新たな検査を受けるか否《いな》か、緊急時に蘇生術《そせいじゅつ》を施《ほどこ》すかどうかなどの重要な事柄《ことがら》の決定にはいつも私が呼ばれました。ジャッキーはベッドで親しい友人達にあてたお別れメッセージカードを書き始め、メモリアルサービス（葬儀《そうぎ》）で流す曲やスライドショー用の写真を選んだりという「準備」を私やカレンと一緒に進めていました。

母親や友人たちにも見守られながらジャッキーが息を引き取ったのは、六月下旬《げじゅん》の青空が広がるよく晴れた日の正午少し前のことでした。病院側の配慮で十分に時間をかけてお別れをした後、室内を片づけてカレンと自宅に戻るとすぐに葬儀屋さんとの打ち合わせです。新聞に載せる葬儀案内の文面を決める時、〝六月〇日、四十二歳で亡くなりました〟という文の後に〝Much loved partner of Rieko. Loved daughter of（母親の名前）……〟というふうにパートナーとしての私の名前が一番先に載り、続いて両親、きょうだい、という順でさっさと葬儀屋さんが原稿を書いてくれた時にはちょっとびっくり、と同時に胸が熱くなりました。一番近い親族から名前と故人との続柄《つづきがら》が順に列挙《れっきょ》されて〝親族と友人のみなさんをメモリアルサービスにご招待します〟と続く一般的な形式に則ったものではありましたが、同性のパートナー関係が誰一人眉をひそめることなくごく自然に受け入れられているという事実をあらためて実感することとなりました。

看護師のスーは最後の数日ちょうどオフでいなかったのが残念でしたが、携帯のメールアドレスを聞いていたので、当日の夜、「今日のお昼に亡くなりました。入院中はいろいろありがとう。スーはパートナーを大事にしてね」とメールをしてみたら、「二人に出会えたこと、そして私が何かの役に立てたのなら本当に嬉《うれ》しい、私のことは友達だと思っていつでも連絡して」とすぐに返信をくれて、まだ一種のショック状態にあった私にとっては大きな慰《なぐさ》めになりました。

メモリアルサービスにパートナーと一緒に来てくれたこともとても嬉しい出来事でした。「死が迫るという恐ろしい状況でのジャッキーの強さには感服《かんぷく》したし、献身的《けんしんてき》に世話をするリエコを見てとても誇《ほこ》らしく思った、二人が羨《うらや》ましい」とまで言ってくれて、私に言わせれば十三年も連れ添っているというスーたちのほうがずっと羨ましいのに……。でもこんな言葉を同じレズビアンの看護師からかけてもらったという事実、日本では想像しにくいことではないでしょうか。病室に何度も手料理を持ってきてくれたり、様々な場面で助けてくれたのも友人の同性カップルたちでした。もちろん他の病院スタッフからもたくさんの思いやりに満ちた温かい言葉をかけてもらいました。

四十数人の参列者《さんれつしゃ》と共にジャッキーの人生をお祝いしたメモリアルサービスが終わって数日がたったある日、友人にこう言ったことを覚えています。「私、もし今死んだとしても全然後悔はないよ。本当に何一つね」。一人残されて辛いという気持ちももちろんありましたが、もう一つこの言葉の裏にあったのは最後までパートナーとしてジャッキーと一緒にいられたことの満足感でした。

このオーストラリアでの日々を静かに振り返る時、私の胸は周囲からもらった大きなサポートへの心からの感謝でいっぱいになり、涙が溢《あふ》れてくるのです。

（鹿賀理恵子）

Q19 全米で同性婚が認められるようになったプロセスは？

州ごとで、同性婚の扱いが違ったそうですが、全米で同性婚が認められるまでに時間がかかったのはなぜですか。成立までの経緯をふくめて教えてください。

米連邦最高裁が「同性婚を禁じる州法は全て違憲」と判決

米国では長い間、共和党支持層やキリスト教原理主義者《げんりしゅぎしゃ》を中心とする保守派＝反同性婚派と、都市部や民主党支持者を中心とする同性婚推進・容認派の間の攻防が繰り広げられましたが、二〇一五年六月、連邦最高裁が「同性婚を禁じる州法は全て違憲《いけん》」との判決を下したことで、攻防の幕が閉じられることとなりました。

ＥＵでは、性的指向や性自認に基づく差別を、人種や宗教の差別と並んで包括的に禁じる法制の整備を、二〇〇〇年に加盟各国に義務付けました。並行して、一九八九年デンマークで登録同性パートナーシップ、二〇〇一年にはオランダで同性婚が法制化されたのを皮切りに、西欧主要国のほとんどが同性婚を採用するようになり、遂には伝統的に同性婚否定のカソリックの国アイルランドまで、二〇一五年六月に国民投票で同性婚を承認するに至りました。中南米でも同性婚や同性パートナーの認知《にんち》が進む中、米国における認知は、国内に抱えるキリスト教原理主義の伝統から、西側主要国の中で遅れを取ったと言えるのです。

ここ数年で同性婚受け入れへと米国政治が急展開したのは、オバマ政権下で起こった、世論の地滑《じすべ》り的な変化が背景にあります。例えばワシントンポスト紙の調査では、二〇〇六年に三六%だった同性婚支持の割合が、二〇一二年には五二%と過半数を越えました。世代が若いほど同性婚支持率が高く、世論の将来方向も明確です。

ただここで記憶しておくべきことは、同性婚否定州を一掃《いっそう》したのは、結婚の立法権を一義的《いちぎてき》に有する州議会でもなく、全米国民代表の連邦議会でもなく、連邦憲法の平等原則に依拠した一連の判決、つまり裁判所だったということです。

このため、反対派は「民主的手続きによらず、リベラルエリートが、社会文化の価値観の中心をなす結婚や家族の定義を崩壊させた」という批判を根強く展開しています。最後に五対四という僅差《きんさ》のキャスティングボードを握ることになったケネディ判事は、世論調査やオバマ大統領の支持なくしては、歴史的判断を下すのは困難だったと言えるでしょう。

結婚防衛法に署名したビル・クリントン大統領

この長い道のりの歴史を、一九九〇年代のクリントン政権の対応から振り返ってみましょう。リベラル価値観を信条とする民主党大統領でありながら、当時の国民世論が否定的であったのを見て、彼は、ＬＧＢＴの問題には妥協的対応を取りました。同性愛者の入隊禁止を原則としていた米軍のルールを、一九九四年には「Don't ask, don't tell」（「聞かざる、言わざる」政策）に変更し、同性愛者でもそのことを言わなければ入隊できるようにしました。しかし、これでは問題の解決にはならず一万四〇〇〇名の除隊者が出ました。

一九九六年には、同性婚受け入れ判決をハワイ州議会が州憲法修正で否定しましたが、この動きに応じるように連邦議会共和党が通過させた結婚防衛法（通称DOMA）に、当時のビル・クリントン大統領は拒否権も発動せずに署名しました。

このDOMAは、進歩的な州が同性婚を法制化しようとも、他の州や連邦がその同性婚を認める必要が無いとしたものです。DOMAは、二〇〇四年のマサチューセッツ州を皮切りに同性婚を認める州が出始めても、その効力を州内での扱いや州税に限ることで、同性婚推進派への大きな壁として長年立ちはだかることとなりました。DOMAにより、連邦管轄《かんかつ》である連邦税では異性間の夫婦に認められている税の優遇措置などが、同性婚が合法の州であっても認められないことになりました。これでは、非同性婚州のLGBTが同性婚州に出向いて結婚する価値も低く、税制・相続等での婚姻による恩恵も限定的になってしまいます。また、同法は、同性婚者の移民受け入れを拒否するものでした。後年オバマ政権時代には、世論の変化に合わせて、クリントンも同性婚支持を表明しますが、DOMA署名時には明確に反対を表明していたこともあり、同性婚推進派には長く恨みを買ってしまいました。

オバマ大統領の決断

二〇〇八年頃から、同性婚攻防の主舞台は、カリフォルニア州に移ります。二〇〇八年、同州最高裁は同性婚を禁じる州法を州憲法違反と認め、同性婚が可能となったのですが、その直後の十一月には州議会が結婚を異性間に限定する州憲法修正プロポジション・エイトを可決し、再び不可能になります。この背後では、キリスト教原理主義派が一時的に信者をカリフォルニア州へ転居させたとの説も飛び交いました。同性婚推進派は、このプロポジション・エイトについての闘争を受けて立つと同時に、DOMAを違憲とする訴訟を進めます。

この間、世論の同性婚支持への変化を見て、大統領に就任したオバマは政策変更へと舵を取り始めます。二〇一一年、オバマ大統領はDOMAは違憲との見解を表明し、連邦法務省にDOMA弁護を控える指示を出しました。二期目をかけた二〇一二年の選挙戦中には、ワシントンポスト紙調査で国民の五二%が同性婚支持を表明、依然三〇州にて同性婚が否定されている状態との乖離が露わとなり、オバマ大統領に同性婚支持表明を決心させることになりました。

二〇一三年六月に連邦最高裁は、連邦法のDOMAと、カリフォルニアのプロポジション・エイトを同時に違憲と判決。これを根拠にオバマ政権は、同性婚者の移民受け入れを開始。二〇一五年六月の最高裁判決が、同性婚禁止を固守していた州を一掃することで、全米で同性婚が成立することになりました。

（池田宏）

プロブレムQ&A

V パートナーシップ制度

Q20 結婚以外のパートナーシップ登録制度とはどのようなものですか？

カップルの関係を保障する制度といえば結婚だと思うのですが、結婚以外の制度もあるのですか？ 具体的に教えてください。

日本には、カップルのための制度は結婚（法律婚《ほうりつこん》）しかありませんが、欧米《おうべい》を中心としたいくつかの国では、結婚以外にカップルのために設けられた制度（パートナーシップ登録制度）が存在《そんざい》しています。国によって制度内容は違うのですが、それらはいずれも、同性カップルの法的保護《ほうてきほご》を図《はか》るために創設《そうせつ》されたものという点では共通です。

つまり、同性カップルの結婚は認められないけれども、法的に何の保護も与えないというのでは不都合《ふつごう》が生じるため、結婚以外にカップルを法的に保護できるような制度を作ろうということになり、創設されたのがパートナーシップ登録制度なのです。

このようにして作られた各国のパートナーシップ登録制度は、大きく二つに分類することができます。①同性カップルのみを対象《たいしょう》とする制度と、②同性カップルでも異性カップルでも利用することができる制度です。

パートナーシップ登録制度と同性婚の前後関係

オランダなど、同性婚が認められている国にもパートナーシップ登録制度は存在していますが、これらの国では、パートナーシップ登録制度ができた後に、同性婚が認められるに至っています。つまり、パートナーシップ登録制度が創設された時点では、同性婚は認められていなかったということです。

同性婚が可能になった後、登録パートナーシップ制度を廃止した国も

①同性カップルのみを対象とするパートナーシップ登録制度

スウェーデン、ドイツ、イギリス、オーストラリア、ブラジル、チェコ、スロベニア、スイス、ハンガリーなどの国が、このようなパートナーシップ登録制度を採用しています。

それぞれの国や地域で認められる法的保護の範囲《はんい》に違いはありますが、これらの国のパートナーシップ登録制度が同性カップルのみを対象としているのは、異性カップルのための結婚制度（法律婚）に対応するものとして、同性カップルのためのパートナーシップ登録制度があるという考え方をとっているからです。

したがって、イギリスのように、パートナーシップ登録制度で認められる法的保護が、法律婚をした夫婦に認められる法的保護とほぼ同じだという国もあります。

②異性カップルでも利用することができるパートナーシップ登録制度

オランダ、フランス、ベルギー、ルクセンブルク、ニュージーランド、南アフリカなどの国が、異性カップルも利用できるパートナーシップ登録制度を採用しています。異性カップルでも利用できるため、認められている法的保護は、法律婚に認められているものよりも少なくなっています（パートナーの相続権がなかったり、共同養子縁組ができなかったりします）。これは、法律婚よりも法的保護（法的義務《ほうてきぎむ》）が少ないパートナーシップ登録制度を、同性カップルのみが利用できるのは不公平《ふこうへい》だ

あります。デンマーク、ノルウェー、アイスランドなどの国です。

※本文内の各国のデータは、二〇一六年段階のデータに基づきます。

という考え方からきています。

つまり、法律婚よりも法的保護・義務が少ないところに、一定の意味が見出されているのです。

①であれ②であれ、パートナーシップ登録制度は、事実婚《じじつこん》とも法律婚とも違うものです。パートナーシップ登録制度は、法律で定められた一定の手続《てつづき》をしなければならないのに対し、事実婚は、そういった手続は必要ありません。法律婚との違いは、登録の手続や認められる法的効果が（国によってはわずかな場合もありますが）違うという点にあります。わずかな違いであっても、登録の手続や認められる法的効果が違い、そのために法律婚という言葉・枠組みを使わずに、新たに制度を作っているということが、法律婚との相違として重視されています。（大島梨沙）

Q21 フランスのパートナーシップ制度について詳しく教えてください。

フランスには異性のカップルも同性のカップルも登録できるパックスという契約があるそうですが、どんな内容の契約なのですか？　教えてください。

パックスというパートナーシップ制度

フランスでは、一九九九年からパックスというパートナーシップ制度が民法《みんぽう》に定められています。同性《どうせい》の二人組でも異性《いせい》の二人組でも、法的能力《ほうてきのうりょく》のある二人の人で共同生活を送る計画があれば性的指向《せいてきしこう》に関係なく、この契約《けいやく》を結ぶことができます。実際フランスでは、同性愛者《どうせいあいしゃ》だけでなく、多くの異性愛者《いせいあいしゃ》がパックスを利用しています。すでに結婚している人や一定の親族関係がある人の間ではこの契約は禁止されています。また、一人の人が二つ以上のパックス契約を同時にすることもできません。

パックスの届出《とどけで》は、市役所ではなく、裁判所で行います。パートナーは居住地《きょじゅうち》の裁判所で自分たちの契約を登録簿《とうろくぼ》に登録してもらいます。パックスの解消《かいしょう》は、二人の合意《ごうい》によるほか、一方的《いっぽうてき》に解消することもできます。また、少なくともどちらか一人が結婚あるいは死亡した場合は自動的に終了します。

パックス（ＰＡＣＳ）　民事連帯契約《みんじれんたいけいやく》（Pacte Civil de Solidarité）の略。

パックスは、婚姻外《こんいんがい》の共同生活《きょうどうせいかつ》の枠組みを定めるための契約《けいやく》なので、法律に違反しない範囲《はんい》で、パートナーは共同生活の仕方《しかた》やお互いの義務《ぎむ》、財産《ざいさん》の取り扱いについて、自分たちで決めて契約のなかに盛り込むこともできます。自分たちで何も定めない場合でも、パックスを結んだパートナーは、扶養義務《ふようぎむ》と、日常生活の出費《しゅっぴ》についての債務《さいむ》を連帯《れんたい》する義務を負わなければなりません。この二つの義務は絶対で、これに反するパックスは効力《こうりょく》がありません。また、貞操義務《ていそうぎむ》はパックスにはありません。

パックスは一九九九年から実施されており、いくつかの点で同性カップルの生活を改善しました。例えば、パックスのパートナーのうち一人だけが賃貸《ちんたい》の名義人《めいぎにん》であった場合に、名義人が死亡しても、残されたパートナーは引き続きそこに住むことができるようになりました。また、自分自身が医療保険《いりょうほけん》に加入していなくても、自分のパートナーが加入していれば、治療費《ちりょうひ》や薬代、出産費用《しゅっさんひよう》の払《はら》い戻《もど》しを受けることができます。税金については、二人の所得を合算《がっさん》して課税《かぜい》されることができます。こうすることでパートナーのどちらかの所得が少なく、もう一人のパートナーに扶養《ふよう》されている場合には、税金が安くなります。公務員《こうむいん》である場合には、自分のパートナーの近くに配置転換《はいちてんかん》を申請《しんせい》することもできます。

カップルが別れることを決め、パックスを解消するときは、自分たちで財産分《ざいさんぶん》割《かつ》をしなければなりません。カップル間で予《あらかじ》め取り決めをしていない場合は、パックスを結んでいる間に得た財産はそれぞれのパートナーに帰属します。パックス

パックスを取り上げている本

『パックス――新しいパートナーシップの形』（ロランス・ド・ペルサン著／齊藤笑美子訳、緑風出版）

を結ぶときに「共有」の取り決めをすることもでき、この場合、パックス締結後に購入した不動産などに対しては各パートナーが半分の持ち分を有していることになります。

パートナーのどちらかが死亡した場合、残されたパートナーは法律が定める相続人《そうぞくにん》ではありません。亡くなったパートナーに遺留分《いりゅうぶん》を持つ親族がいる時は、親族の取り分を除いた残りの部分だけを残されたパートナーに遺贈《いぞう》することができますが、遺言《いごん》をきちんと書くことが必要です。相続税《そうぞくぜい》については、当初法律婚配偶者よりも劣った扱いがなされていましたが、法改正を経て、現在では法律婚配偶者の場合と同様に免除されることになっています。

パックスから同性婚へ

パックスのような制度を求める運動が起きた背景には、エイズがもたらした影響があると言われています。長年ともに暮らしていたパートナーが病気のために亡くなっても、残されたパートナーは法律上は他人とされるために権利を持たず、第三者、特に故人の親族に対抗することができませんでした。

というわけで、パックスは結婚することのできない同性カップルにとっては、確かに進歩《しんぽ》でしたが、結婚と比べると大きな二つの点で違いがあります。一つにはパックスは親子関係にかんする権利も義務も一切《いっさい》含まないと言うことです。パックスを結んでも、パートナーと共同で養子《ようし》をとることや人工生殖《じんこうせいしょく》を利用することはで

パックスの改善

パックスができた当時、経済的な権利について、結婚とパックスの間には大きな差異がありましたが、その後法律の改正によって、このような差はおおむね解消されました。

養子縁組と人工生殖の利用

二人で養子をとることは、結婚しているカップルだけに限られており、人工生殖の利用は、カップルの法的地位に関係なく異性カップルに限られています。また、行政《ぎょうせい》が養親となる者の同性愛を理由として養子縁組の許可を与えないことがありました。これは現在では欧州人権裁判所によって違法と判断されています。

きません。また、自分のパートナーの「連《つ》れ子《ご》」は他人のままで、パックスを結んだからといって親権《しんけん》を行使《こうし》することはできません。

二つ目に、外国人がフランス人とパックスを結んでも、結婚したときのように自動的に滞在資格《たいざいしかく》が得られるわけではありません。

パックスは確かに同性カップルの法的地位《ほうてきちい》を高め、カトリック国フランスで同性カップルが社会的に受け入れられるきっかけになりました。実際、パックスができてからフランス人の同性愛者に対するイメージは大きく変わったように思います。

しかし、結婚とパックスではやはり大きな差がありました。そこで、同性カップルが相変わらず結婚できないことが問題とされ続けました。その結果、二〇一三年に同性カップルも異性カップルと同じ結婚制度を利用できるように法改正がされ、同年には七三〇〇組の同性カップルが結婚しました。これにより、結婚した同性カップルは、共同で養子縁組をしたり、パートナーの子を自らの養子にすることができるようになりました。今後の争点は、同性カップルによる生殖技術の利用に移ることになります。

こうして、パックスは同性カップルの承認という役割を終えることになりましたが、パックスの利用者の大多数がすでに異性カップルであったことからも分かるように（→Q43）、パックスは結婚制度のオルタナティブとして完全にフランス社会に定着しています。

（齊藤笑美子）

パックスと結婚の割合

二〇一四年に登録された数では、パックスが約一七万三〇〇〇件、結婚が約二四万一〇〇〇件となっており、パックスが結婚制度と並んで広く利用されていることが分かります。

フランスの同性婚

オランド大統領の選挙公約に従って、二〇一三年に結婚制度が同性カップルにも利用可能になりました。これによって養子縁組についても、同性カップルと異性カップルの間には法律上は差異がなくなりました。しかし、結婚を認めれば、同性カップルが生殖医療を利用することもやがては認めざるを得なくなるのではないか、といった見通しに基づいた反対は根強く、世論は二分されました。

Q22 スウェーデンのパートナーシップ制度について詳しく教えてください。

スウェーデンにはカップルに認められる法的保障の形がいくつかあると聞きました。それぞれの内容と、違いなどを詳しく教えてください。

スウェーデンおいては、法的に認められる・保障されるカップルの形態《けいたい》として、法律婚（同性間・異性間）、登録パートナー関係（同性間のみ。二〇〇九年五月に廃止）、同棲関係《どうせいかんけい》（同性間・異性間）の三つがあります。

婚姻法に基づく法律婚

スウェーデンは二〇〇九年五月、世界の国々で七番目に同性間の婚姻を認めました。さかのぼってそれ以前のことから紹介すると、まず、従来のスウェーデン法では、夫は妻の法的保護者《ほうてきほごしゃ》として位置づけられていました。一九二〇年に「結婚法」（Giftermålsbalken）が制定され、夫妻は平等となり、同法は改正を重ね、八七年には「婚姻法」（Äktenskapsbalken）として公布され、翌年から施行されました。夫婦は経済的にも地位的にも対等《たいとう》で、共同で家庭を営み、家事《かじ》・育児《いくじ》を分担し合い、経済力に応じて家計の支出を負担すべきであり、夫婦の財産関係は緻密《ちみつ》に取り決め

サムボ法

同棲関係が法的保障の対象となった背景には、六〇年代後半から同棲が増え、解消時に分割に関する問題が多く発生したことがあります。サムボとは「一緒に住む人」「一緒に住むこと」の意味です（『スウェーデンの葬送と高齢者福祉―変わる家族の絆―』善積京子編著／M＆Kメディア文化研究所、一九九八年）。

られ、財産の自己管理と債務《さいむ》への自己責任が明記されています（内閣府経済社会総合研究所・財団法人家計経済研究所『スウェーデン家庭生活――子育てと仕事の両立』、二〇〇五年）。

同性間の婚姻については、二〇〇〇年代半ばから政府による調査委員会において検討され、二〇〇七年の報告書（SOU）は、スウェーデンの婚姻法《こんいんほう》には同性間の婚姻も含めるべきであると表明されました。報告書では婚姻を男女間に限定する捉《とら》え方は今日にはそぐわず、こうした考えは社会の進歩と共に変化するものであること、子どもを設けることは婚姻の条件ではないこと、婚姻は登録ではなく挙式をもって成立するとみなすこと、現行どおり市民婚の儀式と宗教団体による挙式のいずれかを経て婚姻を可能とし、宗教団体には（性別に中立な）挙式権限を認めるべきであるといった見解が示されました。しかし二〇〇八年に政府が提出した法案には、婚姻法には婚姻は異性の間で認められるとの一文が残されていました。それに対してキリスト教民主党以外の全ての党の反対があり、最終的には調査委員会の見解に近い法案に修正されたものが可決されました。

カップルが婚姻するためには、まず要件を満たしているかの審査を税務署（出生、結婚、死亡等の各種の登録を管轄）に申し込みます。要件には、両者が十八歳以上、国内外に関わらず現在婚姻やパートナー登録をしていない、互いが近親者でないことが含まれます。確認がとれると、四カ月間有効な婚姻許可書が発行されます（後日、挙式執行者に提出）。婚姻は、行政府役人の挙式執行者による儀式（市民婚）か、

サムボ関係の子どもの扱い

婚外子《こんがいし》と婚内子《こんないし》は法律上同じに扱われます。ただし法律婚の場合は離婚後、共同養育権《きょうどうよういくけん》をもつことが義務づけられていますが、サムボ関係の解消後は、母親が自動的に養育権を得ます。その場合でも養育責任は両親にあり、別居親は養育費を支払います。申請《しんせい》すれば婚姻の場合と同様に共同養育権を得られます（内閣府経済社会総合研究所、二〇〇五年）。

パートナーシップ登録法（Lagen om registrerat partnerskap）

一九九四年公布、翌年施行。二〇〇九年五月廃止。施行以来の登録者数はのべで、男性三四七七人（解消七九一人、死別一一一人）、女性三三九五人（解消八〇七人、死別三八人）（スウェーデン統計局公表データより算出）。

宗教団体の挙式執行者による挙式を経ることで法的効力を持ちます。

宗教団体に関して留意すべき点は、個々の牧師には同性間の婚姻の挙式を行うか否かの選択の余地を残すため、挙式執行は義務化されていませんが、スウェーデン国教会として同性間の婚姻を認めているため（二〇〇九年九月決定）、教会側には執行する牧師を紹介する義務があります。教会で挙式を行うためには、少なくとも一方が教会員である必要があります。スウェーデン国教会以外の認可宗教団体にも同様に挙式執行の権限があります。

婚姻の要件には、スウェーデン国籍やスウェーデンに居住していることは含まれません。スウェーデンに国籍を持たず、スウェーデンに居住していないカップルの場合は、双方が婚姻またはパートナー登録を可能としている国の国籍を持っているか居住していれば、スウェーデンでの婚姻が可能です。一方がスウェーデン国籍を持っている、あるいは居住していれば相手の国籍や居住国に関わらず婚姻が可能です。

パートナーシップ登録法に基づく登録パートナー関係

二〇〇九年五月の性別に中立な婚姻法の施行にともない、パートナーシップ登録法は廃止されましたが、過去にパートナー登録したカップルは婚姻に移行するか（挙式または届出による）、登録パートナー関係を継続することができます。パートナー登録によって得られる権利保障は、婚姻とほぼ同じです。登録解消をする際

レズビアンカップルの生殖医療

以前は夫か同棲している男性がいる女性以外は、医療機関での生殖医療を受けられませんでした。子どもを設けたいレズビアンカップルは知人に精子を提供してもらって自分たちの手で人工授精を行うか、海外の医療機関で人工授精を受けて子どもを設けていました。

ライフスタイルの中立性の考え方

離婚や同棲の増加などの変化に対応するために六九年に家族法改正審議会が設置され、法務大臣《ほうむだいじん》はそれに対し「新しい立法は可能な限り、それぞれの男女の結合形態《けつごうけいたい》と道徳観《どうとくかん》に対して中立でなければならない」と述べ、この「中立性のイデオロギー」がスウェーデンの家族法の基本理念となりました。同審議会は、八一年に同棲も尊重されるべき共同生

は、離婚と同じく、地方裁判所《ちほうさいばんしょ》に判決を請求《せいきゅう》しますが、その際、住宅や家財《かざい》に加え、預金《よきん》・生命保険《せいめいほけん》・株《かぶ》、余暇《よか》利用のための別荘《べっそう》やボートなどのすべてが分割対象《ぶんかつたいしょう》となります。死亡した場合は、残されたパートナーが自動的に相続人《そうぞくにん》となります。子どもがいて残されたパートナーに養育権《よういくけん》がない場合は、そのパートナーの相続権《そうぞくけん》が制限《せいげん》されますが、基礎金額《きそきんがく》の四倍（二〇〇三年で一万六〇〇〇ユーロ）に相当する分は保障されます。

パートナーシップ登録法の施行当初は共同で養子をもらう、パートナーの子の二人目の親になる、あるいは共同で子どもの親権《しんけん》を得ることはできませんでしたが、二〇〇二年の改正（翌年施行）により、可能となりました。二〇〇五年からレズビアンカップルが医療機関で生殖医療を受けることも、できるようになりました。

登録パートナー関係と当初の異性のみの婚姻とでは異なる点もありました。婚姻は、スウェーデン国教会や認可《にんか》されている宗教団体の牧師《ぼくし》・僧侶《そうりょ》、または地方裁判所の判事《はんじ》、行政府役人《ぎょうせいふやくにん》による儀式によって法的に有効《ゆうこう》になり、儀式の場で証明書が作成され、執行者《しっこうしゃ》を通じて個人登録《こじんとうろく》（税務局管轄）の届け出がなされましたが、パートナー登録は、教会や認可宗教団体《にんかしゅうきょうだんたい》での儀式では有効になりませんでした。また、当初の異性間のみの婚姻では国籍や居住国は問われないのに対し、パートナー登録する場合は、一方がスウェーデン国内に二年以上住所を有しているか、一方がスウェーデン国内に住所を有し、かつスウェーデン国籍（あるいはデンマーク、オランダ、アイスランド、ノルウェー国籍）を持っている必要がある、という違いもあり

活の形であり婚姻を奨励《しょうれい》するために、同棲の法律保護を控える必要はない、という内容の答申をしました（善積、一九九八年）。

男女平等と個人単位の社会

男女が仕事・家庭・地域において同等《どうとう》な権利と義務と可能性をもつことが、男女平等の理念とされています。女性の経済的自立を促す諸制度《しょせいど》の改革も行われ、七一年には税金の課税単位が家族でなく個人に置かれ、社会福祉《しゃかいふくし》や社会保障《しゃかいほしょう》も個人として保障されています（善積、一九九八年）。

同性愛者の権利獲得

一九四四年：同性間の性関係が合法化。七八年：異性間・同性間の合法な性行為の年齢が同じ（十五歳）に設定。七九年：同性愛が社会省の精神病リストか

ました。

同棲法（サムボ法）が適用される同棲関係

婚姻あるいはパートナー登録をしていない場合でも、同性間、異性間を問わず、同棲しているカップルには、同棲法《どうせいほう》（サムボ法）が適用《てきよう》され、ある程度の保障《ほしょう》がなされます。

同棲法（サムボ法）は、一九八七年に制定され、翌年に施行《しこう》された「サムボの共同住居に関する法律」（Lag om sambors gemensamma hem）と、「ホモセクシュアル同棲法」（Lag om homosexuella sambor）が、二〇〇三年に「サムボ法」（Sambolag）として統一されたものです。

同棲法が適用される条件は、一定期間同居していること、生計《せいけい》を共にしていること、そして性関係が想定できる形の関係にあることです。同棲法では、関係を解消する際の財産分割の方法が定められ、一方が経済的に不利益を被《こうむ》ることがないように配慮《はいりょ》されています。関係の解消時に一方から財産分割の請求《せいきゅう》が行われた場合に、共同利用の目的で取得《しゅとく》した住宅（土地・家屋）や家財道具は、当事者間で平等に分割します。また共同利用している住宅や家財道具は相手の同意なしには処分できないと定められています。相続は、遺書《いしょ》がなければ行いませんが、基礎金額の二倍（二〇〇三年で八〇〇〇ユーロ）相当の財産への権利はあります。この法は自動的に適用されるので、適用したくない場合には、その旨をあらかじめ文書にしておく必要

ら削除。八七年：公共の場へのアクセスでの差別を禁じる刑法に性的指向が追加。九九年：性的指向を理由とした採用や昇進での差別やいじめが禁止。〇二年：高等教育機関での差別が禁止。〇三年：他の場面での差別やメディアでの差別も禁止。

同性カップルについては、七八年、政府が同性愛者に関わる法的な差別をなくすことを目的とした調査委員会を発足しました。その中で八四年に、同棲している同性カップルも、結婚に準じる異性カップルと同様の扱いがなされるべきだと提案して後の同棲法の適用につながりました。九一年に同性カップルも法的承認を可能とすべきという社会福祉省の提案を受けて、二つ目の委員会が発足。婚姻に準じる形で、同性カッ

があります。

その他にも、サムボ関係にあれば、パートナー登録あるいは婚姻している関係と同じ扱いがされる面が多くあります。例えば、スウェーデンに国籍と住所を持つ人の相手は居住権《きょじゅうけん》が得られ、市民権申請《しみんけんしんせい》の際の審査期間《しんさきかん》が短い、現在や過去の相手からの暴力《ぼうりょく》がある場合、法的保護の対象となる、相手への臓器提供《ぞうきていきょう》が可能である、などです。また事故や病気の際、医療機関《いりょうきかん》での決定や説明等について患者が対応できない時は、入院時に患者が記した「近《ちか》しい人」が「親族に値《あたい》する」とみなされますが、それがない場合は、配偶者《はいぐうしゃ》、登録パートナー、サムボ、子ども、親、きょうだいが「親族に値する」とみなされます。同様の原理《げんり》で、住宅が賃貸《ちんたい》の場合でも、死亡した人と同居していた「近しい人」は、契約を継続してそこに住み続けることができ、その「近しい人」にはサムボも含まれる、といったことが挙げられます。

平等なパートナーシップ制度から同性婚へ

このようにスウェーデンのパートナーシップ制度全般をみると、同性間の婚姻が可能となった以前に、異性・同性を問わず、同棲関係が八〇年代後半から保障されていたことと、同性間のパートナー登録と異性間の婚姻関係の扱いがほぼ同じであったことが特徴であるといえます。これらを可能とした背景には、スウェーデンのライフスタイルの中立性《ちゅうりつせい》や男女平等についての理念、個人単位の社会制度、そして同性愛者の権利獲得運動《けんりかくとくうんどう》の成果があると考えられます。

（釜野さおり）

プルの関係を正式に扱うという提案がされ、具体的な方法が議論されて、九四年のパートナーシップ登録法に結びつきました。

Q23 ドイツのパートナーシップ制度について教えてください。

ドイツでは90年代前半まで、ソドミー法があり、同性間の性行為を禁じていたと聞きました。現在でも同性カップルは社会的に認められていないのでしょうか？

ドイツでは二〇〇一年に「生活パートナー関係法（Lebenspartnershaftgesetz）」が成立し、同性カップルも結婚した夫婦と似たような関係をつくることができるようになりました。二〇〇四年末には法律の一部が大幅《おおはば》に改正《かいせい》され、現在ではより結婚に近い形になっています。

ドイツでの同性カップルの法的保障《ほうてきほしょう》をめぐる議論は意外と古く、たとえば一九九三年には連邦憲法裁判所《れんぽうけんぽうさいばんしょ》が基本法（ドイツの憲法）六条の婚姻は男女間に限られるとの解釈《かいしゃく》を示しています。

ドイツではソドミー法（同性間、おもに男性同性間の性行為を犯罪とする刑法の規定）が一九九五年になってようやく廃止《はいし》されたのですが、同じ年に同性婚法草案《そうあん》が連邦議会に提出されています（この草案は否決《ひけつ》されました）。

その後、一九九八年後半あたりから、法律の制定に向けた動きが活発化していきます。

法律ができるまでの長い道のり

一九九九年、ハンブルク市が全国にさきがけて同性パートナーシップ登録を開始し、国レベルでの法制化への口火《くちび》を切ります。翌年七月、政権与党《せいけんよとう》であった社会民主党と緑の党が「同性愛者差別撤廃《さべつてっぱい》のための法律―生活パートナーシップ法草案」を提出しました。当時、連邦議会では政権与党が多数派でしたが、連邦参議院では与党は過半数をわりこんでいました。そのため、この草案は、連邦参議院《れんぽうさんぎいん》の同意を必要とする部分とそうでない部分に分割《ぶんかつ》され、連邦参議院の同意が不要な部分のみをまとめて「生活パートナーシップ法」として二〇〇一年に成立しました。行政法《ぎょうせいほう》や税法《ぜいほう》などの連邦参議院の同意が必要となる部分は「生活パートナーシップ法補足法《ほそくほう》」として別に審議《しんぎ》されましたが、こちらは連邦参議院の同意がえられずに廃案《はいあん》となっています。

その後、この法律の内容が基本法六条（婚姻の特別な保護）や三条（平等原則）に適合《てきごう》するかどうかが各地で争われ、二〇〇二年七月に連邦憲法裁判所は生活パートナーシップ法が基本法に違反しないとの判断をくだしました。このため、積み残されていた内容についての議論がすすみ、二〇〇四年に生活パートナーシップ法改正法が成立し、翌年一月から施行されています。

ヨーロッパではほとんどの国が、いったんパートナーシップ法を利用した後に、同性カップルにも婚姻を認めています（→Q18）。ドイツでも緑の党や社会民主党は、婚姻を認めることに積極的な立場を表明していますが、現在の与党の中心にあるキリスト教民主同盟（ＣＤＵ）は明確に反対を表明しています。

生活パートナーシップ法の内容は

生活パートナーシップ法を利用できるのは成人の同性同士の二人に限られています。ただし、性的指向《せいてきしこう》は問われないので、親しい友人同士でも利用は可能です。近親者とはパートナーシップを創設《そうせつ》できず、また婚姻や生活パートナーシップを二重に創設することもできません。

所轄官庁《しょかつかんちょう》でパートナーシップの創設を宣言した二人には、お互いに協力と扶助《ふじょ》および共同生活を形成する義務がかされることになります。ただし、婚姻のように同居する義務は定められていません。またお互いを労働と財産によって扶養《ふよう》する義務や、生活パートナーシップ関係から生じる義務の履行《りこう》について必要な注意をはらう義務もかされています。名字《みょうじ》については、別姓《べっせい》が原則となりますが、婚姻のように同姓や複合姓《ふくごうせい》を選択することもできます。なお、相手方が死亡したときの財産《ざいさん》相続《そうぞく》については、法定相続人の一人として相続分が定められています。相続税について、当初は婚姻よりも高い税率が適用されていましたが、二〇一〇年の改正によって、異性カップルと同じ等級の税率が適用されるようになりました。

生活パートナーシップをやめたい場合は、一方または双方《そうほう》の請求によって裁判所から廃止の判決をうけなければなりません。裁判所が廃止を認める条件について

は、関係回復の可能性や別居《べっきょ》生活の期間などの条件が法律に細かく規定されています。生活パートナーシップが廃止された後に、どちらかが生活に困窮《こんきゅう》する場合は、婚姻と同じように扶養請求権が認められています。

また相手方の子との関係については、単独で縁組をすることができるため、いわゆる連れ子養子という形でカップルの子として育てることができます。ただし、婚姻に認められているような他人の子を共同で養子縁組《ようしえんぐみ》をすることはまだ認められていません。

どれくらいの人が利用しているのか

ドイツは連邦制をとっており、生活パートナーシップは各州の管轄事項《かんかつじこう》と定められているため、全国レベルでの正確な統計データはありません。

二〇一三年に行われた国勢調査《こくせいちょうさ》からは、国内ではおよそ七万八〇〇〇組の同性カップルが同居して暮らしていると推計《すいけい》されています。二〇〇三年の推計が五万八〇〇〇組でしたので、一〇年前に比べて三割以上増加していることになります。このうち、生活パートナーシップの登録をしているのはおよそ三万五〇〇〇組、実際に同居して暮らしている同性カップルの半数以下の数値です。婚姻とほぼ同等の権利が与えられるようになった二〇〇六年当時に比べると、登録数は約三倍に増加しています。

利用状況の特徴としては、大都市をかかえる州に登録数が集中しており、また各州の中では郡部《ぐんぶ》より都市部のほうが、また都市部でも郊外よりは市街地の方が登録数は多いという集計もあります。この特徴には、人口比率だけでなく、同性カップルの共同生活に対する周囲の理解や寛容度が影響しているものと考えられています。

（谷口洋幸）

Q24 イギリスのパートナーシップ登録制度について教えてください。

イギリスでは同性愛行為を犯罪とみなしていた時代があったそうですが、今も犯罪ですか？　同性同士のパートナーシップ制度もないのでしょうか？

※ここでいう「イギリス」とは、イングランド及びウェールズを指しています。パートナーシップ登録制度は、スコットランド、北アイルランドでも同様に導入されましたが、イングランド及びウェールズとは若干異なる点があり、個別に参照する必要があるので、ここでは扱いません。また、後述《こうじゅつ》する同性婚法《どうせいこんほう》についても、イングランドとウェールズの法律とスコットランドの法律とでは異なり、北アイルランドでは導入されていません。

パートナーシップ登録制度の成立

イギリスのパートナーシップ制度は、二〇〇四年シビル・パートナーシップ法（二〇〇四年十一月十八日公布、翌二〇〇五年十二月五日施行）にもとづいて、同性同士のカップルが互いをパートナーとして登録《とうろく》する制度です。この登録制度の主《しゅ》たる目的は、同性カップルが法的に親族関係《しんぞくかんけい》を結び、それを公認《こうにん》するというものです。

イギリスでは、かつて、同性愛行為《どうせいあいこうい》（男性間）は性犯罪法《せいはんざいほう》の対象《たいしょう》でした。一九五

シビル・パートナーシップ二〇〇四年法

法案審議《ほうあんしんぎ》に先立ち、イギリス政府によるコンサルテーション・意見《いけん》聴取《ちょうしゅ》が公表され、それに対して一般から寄せられた回答のうち、八四％がシビル・パートナーシップ法を支持するという結果が出ました。イギリス政府は当初、二〇一〇年までの最初の五年間でおよそ一万一〇〇〇から二万二〇〇〇件ものパートナーシップ登録が見込まれるとしましたが、実際に法律が施行されてみると約四万三〇〇〇件と予想を大幅

七年の王立委員会報告《おうりついいんかいほうこく》で、成人同士の同性愛行為を犯罪としない勧告が出されましたが、実際に性犯罪法が改正されたのはそれから十年後でした。その後、同性愛者の人権をめぐるさまざまな運動を経て、恋愛の対象が同性であるか異性であるかを理由に差別をすることは許されないとして、二〇〇三年性犯罪法は、同性愛・両性愛者《りょうせいあいしゃ》に対するあらゆる差別を禁止しています。

パートナーシップ登録

同性カップルは、パートナーシップ登録によって、異性間の結婚に相当《そうとう》する権利が与えられ、相互に扶養《ふよう》する義務が生じます。具体的には、相続、年金支給《ねんきんしきゅう》、生命保険や子の養育《よういく》や養育費負担《よういくひふたん》など、結婚における夫婦と同じ扱いを受けます。また、権利義務以外に、病院での付き添いなど、これまで「家族」とみなされなかったために、必ずしもスムーズに認められなかったこともできるようになりました。さらに、結婚の場合と同様に、二人の姓《せい》を同じにする、あるいはハイフンでつないで一つの長い姓にする（例：スミス－ジョーンズ）という変更も可能です。

登録の条件は、①同性同士であること、②十六歳以上であること、③現在独身《どくしん》であること、④結婚禁止の親等《しんとう》ではないことです。②について、当事者が十八歳未満である場合は、親や後見人《こうけんにん》の同意《どうい》を得ることが必要となります。③について、かつて結婚（異性と）もしくはパートナーシップ登録（同性と）していた人は、正式に離婚もしくはパートナーシップの解消がされていなければなりません。④につい

に上回る結果となりました（Ross, H., Gask, K. and Berrington, A.『Civil Partnerships Five Years On』Office for National Statistics参照）。

結婚からパートナーシップへの移行

イギリスでは、二〇〇四年ジェンダー承認法《しょうにんほう》（Gender Recognition Act 2004）にもとづいて、性同一性障害（Q→17）の人が性《せい》の変更《へんこう》をすることができるようになりました。

夫婦の一方が性同一性障害を理由に性の変更をし、その結果「同性同士」になったカップルがそれまでの関係を存続《そんぞく》させたいと願う場合は、結婚を解消→性の変更申請《へんこうしんせい》→変更の認可→パートナーシップ登録という手続が必要でしたが、同性婚法が成立した後は不要となりました。

ては細かく規定があり、親と子（実子《じっし》・養子《ようし》を問わず）、祖父母《そふぼ》と孫、おじ・おばと甥《おい》・姪《めい》、兄弟姉妹の関係にある二人は、パートナーシップ登録を認められません。

パートナーシップ登録の手続きの流れは次のとおりです。カップルは、それぞれが七日間以上居住《きょじゅう》する市町村の役所で、「シビル・パートナーシップを登録する意思表示《いしひょうじ》」の申し立てをします。この「登録の意思表示」は公《おおやけ》に掲示《けいじ》され、十五日間を経過した後に、実際に登録手続きをすることができます。登録手続きは、パートナーがその後居住しようとする地区の役所もしくは同手続きを行なうことを認可《にんか》された施設《しせつ》において、行うことができます。同性カップルは、担当の事務職員と二人の証人《しょうにん》の前で、所定《しょてい》の書類にサインをして、パートナーシップ登録を行います。登録手続きができるのは、八時から十八時までの間と決まっており、これは異性間の結婚手続きと同じです。

但《ただ》し、次のような例外措置《れいがいそち》が認められています。パートナーの片方が、深刻な病に侵《おか》されて回復の見込《みこ》みがないという場合には、昼夜《ちゅうや》を問わずいつでも登録手続きをすることができます。場所についても、在宅介護《ざいたくかいご》などの状態で外出できない場合、自宅で登録手続きができます。カップル当事者の一方が入院中や刑務所《けいむしょ》で服役《ふくえき》中である場合でも、登録できます。また、現に結婚している夫婦の一方が、性《せい》同一性障害《どういつせいしょうがい》を理由に性の変更をしたことによって、結婚からパートナーシップ登録に移行する場合には、十五日間の事前通告《じぜんつうこく》（登録の意思表示）は免除《めんじょ》されます。これは、夫婦に認められた年金や保険支給《ほけんしきゅう》の条件を、夫婦から同性パートナーとなっ

欧州経済地域（ＥＥＡ：European Economic Area）

ＥＥＡは、このパートナーシップ登録においては、ＥＵ加盟各国にノルウェー、アイスランド、リヒテンシュタイン、スイスを加えた国々を指します。

当事者の一方もしくは双方が外国人の場合

入国管理法の適用を受けるケースや手続きの詳細については、入国管理及び国籍に関する内務省内の関係部署（Home Office, UK Visa and Immigration）のウェブサイトhttps://www.gov.uk/government/organisations/uk-visas-and-immigrationを参照。パートナーの一方がイギリス人で他方が外国人の場合に、パートナーシップ登録或いは同性婚をする当事者は「定住者《ていじゅうしゃ》の家族

ても引き継ぐことができるようにするためです。

パートナーシップ登録の適用範囲と終了

　この制度は、海外で生活するイギリス国籍の人にも適用され、在外《ざいがい》イギリス公館《こうかん》において手続きをすることができます。但し、その外国が同制度を認めない、もしくは、その国において独自のパートナーシップ制度や同性婚が適用される場合には、その限りではありません。また、国防軍所属《こくぼうぐんしょぞく》で海外勤務《かいがいきんむ》の軍人《ぐんじん》は、軍の登録官《とうろくかん》によって登録手続きをすることができます。もしパートナーの一方もしくは双方《そうほう》が欧州経済地域《おうしゅうけいざいちいき》（ＥＥＡ）の国以外の国籍を持つ場合、結婚の場合と同様に、パートナーシップ登録をするうえで入国管理法《にゅうこくかんりほう》の適用を受けます。具体的には、パートナーシップ登録のためのイギリス入国許可、もしくは内務省発行《ないむしょうはっこう》の証明書、あるいは無期限《むきげん》のイギリス滞在許可《たいざいきょか》のいずれかを提出することが必要となります。

　パートナーシップの解消や取り消しは、結婚のそれと同様に取り扱われます。すなわち、二人の関係がもはや修復不可能《しゅうふくふかのう》な状態まで破綻《はたん》していると認められる場合に、裁判所での手続きを経て、パートナーシップを解消することができます。取り消しというのは、パートナーシップ登録の条件を満たしていなかったなどの場合に、そもそも最初からパートナーシップが成立しなかったとして、さかのぼって二人の法的関係を無効とするものです。

（family of a settled person）ヴィザ」を申請する必要があります。もし双方が外国人でイギリスにおいてパートナーシップ登録或いは同性婚をする目的で入国を希望する場合には、「結婚目的の観光（Marriage Visitor）ヴィザ」を申請することになり、六カ月まで滞在することができます。

パートナーシップの解消

　カップルの関係が破綻していることを理由に、パートナーシップの解消を申し立てるためには、

①一緒に生活していくことができないと思われるような、相手の「理不尽《りふじん》な行動《こうどう》」があること
②双方がパートナーシップ解消に同意している場合、二年以上別居している事実があること
③一方がパートナーシップ解消に同意していない場合、五年間以上別

結婚とパートナーシップ登録の異なる点

以上のように、同性間のパートナーシップ登録は、異性間の結婚とほとんど同じように扱われますが、両者が異なる点は、手続きをすることができる場と手続きが有効《ゆうこう》となるタイミングにあります。イギリスの結婚は、役所や認可《にんか》された施設、もしくはキリスト教の教会のいずれにおいても手続きをすることができます。他方、パートナーシップ登録は「結婚」ではなく、あくまでも法的な民事手続《みんじてつづ》きにもとづく登録であるため、教会などの宗教的《しゅうきょうてき》な施設において「結婚式」を挙げることは原則《げんそく》としてできません。また、結婚の場合は、新郎新婦《しんろうしんぷ》が結婚の誓約《せいやく》を同時に交わした時点で成立しますが、パートナーシップ登録は、カップルが登録書類《とうろくしょるい》に順にサインをし終えた時点で成立します。

さらに、もっとも主要《しゅよう》な違いとされている点として、結婚の成立と解消に重要なポイントとされる「床入《とこ》り（consummation）」の概念《がいねん》は同性同士の場合に適用されないことが挙《あ》げられます。異性間の結婚は、二人が性愛関係《せいあいかんけい》にあって性交渉《せいこうしょう》が行われることを前提《ぜんてい》にしているため、いわゆる浮気《うわき》や不倫《ふりん》などの不貞行為《ふていこうい》があれば、離婚の理由となりうるのに対し、同性パートナーシップの場合は性愛関係・性交渉の有無が問われず、パートナーシップ解消の理由として不貞行為は該当《がいとう》しません。もっぱら、前述《ぜんじゅつ》した「修復不可能な破綻」を理由として解消がなされます。

居している事実があること
④一方が二年以上行方不明《ゆくえふめい》で連絡がとれない状況にあること
を証明しなければなりません。

結婚の完成《かんせい》（consummation of marriage）
イギリス法では、夫婦となる男女が共に「床入《とこい》り（consummation）」して性交渉がなされることによって結婚が完成するという考え方があります。

親の責務《せきむ》（parental responsibility）
一九八九年子ども法（Children Act 1989）第三条一項に規定されている、親が子どもに対して有する法的な責務であり、具体的には日本法の親権《しんけん》に相当《そうとう》する「子どもの養育《よういく》監護《かんご》や扶養《ふよう》の権利及び義務」を意味します。

子どもに関する権利と義務

二〇〇二年養子《ようし》及び子ども法（Adoption and Children Act 2002、二〇〇五年十二月三十日施行）により、同性同士のカップルは（パートナーシップ登録をしていなくとも）共同で養子を迎《むか》えることも、どちらか一方が養子を迎えることもできるようになりました。また、一方のパートナー（A）が実子（X）に対する「親《おや》の責務《せきむ》（parental responsibility）」を有している場合に、他方のパートナー（B）は、Aの同意《どうい》のもとに手続きを経て、Xに対する「親の責務」を得ることができます（A、B双方に子がいる場合も同様）。但し、Xのもう一人の実親（C）もXに対して「親の責務」を有している場合には、Bの「親の責務」取得《しゅとく》について、AとCが同意していることが条件となります。

さらに、二〇〇八年ヒトの受精及び胚研究に関する法（Human Fertilisation and Embryology Act 2008）により、同性同士のパートナー間で生殖補助医療《せいしょくほじょいりょう》を利用して子をもうけることが可能となりました。女性同士の場合は第三者からの精子提供《せいしていきょう》を受けてパートナーのどちらかが出産を担当し、男性同士の場合はどちらかのパートナーの精子を用いて、契約《けいやく》した代理母《だいりぼ》に二人の子を出産してもらうことになります。

同性パートナーシップのカップルは、結婚している夫婦と同様に、児童手当《じどうてあて》の支給など子に関する福祉《ふくし》サービスを受けることができます。但し、同性パートナーシップ登録をせずに同性パートナーと暮らしている親の場合には、結婚していない

二〇〇八年ヒトの受精《じゅせい》及び胚研究《けんきゅう》に関する法（Human Fertilisation and Embryology Act 2008）

一九九〇年の同名の法律（Human Fertilisation and Embryology Act 1990）及び一九八五年代理出産取り決め法（Surrogacy Arrangements Act 1985）を社会の変容《へんよう》に合わせて改正する必要があるとされて制定されました。以前は異性間のカップルと独身の女性のみが生殖補助医療を用いて子をもうけた場合に法的な親となることができたのに対し、本法によって同性同士のカップルにも門戸《もんこ》が広げられました。

二〇一三年婚姻（同性カップル）法（Marriage (Same Sex Couples) Act 2013）

本法により結婚には同性同士のものが含まれるとされました。具体

異性間のカップルと同じように扱われます。

同性婚法《どうせいこんほう》の実現《じつげん》

前述したように、同性パートナーシップのカップルと結婚した夫婦はほぼ同様に扱われていましたが、あらゆる差別《さべつ》や社会的経済的《しゃかいてきけいざいてき》な不平等《ふびょうどう》をなくすために作られた二〇一〇年平等法（Equality Act 2010）によって、同性パートナーシップのカップルと異性間の夫婦は全く同じ法的《ほうてき》な権利義務を持つことになりました。

さらにこの「平等」を推し進めていくという風潮《ふうちょう》のなかで、ついに同性カップルに結婚を認める二〇一三年婚姻《こんいん》（同性カップル）法（Marriage（Same Sex Couples）Act 2013）が同年の七月十七日に成立しました。これにより、同性カップルが法的な結《むす》びつきを得《え》るためにはパートナーシップ登録をするか結婚をするか、いずれかを選ぶことができます。また同年十二月十日より、既に同性パートナーシップ登録をしているカップルが結婚を望む場合は所定《しょてい》の手続きを経て「パートナーシップ→結婚」と容易《ようい》に変更できることになりました。

但し、パートナーシップ登録はこれまでどおり同性間のみの制度であるため、異性間の夫婦が「結婚→パートナーシップ」に変更することはできません。他方、性同一性障害の当事者《とうじしゃ》のカップルの場合は、「結婚→パートナーシップ」と「パートナーシップ→結婚」のいずれも、配偶者もしくは相手方同性パートナーの同意を得て選択することができます。

（田巻帝子）

的には、「夫（husband）」には「他の男性と結婚した男性」が含まれ、「妻（wife）」には「他の女性と結婚した女性」が含まれると規定《きてい》されています（附則第三第一節及び第五節）。法施行後の二〇一四年三月二十九日から六月三十日までの約三カ月間で一四〇九組が届出《とどけで》をしており（最初の三日間で九五組）、その内五六％は女性同士の結婚（七九六組）で四四％が男性同士の結婚（六一三組）という結果が出ています（Marriages in England and Wales (provisional), for same sex couples Q1 and Q2 2014 Release, Office for National Statistics, http://www.ons.gov.uk/ons/rel/vsob1/marriages-in-england-and-wales--provisional-/for-same-sex-couples-q1-and-q2-2014/sty-same-sex-marriages.html参照）。

Q25 外国の同性間パートナーシップ制度を日本人が利用できますか?

同性婚や同性を対象としたパートナーシップ制度がある国の人と日本人が、その制度を利用することができますか? 日本に制度がなくても可能なのですか?

日本で外国の同性婚制度を利用できるか

国際結婚《こくさいけっこん》をするには、結婚する二人が、それぞれ自分の本国（国籍《こくせき》のある国）の法律が定める条件《じょうけん》を満《み》たさねばなりません。例えば日本人の場合、女性は十六歳・男性は十八歳以上であること、未成年者は父母の一方の同意《どうい》を得《え》ること、結婚相手が近親者《きんしんしゃ》でないこと、などです（民法七三一条以下に書いてあります）。

では、日本の法律は結婚相手が異性であることを要求しているのでしょうか。

実は、条文でそのようにはっきりと書いてあるわけではないのです。でも、今の法律を作った人たちは男女の結婚を当然《とうぜん》の前提《ぜんてい》と考えていましたし、法律に「女は」「男は」「夫婦」などの表現があることなどから、はっきりとは書いていなくても、日本の法律では異性としか結婚できないと考えるのが一般的《いっぱんてき》であり（→Q14）、家庭裁判所の審判でも、同性間の婚姻は民法七四二条の「婚姻をする意思がないとき」に該当し無効であるとしたものがあります。

結婚するために必要な条件

結婚するために必要な条件はどこの国の法律を使って決めるのか、ということは、「法の適用に関する通則法」という法律の第二四条で決まっています。

同性婚を無効とした審判例

佐賀家裁一九九九年一月七日審判（家庭裁判所月報五一巻六号七一頁）。外国籍のMtFの女性と、それを知らずに結婚した日本人男性との結婚を無効とした事例です。

日本で外国のパートナーシップ登録制度を利用できるか

他方、パートナーシップ登録という制度は日本にはありません。そこで、この制度を日本の法律が認めるどんな制度に近いものと考えるのかがまず問題です。もし結婚に近い制度だと考えるなら、日本の法律が同性婚《どうせいこん》を認めていないと一般に考えられている以上、やはり日本人がパートナーシップを組むこともできないと言うしかないでしょう。

しかし、もしもパートナーシップ登録を、経済面《けいざいめん》で協力しながら共同生活《きょうどうせいかつ》するための契約《けいやく》と考えれば、そういう契約をすることが可能かどうかは、二人の国籍などと基本的には関係なく、二人が「この法律に従います」と合意で決めた国の法律によって決めることになります。ですから、例えばスウェーデン人と日本人の同性同士の場合、「自分たちの関係はスウェーデンの法律による」と決めておけば、パートナーシップ契約の全部とは言えなくても一部分は日本でも効力《こうりょく》を認めてもらえる可能性があります。ただ、それはあくまで財産《ざいさん》に関する契約としてですから、相手に対して「浮気をするな」などということが言えるわけではありません。

外国で日本人が同性婚やパートナーシップ登録制度を利用したら

以上のように、日本人が日本で同性婚や同性とのパートナーシップを希望しても、結局日本の法律がネックになって、なかなかうまく行きません。だったら、同

日本で同性同士の結婚は可能か

「法律の運用を改めさえすれば、日本でも同性婚そのものが可能だ」という考え方をすることも理論的には不可能ではありません。

しかし、現状では女性同士・男性同士のカップルが結婚届を作成して市役所などの窓口に持って行っても、受理してはもらえないでしょうし、それが不満だからと言って裁判所に訴えても、今のところ勝てる可能性は非常に低いと思います。

ただ、東京都渋谷区が同性カップルを「結婚に相当する関係」と認め「パートナーシップ証明書」を発行することを認める条例を二〇一五年四月から実施（証明書の交付は同年十一月から開始）し、東京都世田谷区も要綱により同様の制度をスタートさせるなど、日本でも自治体レベルで新たな動きが見られます（→Q

性婚や同性間のパートナーシップが認められている国へ行って、そこで同性婚や同性間のパートナーシップ登録を行い、そこで得られた夫婦ないしパートナーとしての地位《ちい》を日本でも認めてもらう、という方法はとれるのでしょうか。

まずは、外国で日本人が同性婚やパートナーシップの制度を利用できるのか、という問題がありますが、それは先方の国の法律次第《ほうりつしだい》です。例えばスウェーデンの場合、たとえカップルの一方が日本人であっても、もう一方がスウェーデン人であれば、スウェーデンでパートナーシップを登録するときは、日本の法律とは関係なくスウェーデン法に従えばそれでよい、とされています。従って、そのような国では、日本人でもパートナーシップ登録を行うことができるわけです。

そこで次に、無事《ぶじ》に外国で同性婚やパートナーシップが成立したとしても、その効力《こうりょく》を日本でも認めてもらえるのか、という問題が生じます。実は、せっかく外国でその国の法律に従って認められた地位でも、それをそのまま日本で認めたのではとても不都合《ふつごう》なことになる場合には、日本国内ではその効力は認められないのです。そして日本では、結婚とは男女が行うものであり、それ以外の結婚は許されない、という常識《じょうしき》（社会通念）が今まで通用《つうよう》してきましたので、同性婚やパートナーシップの効力を国内で認めることには抵抗《ていこう》が大きいと考えられます。従って、今の時点では、外国で成立したパートナーシップであっても、それを結婚と同じようなものとして国内で認めてもらうのは難しいと言わざるを得ません。

ところで、日本人が外国で同性婚やパートナーシップをしようとする場合、自

26）。

効力は認められない

このような考え方を「国際私法上の公序《こうじょ》」と言い、「法の適用に関する通則法《つうそくほう》」の四二条で定められています。

今後の同性婚やパートナーシップの効力

今後、国内で同性婚やパートナーシップへの評価が変化していけば、たとえ日本の法律ではそれらが認められないままであったとしても、外国で成立したパートナーシップの日本での効力を認めることができないわけではありません。

分が結婚に必要な条件を満たしていることを証明する書類（婚姻要件具備証明書《こんいんようけんぐびしょうめいしょ》といいます→Q14）を日本から取り寄せる必要がありました。ところが、法務省《ほうむしょう》は二〇〇二年の通知《つうち》により、婚姻要件具備証明書を発行する際、結婚相手である外国人の性別を記載《きさい》して交付すること、また、もし結婚の相手が同性であるときは、婚姻要件具備証明書を交付するのは相当でない、としていました。なぜかというと、婚姻要件具備証明書には「日本国法上何等《にほんこくほうじょうなんら》の法律的障害《ほうりつてきしょうがい》のないことを証明する」と書いてあるので、もし同性婚にもこの証明書を使おうとすると「日本でも同性婚を認めたのか？」と誤解《ごかい》される危険がある、ということがその理由でした。そして、日本から婚姻要件具備証明書を入手せずに同性婚をすることは多くの場合、困難でした。

しかし、例えばスウェーデン在住の日本人が、現地でスウェーデン人と同性婚をしようとする場合、その成立は現地ではスウェーデン法に従うのであって、「日本国の法律上」の「法律的障害」がないこと（つまり日本法が同性婚を認めていること）を証明する必要などないはずです。要するに、その日本人の氏名や生年月日、本籍などの事実関係が証明できればいいのですから、そのような事実の証明書を発行すべきなのです。

その後、法務省は、二〇〇八年十一月に当時の福島みずほ社会民主党党首らの要請を受けて再検討した結果、二〇〇九年三月、外国で日本人が同性婚をするために必要な書類を発行する方針を決めました。翌二〇〇九年四月三日の衆議院法務委員会で稲田朋美議員がこの方針転換に異議を唱えるなどの紆余曲折はあったものの、

法務省の二〇〇二年の通知

二〇〇二年五月二十四日に、法務省民事局民事第一課長が、同じ法務省の民事行政部長や地方法務局長に対して通知したもの。

異性間パートナーシップ

異性の間でもパートナーシップが可能か否かは、パートナーシップを認める国の間でも態度が分かれています。

法務省の二〇〇九年の通知

二〇〇九年九月一日に、法務省民事局民事第一課長が出した通知（宛名は二〇〇二年通知と同じ）。

この通知により発行されることとなった「証明書」は、婚姻要件具備証明書とは別の新たな証明書です。婚姻要件具備証明書に記載される相手方の氏名、生年月日、国籍、性別は、この「証明書」では記載されません。

結局法務省は同年の通知により、その日本人が独身であり婚姻適齢に達していることを証明する「証明書」を発行することとし、既に実施されています。（大村芳昭）

Q26 渋谷区や世田谷区の「同性パートナーシップ証明」について教えてください。

渋谷区と世田谷区が二〇一五年から始めた「同性パートナーシップ証明」とはどのようなものですか。どのような効力があるのでしょうか。

二〇一五年十一月五日、生活を共にする同性カップルを男女の夫婦と同じような関係（＝パートナーシップ）だと認める制度が、東京都渋谷区と世田谷区で同時に始まりました。制度の内容やねらい、その効果などについて解説します。

渋谷区の制度の概要

渋谷区の制度は「渋谷区男女平等及び多様性を尊重する社会を推進《すいしん》する条例」（二〇一五年三月三十一日区議会にて可決、四月一日施行）にもとづいたものです。条例とは、地方公共団体が制定することができる自主法《じしゅほう》です。渋谷区のこの条例は、性的マイノリティに特化《とっか》したものではありませんが、「パートナーシップ」を「男女の婚姻関係と異ならない程度の実質を備える戸籍上の性別が同一である二者間の社会生活関係」と定義し（第二条）、区がパートナーシップを証明する文書を発行する（第十条）という、これまでにない内容を含んでいたことで注目されました。

「渋谷区パートナーシップ証明書」の交付《こうふ》を受けられるのは、区内に住民登録のある二十歳以上の同性カップルです。また、「互いを後見人《こうけんにん》とすること」「共同生活に関する合意があること」を明記した二種類の公正証書（原則）と、ふたりの戸籍謄本《とうほん》の提出が必要です。

世田谷区の制度の概要

一方、世田谷区の制度は、条例ではなく、「世田谷区パートナーシップの宣誓《せんせい》の取扱いに関する要綱《ようこう》」（二〇一五年七月二十九日に区議会へ報告）にもとづく運用です。要綱とは、地方公共団体における事務処理の仕方について行政内部で定めたもので、法令による根拠はありませんが、行政組織のなかでは影響力のある枠組みです。

世田谷区のこの要綱では、「同性カップル」を「互いをその人生のパートナーとして、生活を共にしている、又はともにすることを約した性を同じくする二人の者」と定義し、同性カップルであることを区長に対して「宣誓」できると定めています。宣誓をできるのは世田谷区在住の二十歳以上で、それに際して公正証書や戸籍謄本の提出は求められていません。区は、パートナーシップ宣誓書を提出したカップルに、宣誓書の写し（宣誓書受領証）を交付します。

制度のねらい

同性パートナーシップを承認する書類を発行した渋谷区と世田谷区のねらいは、

制度実現への道のり

『同性パートナーシップ証明、はじまりました——渋谷区・世田谷区の成立物語と手続きの方法』（エスムラルダ・KIRA著、二〇一五年十一月、ポット出版）は、制度実現へ向けて行動した人々のルポルタージュとして読み応えがあるだけでなく、市民としてよりよい地域社会づくりに貢献するための方法を学べる良書です。

性的指向《せいてきしこう》の違いを尊重し、それを理由に差別されることのない社会の実現をめざすことにあります。異性カップルに与えられている様々な権利義務が同性カップルにないこと、両者の差を少しでも埋めることが、区のめざす社会の実現に寄与《きよ》すると考えているのです。

渋谷区の場合は、この条例がめざす社会の推進について顕著《けんちょ》な功績《こうせき》をあげた区内の個人や事業者を表彰し（第十三条）、その推進を阻害《そがい》するふるまいに対して指導や是正勧告《ぜせいかんこく》をする（第十五条）ことで、同性カップルに対する必要な配慮がなされる地域を作ろうとしています。世田谷区は、異性カップルという単位に提供されている行政サービス（たとえば区営住宅への入居資格など）を洗い出し、そのうちのどれが区長や行政の判断で同性カップルに適用できるのかを検討しています。

社会への影響

もちろん、婚姻と比べた場合、パートナーシップ証明によって得られるものはきわめて限定的です。婚姻のように、法的な権利義務が発生するわけではありません。しかし、同性カップルの権利を回復しようとする姿勢を自治体が明確に示すことの社会への影響は、決して小さくないのです。

たとえば、いくつかの民間企業は早速、パートナーシップ証明を取得したカップルを対象とするサービスを打ち出しました。不動産、生命保険、携帯電話、航空などの会社が、異性カップル向けのサービスを同性カップルにも提供し始めていま

二〇一五年その他の動き

二〇一五年には、同性婚の合法性を問う動きもありました。同性婚を希望する四五五人が、日本で同性婚が法制化されていないのは個人の尊重や法の下の平等を定める日本国憲法に反するとして、人権救済の申立書を日本弁護士連合会に提出しました（七月七日）。

す。

さらに、パートナーシップ証明を導入しようとする動きは、他の自治体へも広がっています。三重県伊賀市が二〇一六年四月から、兵庫県宝塚市が二〇一六年六月から、沖縄県那覇市が二〇一六年七月から要綱方式による制度を開始しました。

パートナーシップ証明を得た同性カップルは、多いとは言えないかもしれません（二〇一六年八月上旬に「虹色ダイバーシティ」が調べたところによると、渋谷区で九組、世田谷区三三組）。しかし、自治体や民間企業による新たな取組みは、同性カップルへのエールとなり、証明を取得することへの心理的ハードルを下げていくことでしょう。パートナーシップ証明を事業者との交渉に利用する当事者が増え、同性カップルを「家族」扱いする事業者が増えれば、この制度のメリットも拡大していきます。そうして広がった人々の共感の輪こそが、パートナーシップ証明という制度に息を吹き込むのです。

（杉浦郁子）

Q27 日本の同性カップルはどのような制度を望んでいますか？

日本では、同性同士の生活、パートナーとの関係を守るために、どんな制度が望まれているのでしょうか？　当事者のニーズは調査されているのでしょうか？

同性間パートナーシップの実態は？

同性パートナーシップの保障について議論するとき、本当のところ、同性同士でパートナーシップを持つ人たちは、どのように暮らし、どんなことを望んでいるのか？　そういった基本的なことについて、当事者ですら他の人のことはよく知らない、というのが現状ではないでしょうか。「パートナーは同性」と言うことは、恋愛や性だけの話ではなく、衣食住《いしょくじゅう》、生活の問題です。仕事はどうしていて、稼《かせ》ぎや蓄《たくわ》えはいくらほどあって、保険などはどうなっているのか、子育ては？　老後は？　いざと言う時、同性間のパートナーシップはあてにしていいの？　同性をパートナーとした人がシングルとして生きるのと、異性をパートナーとして生きる人がシングルとして生きるのとで、格差《かくさ》はないの？　などなど。実態はほとんど知られていません。そこで紹介したいのは、二〇〇四年に「血縁と婚姻を超えた関係に関する政策提言研究会《せいさくていげんけんきゅうかい》（以降、「政策研《せいさくけん》」）有志《ゆうし》が実施した「同性間パートナーシップの法的保障に関する当事者ニーズ調査」です。
「政策研」は二〇〇三年一月に、大阪で発足した勉強会で、当初、バイセクシュアル女性やレズビアンが中心となり、「血縁と婚姻を超えた関係性を生きる人々の、社会的認知と生活上の権利保障に関する政策についての研究会」をめざし、大阪市内のＱＷＲＣ（Queer and Women's Resource Center）で不定期に例会が続いています。誰もが自由に参加でき、代表者はありません。例会での交流によって自然にできたネットワークをもとにした活動プロジェクトができ、そのプロジェクトの中心責任者・担当者が連携《れんけい》したり、参加者の情報交換をしています。法的な結婚＝婚姻とは別の関係性、なかでも、多様な性的指向や性的ありようをもつ、レズビアン・ゲイ・バイセクシュアル・トランスジェンダー（ＬＧＢＴ）の活動に既にかかわっている参加者も多く、各々の活動から得られた問題意識が、議論の背景になっているように感じます。

「当事者ニーズ調査」の概要

二〇〇四年に発足した「同性間パートナーシップの法的保障に関する当事者ニーズ調査」プロジェクトは、同性間のパートナーシップの法的保障について当事者がどう考え、どういう必要性を持っているかを、具体的な数値として知ることを目的に行われました。調査にかかわったのはこの企画を最初に呼びかけた池田久美子さんを始め、参加意思を示した五名でした。

ＱＷＲＣ
住所：〒五三〇—〇〇四七　大阪市北区西天満四—五—五マーキス梅田七〇七
Ｅメールアドレス：info@qwrc.org
電話・ファックス：〇六—六五八五—〇七四〇
ウェブサイト：http://www.qwrc.org/index.htm

調査した項目は、年齢・法律上の性別・性自認《せいじにん》・性指向《せいしこう》（→Q17）・婚姻経験・子どもの有無・住まいの地域・職業・年収・同性パートナーがいるかどうか・同性パートナーと同居しているか、現在の婚姻制度にみられる権利や義務の必要度とそれらが同性間パートナーシップにも認められた場合に利用するか、どのような制度が必要と思うか、また養子を得る権利についての考えなどでした。こうした内容の調査票を、関西地域のイベント、クラブやバーで二〇〇〇枚以上配付し、インターネットを通じて当事者に告知しました。回答総数は六九七通あり、その内、インターネットによる回答が四五三、調査用紙は二四四でした。回答してくださった方々は、明らかになっている限りにおいて（法律上の性別）女性が一九八人、男性三九人、不明が四四六人でした。性的指向はレズビアンが二九六人（四三・三%）、ゲイが一四五人（二一・二%）、バイセクシュアルが一五七人（二三・〇%）、その他が七七人（一一・三%）、無回答者が八人（一・二%）でした。また性自認については自由に記してもらい、調査に参加した人が様々に性自認を表現し、多様な当事者像が浮かぶ結果となっていました。

調査用紙の実際と結果集計は、二〇〇四年八月に『同性パートナー――同性婚・DP法を知るために』（赤杉康伸・土屋ゆき・筒井真樹子編著／社会批評社、二〇〇四年）の出版を記念して行われたシンポジウム「同性パートナーを考える」で発表された他に、インターネット上の調査プロジェクト（同性間パートナーシップの法的保障に関する当事者ニーズ調査）のサイトで公開され、PDFファイルで入手できます。また

池田久美子

主な著書『先生のレズビアン宣言――つながるためのカムアウト』（かもがわ出版）、『女の子の性の本』（解放出版社）など。

インターネット上の調査プロジェクトのサイト

同性間パートナーシップの法的保障に関する当事者ニーズ調査　ウェブサイト：http://www.geocities.jp/seisakuken2003/tyosa/title.html

調査の経緯や分析結果は、「交渉・妥協・共存するニーズ――同性間パートナーシップの法的保障に関する当事者ニーズ調査から」（有田啓子・藤井ひろみ・堀江由里著／『女性学年報』27号、二〇〇六年）にも記述されています。

望まれる制度の検討

調査結果によれば、「同性間のパートナーシップを保障するためにはあなた自身が利用するしないに関わらずどのような制度が必要だと思いますか？」という質問には、「異性間と同じ婚姻制度を同性間にも認める」が三四・七％（二三七人）と最も多くの人が賛成し、以下「パートナー間の保障内容を明記した新しい法制度をつくる」が一六・五％（一一三人）、「事実婚と同じように一定期間同居した同性カップルに家族的な権利を認める」が一五・二％（一〇四人）、次いで「婚姻制度そのものを廃止し、個人単位の保障制度をつくる」が一一・六％（七九人）、「個々に保障内容を選びお互いが契約し、その契約に法的拘束力《ほうてきこうそくりょく》を持たせる」が八・一％（五五人）という順で支持されていました。最も支持されていた婚姻制度を同性間に認めるということは、仕事がないこと、収入が低いこと、パートナーが現にいることや子どもを持とうと考えることなどと、相関《そうかん》がみられました。おおまかな傾向として、医療や看護《かんご》・介護《かいご》や相続等の「いざと言う時の法的保障」と、「経済的保障」へのニーズがうかがえる結果となっていました。

自由記載には様々な意見が示され、中には法的保障に肯定的な意見と否定的な

同性間のパートナーシップを保障するためにはあなた自身が利用するしないに関わらずどのような制度が必要だと思いますか？

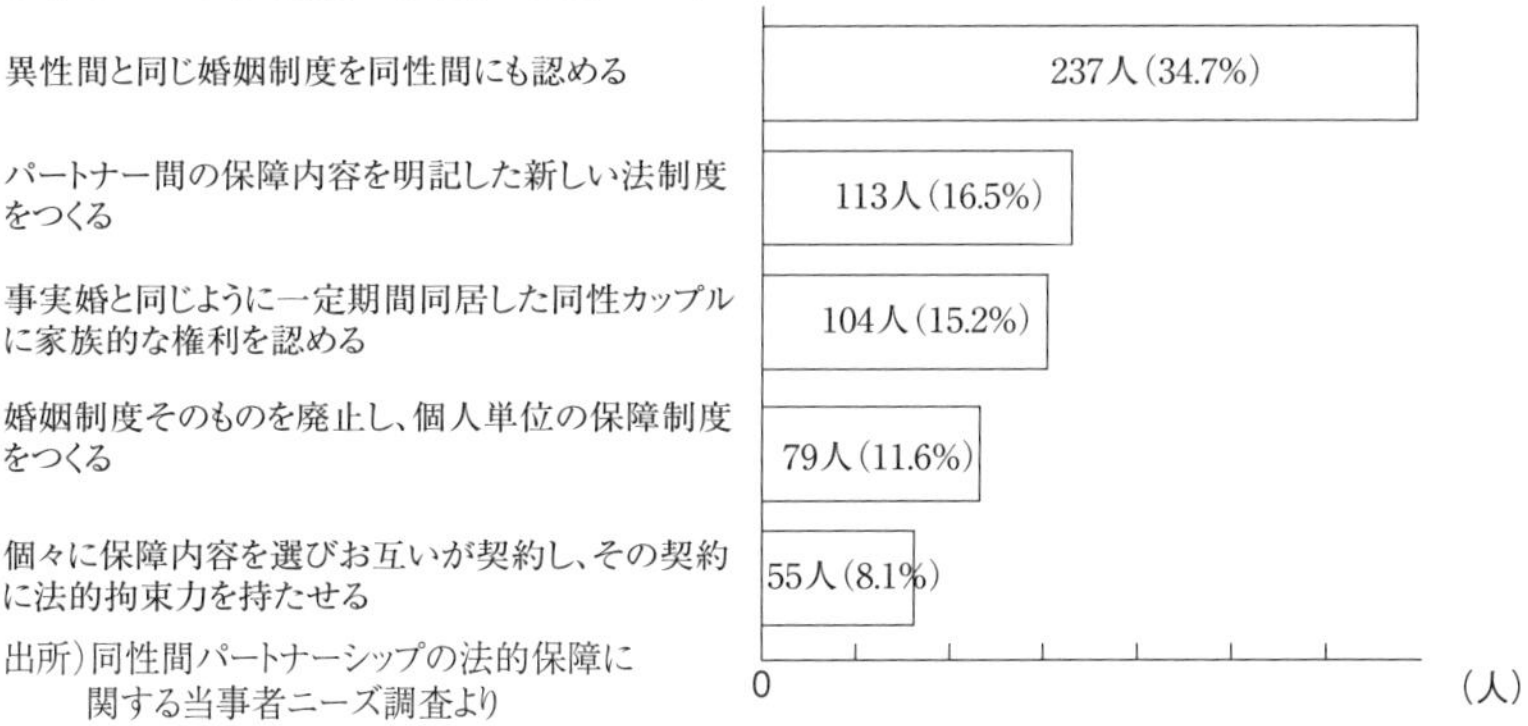

出所）同性間パートナーシップの法的保障に関する当事者ニーズ調査より

意見の両方が含まれています。単純な肯定／否定の立場ではなく、例えば、同じ肯定的意見の中でも、「平等追求」のために法的保障を望む人や、あるいは「実利追《じつりつい》求」のためというふうに、各々に法的保障を求める前提となっている考えや必要性が複雑に絡《から》み合っていることがうかがえました。

こうした調査結果を踏まえて言えることは、同性パートナーシップへの法整備について、多様な当事者のニーズを一言で代弁《だいべん》するのは難しい、ということです。実際に同性パートナーシップの当事者が何を望んでいるか、さらに詳しくその中身を捉えることが重要です。そしてまた、婚姻しているかどうかや、パートナーシップの相手が同性か異性かで、関係がまったく社会から顧《かえり》みられなくなってしまう法的状況は、現実に同性間でパートナーシップをもつ人々の生活や人生設計上の不安に、直結している可能性がうかがえます。

この調査は、同性パートナーシップをもつ様々な性自認や性的指向をもつ人を、広く当事者集団として位置付け、回答を得ていることが特徴でした。しかしモノガミー（→Q45）に疑問を持っている人は、調査に参加しない傾向も考えられます。こうした当事者の声はどのように聞いていくのか、という今後の課題があります。また、調査を行うこと自体が、パートナーシップは異性愛者だけのものではないという当然のことを、社会に知らせていく役割を持つでしょう。今後さらに、当事者のニーズを深く検討していくことが必要だと思います。

（藤井ひろみ）

追記

この調査の結果は、個人情報の保護のため、調査プロジェクトに直接関わった者のみが管理しています。調査に協力していただいた直接の結果用紙等が、第三者の目に触れることは一切ありません。このQの内容は、調査プロジェクトに関わった筆者が、二〇〇四年当時のデータと、発表されている結果、文献を参照し、まとめたものです。

Q28 制度ができたら同性カップルは利用するのでしょうか?

パートナーシップ登録制度や、同性婚の法制化を望む声があることはわかりましたが、そういう制度ができたら、本当に当事者は利用するのですか?

すぐに利用するカップルもいれば、まずは様子を見たのちに動くカップルもいるのではないでしょうか。日本中の同性カップルがこぞって役所に登録に行く姿を想像するのは難しいところですが、例えばパレードのような大きなイベントの中で制度に登録ができるなどの催《もよお》しがあれば、注目を浴びて登録にいそしむ同性カップルの姿が目に浮かびます。諸外国での動向を見ていても、徐々に浸透《しんとう》していっているという状況のようです。

制度の利用に慎重《しんちょう》であるという当事者は、その内容がどのようなものになるのか、中味によって利用するかどうかの決め手になる場合もありそうです。内容についての議論はまだ始まってもいないわけですが、それぞれのニーズに答えるものを調整していく作業は、難航《なんこう》するのではないでしょうか。

また、制度は利用しない、したくないという当事者もいると思います。制度を利用するということは、自《おの》ずと同性愛者であるということを示唆《しさ》することとなります。

パレード

性的少数者のパレードは一般にプライドパレードと呼ばれ、欧米の大都市では大規模な祝祭として定着しています。日本では一九九〇年代から東京、札幌、大阪などで開催されています。

「東京レインボープライド」

二〇一六年五月七日～八日のパレード&フェスタでは、約七万人を動員しました。ウェブサイト http://tokyorainbowpride.com/

カップルの権利を求めていても、同性愛者に見られることに抵抗があれば利用を躊躇《ためら》うでしょう。このような同性愛者自身が抱えている、同性愛嫌悪《けんお》についても考えていかなくてはならないことだと思います。また法的義務に縛《しば》られたくない、という理由も考えられます。

当事者が制度を利用するかどうかと、制度が必要かどうかは別の問題です。たくさんの同性愛者が利用しないのであれば、制度は必要ないということにはなりません。

これまで「同性愛者」は表立ってはいない存在とされてきています。時折メディアなどで話題になる同性愛者の姿は偏《かたよ》りのあるものも多く、本来の姿やその実態が不特定多数の目に留まることはあまりありません。同様に同性カップルの生活の実態も、見えてくるものではありません。長年パートナーシップを結んでいるカップルも、手本になるような先達《せんだつ》がいないなか、模索《もさく》をしながら関係性を築いてきたものだと思われます。そういった同性カップルが、個人の努力ではどうにも立ち行かない時、パートナーシップ登録制度や同性婚等を求める声がいっそう強まるのではないでしょうか。

（大江千束）

プロブレムQ&A

Ⅵ

生活や権利を守るために

Q29 結婚していないカップルが緊急時にパートナーとしての権利を守る方法は？

結婚していないカップルは「もしものとき」のためにどんな備えができるのでしょうか？　事前にしておいたほうがよいことはありますか？

緊急時への備え

結婚していないカップルは、同性同士か異性同士かに関係なく、パートナーが病気になったとき、死亡したときなどに備《そな》えておく必要があります。なぜならそうした緊急時には、長年苦楽《ながねんくらく》をともにしてきたパートナーより法律上の親族の意向《いこう》や権利が優先されやすいからです。とくに同性同士のカップルの場合、お互いへの深い愛情にもとづいて共同生活をしてきたことが周囲になかなか理解されず、辛《つら》い思いをすることになりかねません。

法律上の親族が二人の権利や生活を侵犯するかもしれない状況への対抗策として、遺言《いごん》（→Q30）や公正証書《こうせいしょうしょ》（→Q31、32）は有効《ゆうこう》です。病院で患者のパートナーとしての扱いを求めるためにはそれなりの交渉《こうしょう》が必要になりますが、公正証書はその交渉をスムーズかつ有利に進めるために使うこともできます。さらに、パートナーが生きている間に、異性カップルであれば法律婚をし、同性カップルであれば

相続上の不利

相続にさいしては基礎控除《きそこうじょ》というものがあり、現在は「三〇〇〇万円＋六〇〇万円×法定相続人の数」（二〇一五年一月一日から）が控除額《こうじょがく》です。遺産額がこれ以下の場合、税金はかかりません。それを超えると課税《かぜい》されますが、夫婦間での相続における控除は、事実婚や同性カップルには適用されません。

養子縁組《ようしえんぐみ》をする（→Q33）ことも最終手段として残されています。

日頃からの対策

日頃からできる対策もいくつか紹介しておきましょう。

結婚していないカップルは、パートナーの財産相続《ざいさんそうぞく》で不利《ふり》ですが、課税額を抑えるために、二人の財産が片方に偏《かたよ》らないようにしておくという対策があります。二人で支払った不動産《ふどうさん》は共有の名義《めいぎ》にしておきましょう。共有名義にできない動産《どうさん》についても、遺言や公正証書（共同生活に関する合意書）などに「○年×月以降に購入した動産は二人の共有物である」と書いておくことができます。法的な強制力《きょうせいりょく》は不確《ふたし》かですが、書かれたものがあれば親族も死者の生前の意思（リビング・ウィル）として無視できないはずです。

それから銀行や郵便局で「代理人《だいりにん》カード」を作成しておくというのもいざというときの対策になります。代理人カードとは、預金口座《よきんこうざ》の名義人《めいぎにん》以外の者に発行するキャッシュカードのことです。緊急時にはパートナーの口座から現金を引き落とす必要に迫られることがあるかもしれません。そんなとき代理人カードがあれば怪《あや》しまれず確実に引き落とすことができます。カードの発行条件《はっこうじょうけん》を法律上の親族に限っている金融機関《きんゆうきかん》もありますが、名義人が認めた者であれば誰でもよいと

主な金融機関における代理人カードの発行条件

金融機関名	条件	法律婚カップル	事実婚カップル	同性カップル	備考
ゆうちょ銀行	口座名義人が認めた者	○	○	○	1枚のみ発行。続柄による制限なし。同居・別居も問われない。
三井住友銀行	〃	○	○	○	2枚まで発行。続柄による制限なし。同居・別居も問われない。
みずほ銀行	生計をともにする親族1名	○	×（注1）	×	親子・きょうだい間での利用可（注2）。
三菱東京UFJ銀行	〃	○	×	×	〃

※編者の杉浦が預貯金口座を持つ支店への電話調査（2016年8月）

注1　みずほ銀行で、住宅金融支援機構の住宅ローンを共有名義で組んでいる事実婚カップルにおいて、代理人カードの発行が認められたケースがある（2011年）。

注2　ただし、別居している場合や姓が異なる場合は、支店での個別判断となる。そのさい「生計をともにしていること」「親族であること」を確認できる書類を求められることがある。

するところもあります（全頁の表参照）。

親族の理解

不本意《ふほんい》な事態を回避《かいひ》するためには、やはり親族の理解を取りつけておくことが重要です。味方になってくれそうな親族に、ふたりは家族同様の親密《しんみつ》な関係であること、何かあったときには法律上の親族よりパートナーを優先させたいことなどを伝えておくのです。いざというとき、親族がふたりを邪魔《じゃま》するのではなく支援《しえん》してくれる環境があれば心強いでしょう。

（杉浦郁子）

Q30 遺言を作ることにはどのようなメリットがありますか？

遺言という言葉をよく耳にしますが、どういう時に作成するものなのですか？ 簡単に作成できますか？ 遺言を作成するメリットは何があるのですか？

遺言と遺贈

特定の誰かに遺産《いさん》を残す方法の一つに、遺贈《いぞう》があります。遺贈とは、遺言《いごん》による財産の譲渡《じょうと》のことで、遺贈を受ける者として指定された者を受遺者《じゅいしゃ》と呼びます。つまり、遺言を作成して、パートナーを受遺者に指定することで、事実婚の夫婦や同性のカップルは、パートナーに遺産を残すことができるわけです。ただし、「パートナーに全遺産を遺贈する」などという遺言をしても、遺贈が無効《むこう》とされる可能性があること、相続人には遺留分《いりゅうぶん》が保障されており、遺産の一定割合を取り戻す権利が与えられていることには注意が必要です。また、カップルが共同して、同一の証書《しょうしょ》で遺言をすることはできません（民法九七五条）。

遺言の効力《こうりょく》（遺贈の効力も含む）は、遺言者《いごんしゃ》の死亡の時に発生します（民法九八五条一項）。そのため、民法は、遺言者の最終意思《さいしゅういし》が正確に把握《はあく》できるように、そして、他人に偽造《ぎぞう》・変造《へんぞう》されないように、遺言に厳格《げんかく》な方式を要求しています（民法

遺贈

遺贈は、包括遺贈《ほうかついぞう》と特定遺贈《とくていいぞう》とに分かれます（民法九六四条）。包括遺贈は、遺産の全部または（二分の一などというように）一定の割合で示された部分を与えるもので、特定遺贈は、（A土地であるとかB建物というように）遺産中《いさんちゅう》の特定の財産を与えるものです。遺贈を受けたくなければ、包括受遺者《ほうかつじゅいしゃ》は、熟慮《じゅくりょ》期間内（民法九九〇条、九一五条参照）であればいつでも遺贈の放棄《ほうき》をすることができますし、特定遺贈の受遺者は、遺言者の死亡後、いつでも放棄でき

九六〇条参照）。遺言の方式には、自筆証書《じひつしょうしょ》遺言（民法九六八条）、公正証書《こうせいしょうしょ》遺言（民法九六九条）、秘密証書《ひみつしょうしょ》遺言（民法九七〇条）、危急時《ききゅうじ》遺言（民法九七六条・九七九条）、隔絶地《かくぜつち》遺言（民法九七七条・九七八条）がありますが、これらのなかでよく利用されるのが自筆証書遺言と公正証書遺言です。まずは、それぞれの特徴をみていきましょう。

自筆証書遺言の特徴

自筆証書《じひつしょうしょ》遺言は、遺言能力《いごんのうりょく》のある人であれば誰でも単独《たんどく》で作成することができるので、遺言の内容や存在を秘密にすることができますし、費用もほとんどかからないというメリットがあります。その反面、遺言者の死亡後に、偽造《ぎぞう》・変造《へんぞう》・隠匿《いんとく》・破棄《はき》されてしまうおそれがあります。また、遺言者に法律の知識がない場合には、遺言の内容が不明瞭《ふめいりょう》であったり、後述《こうじゅつ》する要件《ようけん》に違反《いはん》するなどして、遺言の効力をめぐって紛争《ふんそう》が生じることもあります。さらに、検認《けんにん》の手続きも必要となります。

公正証書遺言の特徴

公正証書《こうせいしょうしょ》遺言は、公証人《こうしょうにん》（公正証書の作成などをする人）に作成してもらう遺言です。遺言書の原本が公証役場《こうしょうやくば》に保管されるため、偽造・変造・隠匿・破棄などのおそれはありませんが、利害関係人《りがいかんけいにん》であれば原本の閲覧《えつらん》を請求することができるため、

ます。（民法九八六条一項）。

無効とされる可能性のある遺贈

たとえば、妾《めかけ》への遺贈が、情交関係の開始・維持《いじ》・復活《ふっかつ》を目的とするものである場合には、無効であるとされた事例があります（東京地判昭和五十八年七月二十日〔判時一一〇一号五九頁〕など）。

遺留分

遺留分は、遺産の一定割合を相続人に保障するために設けられた制度です（民法一〇二八条以下）。遺留分が認められる相続人は、被相続人《ひそうぞくにん》（死亡した人）の配偶者、直系卑属《ちょっけいひぞく》（子、孫、ひ孫など）、直系尊属《ちょっけいそんぞく》（父母、祖父母、曽祖父母など）で、これらの者を遺留分権利者《いりゅうぶんけんりしゃ》と呼びます。遺留分の割合は、直系尊属のみが相続人である場合は遺産の三分の一、これ以外の場合（配偶者や直系卑属が相続人である場合）は遺産の二分

遺言の内容が事前に漏《も》れてしまう可能性があります。また、費用もかかりますし、資格のある証人《しょうにん》を探す必要もありますので、手軽に作成するというわけにはいきません。

自筆証書遺言の作成方法

次に、自筆証書遺言の作成方法についてみておきましょう。

自筆証書遺言をするには、遺言者が、遺言の全文、日付および氏名を自書《じしょ》し、これに押印《おういん》しなければなりません（民法九六八条一項）。したがって、字を書くことができない人は、自筆証書遺言を作成することはできず、公正証書遺言あるいは秘密証書遺言を利用するしかありません。

全文の自書が要件とされていますので、代筆《だいひつ》は認められませんし、タイプライターやワープロなどで作成した文書も自筆証書遺言としては無効《むこう》になります。

日付は、遺言者の遺言能力を判定したり、内容の矛盾《むじゅん》する複数の遺言書の先後《せんご》を確定する際の基準として重要な役割を果たすので、年月日まで正確に記載《きさい》しなければなりません。ただし、年月日を特定できればよいわけですから、「六〇回目の誕生日《たんじょうび》」、「二〇〇六年文化の日」などの記載でもよいとされています。しかし、「昭和四拾壱年七月吉日」では、日を特定することができないので、日付を欠く遺言として無効になります（最判昭和五十四年五月三十一日（民集三三巻四号四四五頁））。

氏名は、遺言者の同一性《どういつせい》が確認できればよいので、必ずしも戸籍上《こせきじょう》の本名《ほんみょう》であ

の一となります。つまり、遺留分権利者は、全遺産が遺贈されてしまっても、遺産の三分の一または二分の一を限度に取り戻すことができるわけです。

遺言能力

民法は、「十五歳に達した者は、遺言をすることができる」と規定しています（民法九六一条）。しかし、十五歳に達していても、たとえば、重度の精神病《せいしんびょう》などによって、遺言の内容を理解することができない、あるいは、遺言の結果を弁識《べんしき》することができない者には、遺言をする能力はないとされ、その遺言は無効となります。

検認の手続き

遺言者が死亡したら、遺言書の保管者（遺言書の保管者がおらず、相続人が遺言書を発見した場合には、

る必要はなく、通称《つうしょう》、雅号《がごう》、芸名《げいめい》、屋号《やごう》などでもよいとされています。氏の記載のない遺言書を有効とした事例《じれい》もありますが（大判大正四年七月三日〔民録二一輯一一七六頁〕）、やはり、本名の氏名を自書したほうが安全でしょう。

押印に使用する印は実印《じついん》である必要はなく、認印《みとめいん》でも構いません。指印《しいん》（親指やその他の指に墨《すみ》や朱肉《しゅにく》などをつけて押印すること）でも有効とされた事例があります（最判平成元年二月十六日〔民集四三巻二号四五頁〕）。また、押印の方法については厳格性《げんかくせい》は求められず、たとえば、手の震《ふる》えを押さえるために他人に手を添《そ》えてもらってもよいですし、病床《びょうしょう》にある者が他人に命じて押印させてもよいとされています。

なお、日付および氏名の自書、押印は、遺言書本文を記載した紙面《しめん》になされていなければならず、遺言書を入れた封筒にのみ日付および氏名の自書、押印があるような場合には、その遺言は、原則として、無効となります。

自筆証書遺言の内容を変更する場合には、遺言者は、変更をした場所を指示し、これを変更した旨《むね》を付記《ふき》して署名し、その変更の場所に押印しなければなりません（民法九六八条二項）。この要件は、非常に厳格で、遺言者が間違えてしまうことも多いため、変更が広範囲《こうはんい》にわたるのであれば、新たに遺言を書き直したほうがよい場合もあります。

公正証書遺言の作成方法

公正証書遺言は、遺言者が公証役場に行くか、公証人に出張を求めて、公証人

その相続人）は、その遺言書を家庭裁判所に提出して、検認《けんにん》の手続きをしなければなりません（民法一〇〇四条一項）。検認は、遺言書の検証および証拠保全の手続きであるとされており、遺言書あるいは「遺言書らしきもの」の存在を確認し、その外形を保全して、以後の偽造・変造を防止するものです。また、遺言書が封印《ふういん》されていた場合には、相続人またはその代理人の立会いのもと、家庭裁判所において開封《かいふう》しなければなりません（同条三項）。これらの規定に違反して、遺言書を提出しなかったり、勝手に開封してしまいますと、五万円以下の過料《かりょう》（「あやまちりょう」と読む人もいます）に処《しょ》せられます（民法一〇〇五条）。遺言自体が無効となってしまうわけではありませんが、他の相続人から、遺言書を偽造・変造したと疑われない

に作成してもらうことになります。公正証書遺言の作成は、以下のようにしてなされます（民法九六九条）。

①証人二人以上の立会いのもとで、遺言者が遺言の趣旨《しゅし》を公証人に口授《くじゅ》（口頭《こうとう》で話すこと）する（同条一号・二号）。

②公証人が、遺言者の口述《こうじゅつ》を筆記《ひっき》（書面にすること）し、これを遺言者および証人に読み聞かせる。または閲覧させる（同条三号）。

③遺言者および証人が、筆記の正確なことを承認《しょうにん》した後、各自がこれに署名し、押印する（同条四号本文）。ただし、遺言者が署名することができない場合は、公証人がその事由《じゆう》を付記《ふき》して、署名に代えることができる（同条四号但書）。

④公証人が、以上の方式にしたがって作成したものである旨を付記して、署名、押印する（同条五号）。

遺言者が、口がきけない者あるいは耳が聞こえない者であっても、通訳《つうやく》人の通訳によって、公正証書遺言をすることができます（民法九六九条の二）。

なお、公正証書遺言を作成するための費用として、まず、証書作成手数料が必要となります。手数料は、財産価額が一〇〇万円以下であれば五〇〇〇円、一〇〇万円を超え二〇〇万円以下であれば七〇〇〇円というように、財産価額の増加に応じて、増加することになります。これに各種の正本代・謄本代などが加算されていきます。

（鈴木伸智）

ためにも、開封などせず、そのまま検認の手続きをしたほうがよいでしょう。

資格のある証人

たとえば、未成年者、推定相続人（現時点で相続が開始した場合に、民法の規定にしたがって相続人となるはずの者）および受遺者ならびにその配偶者および直系血族《ちょっけいけつぞく》（父母、祖父母、曽祖父母、子、孫、ひ孫など）には、証人となる資格がありません（民法九七四条）。

内容の矛盾する複数の遺言書の効力

以前に遺言書を作成していた遺言者が、新たに遺言書を作成した場合、古い遺言と新しい遺言の内容が抵触《ていしょく》（矛盾）するのであれば、その抵触する部分については、新しい遺言が有効となり、古い遺言は撤回《てっかい》されたものとみなされます（民法一〇二三条一項）。

Q 31 同性カップルは公正証書をどのように利用しているのですか?

同性カップルは公正証書をどのように利用しているのでしょうか。公正証書はカップルの生活をどれくらい保障するのでしょうか。

公証人《こうしょうにん》という法律の専門家《せんもんか》によって作成された証書《しょうしょ》のことを、公正証書《こうせいしょうしょ》といいます。契約《けいやく》や遺言《いごん》は、体裁《ていさい》を整えて書面《しょめん》にし署名押印《しょめいおういん》すれば法的な効力《こうりょく》をもちますが、その書面を公正証書にすると証明《しょうめい》力が高まります。金銭《きんせん》の貸借《たいしゃく》、債務《さいむ》の支払い、土地・不動産の売買《ばいばい》など金銭のやりとりが絡《から》む契約を公正証書にすることがよくなされていますが、法律に違反《いはん》しないと公証人が判断する限りにおいて、どんな内容の書面でも作成してもらえます。

同性カップルの権利を守る方法として

公正証書は、同性愛者《どうせいあいしゃ》のコミュニティにおいて一九九〇年代半《なか》ば頃、いざというときパートナーとしての権利や生活を守る方法として知られるようになりました。同性同士のカップルは、生き死にかかわる緊急時《きんきゅうじ》にパートナーより親族の意向や権利が優先されてしまうことを心配しています。そうした事態への対応策《たいおうさく》として、

公正証書の作成方法

公正証書遺言の作成方法と同じです(↓Q30)。遺言ではなく「共同生活に関する合意書」を作成する場合の公証役場手数料は、一万一〇〇〇円です。

医療上《いりょうじょう》の判断や葬式に関する決定権《けっていけん》をパートナーに委ねること、財産をパートナーに遺贈《いぞう》することなどを明記した公正証書が作られています。

公正証書は、同性カップルの生活やパートナーとしての権利を一定程度守りますが、課題も指摘されています。証書はふたりの間の契約であり第三者への強制力がないこと、証書作成に時間やお金がかかること、などです。そのため、これらの不安や負担を回避できる制度の実現が待たれています。

既存の枠に収まらない関係を表現する

ところで、「同性愛者にとって、公正証書は婚姻届の代わりのようなものだろう」と思う人もいるかもしれませんが、必ずしもそうではありません。同性カップルでも異性カップルでも法律婚夫婦でも作れますし、カップルでなく友人同士でも三者間でも作れます（→Q32）。内容についても、作成時点での自分たちの生活や関係に応じて決めることができます。いつでも作り直せますし、無効にすることもできます。

同性愛者のコミュニティでは、公正証書作成を、法律婚ができないから仕方なくおこなう次善の策と考えるのではなく、既存の枠に収まらないパートナーシップを表現する方法として位置づけてきた経緯があります。もちろん「婚姻届のかわりにふたりの関係を周囲に宣言する」というつもりで作成する人もいます。しかし、公正証書をどのような考え方にもとづいてどのように利用するのかは様々です。柔軟で創造的な関係性を実現するツールとして、公正証書をとらえてみてもよいかもしれません。

（杉浦郁子）

同性カップルが作る公正証書

『同性パートナー生活読本』（永易至文著／緑風出版）に、公正証書のくわしい作成方法や問題点が掲載されています。

Q32 事実婚カップルが公正証書をつくるにはどうしたらいいですか？

事実婚カップルは公正証書をどのように作成し、利用しているのでしょうか。公正証書を作ることに、メリットはあるのでしょうか。

事実婚カップルが二人の関係性を公正証書《こうせいしょうしょ》にする場合は、基本的には、Q31の同性カップルと同様、婚姻届の変わりにはなりません。しかし、公正証書を作成することは、社会に対し、自分たちが事実婚をしているということを簡単に証明でき、周知させる効果的なひとつの手段となりえます。

また、公証人《こうしょうにん》という専門家に作成された書類ですから、二人だけで作成した契約書より効力が強いと考えられます。

公正証書の作成方法

公正証書の作成の流れです（→Q30も参照）。私の経験談を紹介します。

① 何を契約するか、何を盛り込むか、公正証書作成のたたき台を、自分たちで作成する。

② 公正証書は公証役場《こうしょうやくば》で作成するため、公証役場を探す（公証人に出張してもら

公証役場

公証役場は、各都道府県にあり、全国に三〇〇カ所ほどあります。WEBサイトに、公証役場所在地一覧があるので、行きやすい近くの公証役場を簡単に探すことができます。

http://www.koshonin.gr.jp/sho.html

各公証役場ごとに、個別のWEBサイトを持っている場合も多く、確認してから、行くといいと思います。

予約を受け付けている公証役場もあります。

うことも可能)。

③　自分たちが作成したたたき台を持って、公証役場に行き、公証人と相談しながら、条項を整理し、契約書形式にふさわしい文章に変える。

④　出来上がった公正証書に、公証人、カップル二人、それぞれで署名《しょめい》、捺印《なついん》をする。同時に、控えは、公証役場で保管される。

⑤　料金を支払う。

①については、後述「具体的な事実婚公正証書の内容」を参照。

③④についてですが、最初に公証役場に行き、こういう公正証書を作りたいと話し、たたき台を元に、どういう文章にするかなどを相談。数日後、公証人が作成した見本をファックス(十年以上前なので、現在はメールかもしれません)で送ってもらい、それを見ながら、電話で数回やりとりをしました。数日後、最終的な書類ができあがり、再度カップル二人で公証役場に行き、公証人の前で署名捺印をし、契約をかわして終了、という流れでした。

私の場合は、結果、二度公証役場を訪れましたが、一度ですむ場合もあると思います。私が作成した際は、「事実婚に関する契約公正証書」という契約は、担当公証人がはじめての経験だったため、少し時間がかかりました。

⑤の料金は、作成ページ数、内容、などによって、値段に差があるようです。二人で別々に保管する場合二通必要になりますので、金額はその分追加されます。

公正証書作成の準備

私たちは、あくまで、結婚とは違うパートナーシップ契約を希望していたため、フランスの連帯民事契約《れんたいみんじけいやく》=パックス(→Q21)のような契約の公正証書を作成したいと思い、フランスのパックスについての翻訳本『パックス——新しいパートナーシップの形』(ロランス・ド・ペルサン著/齊藤笑美子訳、緑風出版)を参考にしました(訳者の齊藤笑美子さんは本書著者)。

私たちの公正証書の大きな契約条項は、ほぼパックスと同様にし、その中に細かい肉付けをして作成したものをたたき台として公証役場に持っていきました。たたき台自体は、法律の専門用語を並べた小難しいものではなく、多少幼稚な箇条書きのようなものでした。それを公証人と相談しながら、条項を整理し、契約

私個人は、およそ二万円程度だったと記憶しています。複数頁にせず、お互いに一通ずつ持たない場合など、相談により一万五〇〇〇円程度で作成も可能のようです。

具体的な事実婚公正証書の内容

私が作成した「事実婚に関する契約公正証書」の条項は左記です。

第一条　契約締結の趣旨、第二条　同居・協力の義務、第三条　扶養《ふよう》の義務、第四条　貞操《ていそう》の義務、第五条　家財道具等の所有権、第六条　子の認知《にんち》等、第七条　委任、第八条　解約。

第一条は、契約締結の理由と宣言。第二条~第四条は、基本的に法律婚の民法条文と似たような内容。第五条は、事実婚をはじめた日時を特定し、「〇年〇月〇日以降購入し第二条に明示した同居の場所に搬入した家財道具類その他の動産は、共有財産である（一部略）」とすることで、今後増える共有財産についても明示できるような条文にしました。

公正証書を作成するにあたり、一番困ったのは、第六条のもし子どもが生まれたらどうするかという条項についてでした。子どもがいないにもかかわらず、妊娠した場合、すぐに胎児認知《たいじにんち》をすることや、出生後どちらの姓を名乗らすか、事実婚解消の際、親権《しんけん》をどうするかなどを決めなければならなかったからです。

第七条の委任は、一方が病気等で判断能力が不十分となった場合、医療上の判断や尊厳死《そんげんし》などの権限の委任。第八条は、事実婚を解消する際、婚姻中の夫婦の協議《きょうぎ》書形式にふさわしい文章に変えてもらいました。

子の氏の変更

子の氏（名字）の変更は、Q37にも書かれているように、家庭裁判所に申し立てをしなければなりません。

事実婚の公正証書がなくとも、もちろん子の氏の変更は可能です。

家庭裁判所の調査官に聞いた話ですが、事実婚での子の氏の変更は、電話で調査をしたり、場合によっては、家庭裁判所へ来るようにという出頭連絡がある場合もあるようです。

私は、事実婚の公正証書に、産まれた子の親権は母が、氏は父の姓を名乗らせる旨を記入し契約していたため、申立書に、公正証書のコピーを添付しました。おそらくそのおかげで、調査の電話もなく、数週間後「許可する」という内容の「氏の変更許可の審判書の謄本」書面が封書

離婚《りこん》に準じて、財産分与、慰謝料《いしゃりょう》、子の養育費、親権等を協議するという内容です。

一つ注意していただきたいのは、一方が死亡した際の遺産《いさん》を相手に残したい場合です。子どもがいる場合は法定相続人が子どもになりますが、カップルだけの場合、パートナーは法定相続人にはなれませんので、別途遺言状《いごんじょう》を作成しなければ不十分かもしれません。公正証書作成時に網羅できるか相談してみてください。

事実婚公正証書の利用

事実婚公正証書は、カップル二人の契約書なため、頻繁《ひんぱん》に他人に見せることはありませんが、私が自身の事実婚公正証書を使用したのは、以下の時です。

・家の共有ローン
・連帯保証人《れんたいほしょうにん》
・共有名義の不動産登記
・死亡保険金受け取り人指定
・子の氏の変更（母親から父親の名字へ変更）
・パートナーが失業した際、もう一方の扶養家族《ふようかぞく》に入るための申請

場合によっては、カップル同一の住民票も必要な場合もありましたし、公正証書を見せなくても、関係性を説明すれば、不要だったかもしれません。念のため添付して下さいと言われたこともありました。しかし、証明を迫られた時に、公正証書があるということで、スムーズに事が運んだことは確かです。

（斎藤あかね）

で届きました。

親権は母、姓は父

事実婚カップルに多く見られる子の親権は母、姓は父という場合ですが、デメリットはないのでしょうか。

通常、役所、保育園、学校など日常生活において困ることは、ほとんどありません（↓Q36）。親権者が母であれば、乳幼児医療証など保護者欄に親権者である母の名前が記入されていますので、姓が違っても親子の証明の一つになります。また、乳幼児の場合は、親権者である母が署名を代筆した子どものパスポートを作成すれば、それも証明書類の一つになります。

ただし、銀行口座を悪用した犯罪が増えているためか、姓の違う母が保護者としてついて行き、子どもの預金口座を作成する場合、証明書の提示を、あれこれ要求されました。

コラム②

ダーリンは同性の外国人

『ダーリンは外国人』（小栗左多里著／メディアファクトリ、〇二年）という多文化《たぶんか》をテーマにしたマンガがありますが、多文化は国や民族《みんぞく》の違いだけをいうのではありません。セクシュアリティの多様性《たようせい》もまた多文化のひとつです。例えば日本にも「ダーリンは同性の外国人」という国際同性カップルがたくさん生活しています。こうした国際同性カップルが日本で生活していくとき、大きく分けて次の二つの問題を切り抜けていかねばなりません。

一　外国人の滞在《たいざい》ビザ制度

二　同性パートナーの法的保障《ほうてきほしょう》問題

この二つの制度と問題は密接に絡《から》みあっており、国や文化が違っても国際結婚の枠内にいる人たちが当然のように保障されている「パートナーと人生を共にすること」の妨げとなっています。

私たちの場合——つまり大学を休学してワーキング・ホリデー・ビザで来日していたオーストラリア人のダーリンと日本人の私——は、今から十六年前に東京で出会いました。そしてしばらくして、ワーキング・ホリデー・ビザの期限《きげん》切れという問題に直面しました。私たちは同性ですので、日本では国際結婚や同性パートナーシップ制度による滞在ビザ取得の選択肢《せんたくし》はまったくありませんでした。将来、日本で仕事をしていくためにも、すぐにオーストラリアの大学に復帰するようダーリンを説得し、私も仕事で海外の中学生を取材しながら、共にオーストラリアで暮らしたことは、拙著《せっちょ》『まな板のうえの恋』（出雲まろう著／宝島社、九三年）に記したとおりです。

大学を卒業した後、ダーリンは文部省奨学金《もんぶしょうしょうがくきん》を得て東京大学大学院で修士《しゅうし》および博士号《はかせごう》を取得し、現在は日本の大学で教える立場になりました。今はその就労《しゅうろう》ビザによって日本で生活していますが、外国人同性パートナーの法的権利に関しては、相変わらず何も保障されていません（二〇〇六年現在のオーストラリアでは、ほとんどの州で同性パートナーシップ法が整備されつつありますが、日本では効力を持たないのです）。

とりあえず滞在ビザ問題は先送りになりましたが、日本に戻ってからも、ビザ以外にも問題が残っていました。私は同性愛者であることを周囲に隠していませんでしたし、家族も黙認《もくにん》していましたが、とはいえ家族や親族が公《おおやけ》に同性パートナーの存在を認めたわけでもありませんでした。このため、もし万が一、私が病気などで自分の意思を表明できないようなことになった場合、家族に干渉《かんしょう》でもされたら、何年も共に暮らしているダーリンの存在などまったく無視されてしまうことは明らかでした。そうした状況のなかで「府中青年の家裁判」（「動くゲイとレズビアンの会アカー」が府中青年の家で合宿中に他の団体から嫌がらせを受けたことで、青年の家を管理する東京都を訴えた裁判）の原告側弁護士だった中川重徳《しげのり》氏にお会いしたのは、一九九四年六月のことでした。

中川弁護士との面談《めんだん》は、まさに同性カップルの権利問題に関して、法律の仕事に携《たずさ》わる人の立場から「養子縁組《ようしえんぐみ》」では ない、別の可能性が示された歴史的瞬間だった、といっても過言《かごん》ではないでしょう。日本には戸籍制度というものがあり、日本人同士の同性カップルがパートナーの権利を守りたい場合、養子縁組をして親子になってしまうという方法がよく使われてきました。しかし、「養子縁組」の方法では同性パートナーの存在を社会から隠してしまうことになります。そこで、中川弁護士と私たちは同性を人生のパートナーとして公に認めてもらうため、異性愛カップルの事実婚勝訴判例を参考にして、日本では前例《ぜんれい》のない方法をとることにしました。それが次の四点でした。

一　混沌《こんとん》としたままの状態でかまわないので、何をどうしたいのか、何が心配なのか、すべて箇条書きにする（例えば、病院での面会・看護《かんご》、相続など）。

二　箇条書きしたものを法的効力のある書類として作成可能なものと、不可能なものに選《よ》り分ける。

三　可能なものに関しては書類を作成する。

四　その書面をさらに法的に強制執行力《きょうせいしっこうりょく》のあるものにするため、二人の証人と共に公証人役場におもむき公正証書として登録する。

私たちの場合は、問題のほとんどが医療、祭儀《さいぎ》に関するものでしたので、医療においては家族や近親者《きんしんしゃ》に優先してパートナーが重要な決定権を持つとしたことや、葬式の際にはパートナーが喪主《もしゅ》を務《つと》めるとした「共同生活に関する合意書《ごういしょ》」と、「遺言書」の二つの書類に収まりました。また、私たちの関係性は、つねに今・現在の自由意志によって選び続けていることを示すため、「共同生活に関する合意書」には、どちらか一方が共同生活の契約をやめたいときは、破棄の手続きをとることができるという条項も明記しました。これは私たちが既存《きそん》の日本の結婚制度に対して消極的なイメージを持っているためで、人によって内容は違ってかまいません。お互いの関係性へのイメージは自分たちで描くのですから。その意味で、この「共同生活に関する合意書」は、それぞれ個人の自由に開かれた多様性を反映できるものにしました。

公証人役場内では、中川氏を含めて二人の証人が付きそい、公証人の方が「ここに書かれた内容は、だれからの強制でもなく自分の意思であるかどうか?」を何度もしつこいくらいに確認しました。これは公証人側からすれば公正証書を悪用した詐欺《さぎ》の類ではないかを確認するために行う重要な仕事です。

公正証書に記載したことをめぐって現実に家族や近親者と裁判などで争うようなことになった場合、勝訴《しょうそ》できるかどうかは、「やってみないとわからない」というのが大前提《だいぜんてい》でしたが、それでも私たちの意志を表明した公正証書を作成しておくことは、無駄《むだ》ではないように思われました。同性パートナーシップ制度は何もしないで待っていても実現しません。だれかが本気になって行動しなければ、社会はいつまでたっても変わらないのです。公正証書を作るという行動を他の人たちに知らせることで、海外において着々と法整備がなされていく同性パートナーシップ制度への議論を現実的に考える良い機会にしようと私たちは判断したのでした。

同性パートナーの法的権利に関する公正証書を作った話は、すぐにコミュニティ向け情報誌のエッセイで発信し、東京大学五月祭アカー企画「徹底討論《てっていとうろん》　同性愛者の法的地位」(九六年)や、中央大学白門祭《はくもんさい》企画「レズビアン・スタディーズ」(九七年)などで、公正証書の実物コピーをパネラーの法律専門家や会場に来た人たちに公開していきました。また結婚を望まない異性愛者たちに向けても、女性月刊誌『コスモポリタン日本版』(九七年)の特集インタビュー記事に公正証書情報を紹介したり、AGP(同性愛者の医療・福祉・カウンセリングを目的とした専門家の団体)主催「公正証書ワークショップ」(〇一年)では、病院向けの「緊急連絡先カード」の見本を作ってみたりしました。

よく「公正証書を作ったことで、何か変化したことはありますか?」という質問を受けることがあります。まず大きく変化したことは、日本のレズビアン・ゲイ・コミュニティ内において「同性パートナーの法的権利」や「緊急連絡先カード」作成への関心が徐々に高まっていったことです。そして実生活の面では「家族や近親者でもない人に資格はありません」などの理由で、一方的に断られるようなことがあったとき、「私たちは同性カップルであり、日本ではまだ整備されていない同性パートナーシップ制度の代わりに、公証人による公正証書を作成しています」と権利の正当性《せいとうせい》を主張しやすくなりました。同性パートナーへの認識が非常に低い日本社会で、家族カードや、各種保険の受け取り、代理人となること、名義やローン、共済組合の保障、扶養控除など、制度の不備を検討するよう要求していくとき、「共同生活に関する合意公正証書」を示すことは、少なくとも相手側の真摯《しんし》な対応を引き出すことができますし、今の社会に必要な制度の欠如《けつじょ》を気付かせることにも役立ちます。公正証書のような法的執行力のある書類を作ったことで、たとえ多様なライフスタイルなど考えたこともない初対面の担当者が相手だろうと、ちゃんとした話し合いをもつことができるようになったのです。

どちらか一方が相手の戸籍に入るという戸籍制度に基づく結婚が行われている日本では、同性婚はもちろんのこと、同性パートナーシップ制度への法整備はたしかに問題含みです(同性婚や同性パートナーシップ制度が実現している国々には、もともと戸籍制度がありません)。

しかし、現実に人は年々齢をとっていきます。外国人同性パートナーが日本で暮らすとき、健康で仕事があれば就労ビザが認められますが、例えば病気になって仕事につけなくなったり、定年を迎えたりすれば、就労ビザはすぐに失効《しっこう》してしまいます。日本では同性パートナーに何ひとつ法的保障がないため、お互いの意思に反して離れ離れの生活をしなければならないという悲しいことが現実に起こっています。十六年間人生を共にしているダーリンと私も、滞在ビザの問題はいつも頭から離れたことはありません。

同性の国際カップルがたくさん存在しているのに「パートナーと同じ国に住み、人生を共にすること」を基本保障していない社会は、果たして国際化や多文化に対応していると言えるでしょうか。日本が本当に国際化した社会の仲間入りをするためには、多様なライフスタイルに法的権利の選択肢を与える制度について、今こそ考えていく必要があるのです。

(出雲まろう/二〇〇六年記)

コラム③

同姓パートナーが豪州で永住ビザを取得するまで

──続・ダーリンは同性の外国人

『パートナーシップ・生活と制度』初版が出た三年後の二〇一〇年十二月末、わたしたちは長年住み慣れた東京を離れ、オーストラリアへ移住しました。そこで、「オーストラリア移住に向けて　事実婚（デファクト）パートナー・ビザの申請と取得」のためどのようなものを大使館に提出したのか、参考までに以下に記しておきます。

①大使館のウェブサイトからダウンロードした事実婚（デファクト）パートナー・ビザ申込書フォームとスポンサー（保証人）となるパートナーの書類フォーム（合わせて五センチほどの厚さになる大量な英文の申請書にすべての必要事項、たとえば所有する土地や預金、資産の総額など細かい個人情報を記入して提出）。
②パスポートサイズ写真四枚、ダーリンの写真二枚。
③パスポート（コピーして渡す）。
④戸籍謄本《こせきとうほん》とそれをオーストラリア政府公認翻訳したもの。
⑤保証人となるダーリンの経済力を証明するための、日本での給料明細、源泉徴収《げんせんちょうしゅう》など。
⑥二人の関係性を証言する英文の正式ステイトメント五通。
⑦それぞれ、二人の二十年間の関係性の歴史をつづった作文、日本語と英語。
⑧日本で作成した公正証書二通（遺言書と共同生活契約書）。
⑨オーストラリアで作成した正式な英文遺言書。
⑩オーストラリアで出版したダーリンとの共著 "Love upon the Chopping Board" 一冊。
⑪二人が日本とオーストラリアでインタヴューをうけた雑誌記事や新聞記事など。
⑫二人で飼っていた猫の私家版《しかばん》特製本一冊。
⑬二人の名前が記入してある賃貸契約書。
⑭二十年間の二人の歴史を示す写真の数々。
⑮過去二十年間に二人の名前連名宛てに届いた日本語・英語の手紙、ハガキなど。
⑯オーストラリアの家族から毎年届いたクリスマス・カードやバースデー・カード。

⑰ ダーリンの祖父や姉が亡くなった折りに連名で追悼文を載せたオーストラリアの新聞。
⑱ 健康診断の証明書。
⑲ オーストラリア、カナダ、ハワイ、ヨーロッパなど、二人で旅した絵日記から数冊。
⑳ ビザ申請為替《かわせ》一四万六〇〇〇円。
㉑ 提出物の返却希望リスト。

こうした必須提出物を揃えるのに実際にどのような作業を行ったのか、日付順に並べてみると以下のようになります。

[二〇一〇年五月]

わたしの家族全員の生年月日入り戸籍謄本を取り寄せるため、郵便局で定額小為替を購入し、戸籍のある県の市役所へ郵送する。

戸籍謄本を取り寄せるために必要だったもの。

① 依頼書（市役所のホームページからダウンロードしたものに記入）
② 定額小為替七五〇円
③ 切手を貼った返信用封筒
④ 運転免許証の裏表のコピー

[二〇一〇年五月二十二日〜二十五日]

まずはオーストラリア国籍または永住権《えいじゅうけん》を持つ人物からのステイトメント（わたしたちの関係性が本物で関係性を公にしており現在も継続していることを証言する英語の文書）が最低でも二通以上、必要不可欠なので、それをダーリンの家族にお願いした。ダーリンの家族全員からすぐに承諾の返事が届く。

ステイトメントには、その証言をさらに承認する第三者的立場の相当な地位にある人物（たとえば弁護士や教授や医師など）の承認サインが必要で、そう気軽に引き受けられるものではないのに、引き受けてもらえて、とても幸運だった。さらにコロンビア大学で教えているカナダ人の友人がとても好意的なステイトメントを寄せてくれ、ちょうど仕事で来日中のオーストラリア人大学教授からそのステイトメントに承認のサインを書いていただいた。全部で五通、最強のステイトメントを集めることができた。

[二〇一〇年五月末〜六月初めまで]

古いパスポートを並べて、数日間かけて、ここ十年間の海外渡航先をすべて洗い出し年表にする。それと並行して、二人の出会いから今日までの二十年間の出来事や関係性の変遷を書きはじめる。そこに明記されていなければならないのは以下のこと。

「どこで、どのように、いつ出会ったのか。関係性がいかに発展していったのか。いつから事実婚の関係性を決定したのか。家庭での営み、お互いをどのように感情的・肉体的・経済的に支え合っているのか。それはいつからなのか。今後の予定など」

さらに二人の二十年間の関係性を証明する写真、二人の連名宛ての手紙、ハガキ、カード、旅行の記録（絵日記など）、共同生活を証明する賃貸契約書や明細書、公正証書にしてある遺言書と共同生活契約書などをピックアップする。経済的・家庭的・社会的関係性、お互いをどのようにコミットしているか、という四つのカテゴリーを証明するものの証拠は多ければ多いほどよいため、二十年間に及ぶ二人の歴史を掘り起こし、気の遠くなりそうな作業を延々と続けた・・。

並行してオーストラリアでのスポンサーとなるダーリンも、自らの人物証明のため出生証明書をオーストラリアから取り寄せたり、過去二年間の源泉徴収や給料明細書を出したり、職歴・学歴を書き出したり、二人の歴史を長い文書に仕上げたりする。

[二〇一〇年六月六日]

フォーム二二及び一六〇の健康診断を受けるため、オーストラリア大使館認定のクリニックから、ホームページを見てよさそうなところを二カ所ほどピックアップして見当をつけておく。並行して戸籍謄本の公式英訳を依頼するためのオーストラリア政府認定翻訳資格NAATIを有する翻訳会社をインターネット検索し、メールで依頼。すぐに戸籍謄本を送って翻訳してもらうことにした。

また大使館へ提出するフォームはすべて英文のため、ダーリンに手伝ってもらって、それらをすべて細部まで正確に読み解くのに数日間を要した。

[二〇一〇年六月十一日]

翻訳会社から戸籍謄本のNAATI認定翻訳が届く。

電話で代官山ブリティッシュ・クリニックに健康診断の予約を入れる。

[二〇一〇年六月二十三日]

書類フォーム一六〇及び二六に必要事項を記入し、パスポートサイズのカラー証明写真二枚、メガネ、パスポートを持参して、代官山ブリティッシュ・クリニックへ。血液検査、尿検査、乳癌検査、レントゲン、医師の直接触診で、健康診断を行った。

[二〇一〇年六月二十五日]

麻布にあるオーストラリア大使館に出向き、揃えた書類などを段ボール一箱分提出。その後、すぐに警視庁へ出向き、無犯罪証明書の発行を依頼する。両手五本の指全部の指紋をとられて帰った。

[二〇一〇年七月七日]

約一週間後、再び警視庁へ出向き、無犯罪証明書の入った封筒をもらう。

[二〇一〇年七月八日]

無犯罪証明書の入った封筒を開封せず、そのままオーストラリア大使館の窓口へ提出する（開封した時点で、その書類は無効となる）。

同時に日本に届くのが遅れていたダーリンの出生証明書、追加ステイトメント一通も提出する。

[二〇一〇年七月〜十一月]

四カ月間、大使館からの連絡を待ちながら、海外引っ越しの準備。

[二〇一〇年十一月十五日]

事実婚（デファクト）パートナー・永住ビザを取得。

事実婚（デファクト）パートナー・ビザ取得には面接を必要とされることもあり、たいていの場合、仮期間を一年間ほど設けることが多いようです。しかしわたしたちの場合は面接なし、仮期間もなしで、永住ビザの取得を実現できたのでした。

このことで推測されるのは、公正証書や遺言書のような公的執行力のある書類を早い時期に作成しておいたことは、海外移住の永住ビザ取得にも効力を発揮する、ということだったのではないかと思います。

また、わたしの健康状態、駐車違反も含めて無犯罪であること、所有資産の額、保証人となるダーリンの経済状況なども、一定のハードルをクリアしていると判定されたのかもしれません。

さらに、二人の名前宛てに来た手紙やカードなど、とにかく共に生活してきたことを日付証明するものなら何でも捨てずに取って置いたのですが、それが今回、貴重な提出物となりました。とはいえ、こうした作業に追われながら、なんとも言えずにやりきれなかったのは、どの国で生活しようと二十年以上の長期に渡って育んだ関係性への敬意・配慮が、もう少し何かあってしかるべきではないのか、という思いでした。つまり一年や二年の関係性の証明物を提出するならともかく、二十年以上も遡《さかのぼ》った日付証明物を二十年間分揃えて出すということが、どれほど気が遠くなるような作業だったことか……。

そのうえ毎年、最低でも二、三回は海外旅行をしていたのが仇となりで、過去十年間の海外渡航記録（日付・滞在日数・目的・同行者の名前など）をすべて記入するのにも数日を要しました。

また、それとは別に移住先のオーストラリアへの渡航に至っては初回からすべて記入する欄があり、つまりわたしの場合は二十年以上も前から遡って（日付・滞在日数・目的・同行者の名前など）を記入しなければならず、古いパスポートとにらめっこしながら、「あのときはだれと何の目的で渡航したのだっけ？？」と古い記憶をほじくりだす日々。たまたま旅の絵日記を何十年も描いてきたので助かりましたが……。

海外移住のためのパートナー・ビザ申請は専門の弁護士に依頼することも選択肢としてはあります。ただし、いちばん時間と労力を要するステイトメントの依頼や関係性を証明する物証や渡航記録などはけっきょく本人が準備するので、かえって二度手間になる可能性もあり、わたしたちは自力で申請しました。

もし、わたしに所有資産が皆無だったら、癌など重篤《じゅうとく》な病気に罹《かか》っていたら、デモなどで警察につかまった過去があったら、あるいはもし、保証人となるダーリンにオーストラリアでの経済力を保証する仕事がなかったら、果たして今回のようにすぐにパートナーとして永住ビザが下りたかどうか、判断がつきません。ともかくオーストラリアの事実婚（デファクト）パートナー・ビザにも、その取得には一定の線引きがあるということをヒリヒリと実感した経験ではありました。

※オーストラリアでは二〇〇九年、当時のギラード政権によって、同性間・異性間を問わず事実婚（デファクト）パートナー・ビザが所得できるようになりました。

（出雲まろう）

Q33 同性カップルが養子縁組制度を利用する際のメリット・デメリットは？

大人同士で養子縁組をすることができるそうですが、同性カップルが法的な家族となるためにこの制度を利用することができますか？

わが国の養子縁組制度

当事者間《とうじしゃかん》に生物学的親子関係《せいぶつがくてきおやこかんけい》がなくても、養子縁組《ようしえんぐみ》をすることによって、嫡出《ちゃくしゅつ》親子関係を設定することができます（民法八〇九条）。わが国の養子縁組は、普通養子縁組（民法七九二条以下）と特別養子縁組（民法八一七条の二以下）とに分かれています。

特別養子縁組は、昭和六十二年に、普通養子縁組と併存《へいぞん》する形で新設された制度です。その目的は、「子に養育すべき適切な親が存在しない場合に、その子に新たに親を与える」ことにあり、そのため、養子となる者は、原則として、六歳未満でなければならない（民法八一七条の五）など、普通養子縁組とは、成立要件、効果、離縁《りえん》の可否などの点で、大きく異なります。

ここでは、より広範囲な目的での利用が認められている普通養子縁組についてみていきましょう。

嫡出親子関係

親と嫡出子《ちゃくしゅつし》との関係を指します。嫡出子（嫡出である子あるいは婚内子などと呼ばれることもあります）とは、夫婦が婚姻中に懐胎した子、婚姻関係にある男女間に生まれた子を差します。一方、婚姻関係にない男女間に生まれた子は、非嫡出子《ひちゃくしゅつし》あるいは嫡出でない子、婚外子などと呼ばれます（↓Q7、36）。

普通養子縁組

普通養子縁組を有効に成立させるためには、原則として、以下の要件を満たさなければなりません。

①養親《ようしん》となる者と養子《ようし》となる者との間に縁組意思《えんぐみいし》が存在していること（民法八〇二条一号参照）

②養親となる者が成年《せいねん》に達していること（民法七九二条）

③養子となる者が養親となる者の尊属《そんぞく》または年長者《ねんちょうしゃ》でないこと（民法七九三条）

④配偶者のある者が未成年者を養子とする場合は、配偶者とともに養子縁組をすること（民法七九五条）

⑤配偶者のある者が養子縁組をする場合は、その配偶者の同意を得ること（民法七九六条）

⑥養子となる者が十五歳未満であるときは、本人に代わって、法定代理人《ほうていだいりにん》が養子縁組の承諾をすること（民法七九七条）

⑦養子となる者が未成年者であるときは、家庭裁判所の許可を得ること（民法七九八条）

⑧養子縁組届を提出すること（民法七九九条）

これらの要件を満たせば、養子縁組が成立し、養子と養親との間に嫡出親子関係が、さらに、養子と養方《ようかた》（養親の親族）との間に親族関係が発生することになり

縁組意思
一般的に、「社会通念上、親子と認められる関係を形成する意思」であるといわれています。

尊属または年長者でないこと
尊属とは、父母や祖父母、おじやおばのように、自分よりも上の世代にある者をいいます。したがって、自分よりも年長の者を養子にすることができないのはもちろん、自分よりも年少のおじやおばを養子にすることもできません。

法定代理人
未成年者の法定代理人は、第一次的には、親権者《しんけんしゃ》（未成年者の父母）（民法八一八条）です。

ます（民法七二七条）。ただし、普通養子縁組では、実方《じつかた》（実親の親族）との親族関係も残るので、養子にとっては、実親および養親との二つの親子関係ならびに実方および養方との二つの親族関係が成立することになります。また、養子は、原則として、養親の氏を称さなければなりません（民法八一〇条）。

離縁

一方、養子縁組を解消する方法として、離縁《りえん》があります（民法八一一条以下）。養子と養親との間で協議《きょうぎ》が調《ととの》えば、離縁をすることができます（民法八一一条一項）。また、協議が調わない場合であっても、離縁原因があれば、裁判で離縁を請求することもできます（民法八一四条）。離縁によって、養子と養親との間の嫡出親子関係および養方との間の親族関係は終了し（民法七二九条）、氏についても、原則として、養子縁組前の氏に戻ることになります（民法八一六条）。

注意しなければならないのは、養子と養親は、離縁後であっても、婚姻をすることはできないということです（民法七三六条）。かつて親子であった二人が夫婦になることは、社会倫理《しゃかいりんり》に反すると考えられているからです。

同性のパートナー間での養子縁組の可否

それでは、同性のパートナー間で養子縁組をすることは可能でしょうか？　前述の要件さえ満たしていれば、可能であるといえます。現在、わが国では、同性婚

養子縁組届の提出

養子縁組届は、養親または養子の本籍地もしくは届出人の所在地の市役所または町村役場に提出しなければなりません（戸籍法二五条・六六条）。その際、およそ以下のものが必要となります。

①養子縁組届出書一通（二十歳以上の証人二人の署名捺印が必要となります）
②印鑑（養親および養子のもの）
③戸籍謄本一通（養親および養子のもの）
④届出人の本人確認書類（運転免許証、パスポートなど）
⑤（養子となる者が未成年者であるときは）家庭裁判所の許可書

離縁原因

民法は、離縁原因として、
①他の一方から悪意で遺棄《いき》された

は認められておらず、諸外国《しょがいこく》にみられるようなパートナーシップ登録制度も存在しません（ただし、東京都渋谷区などのいわゆる「パートナーシップ証明」は存在します→Q26）。また、同性のパートナーの関係を、内縁《ないえん》や事実婚あるいはそれらに準じる関係と認定《にんてい》した事例もありません。つまり、同性のパートナーは、法律上は、赤の他人として扱われているのです。このような状況で同性のパートナーが家族的な繋《つな》がりを持ちたいのであれば、養子縁組を利用する以外に選択肢《せんたくし》はありません。

養子縁組によって親子関係を設定すると、法律上・事実上のさまざまな利益《りえき》を享受《きょうじゅ》することができます。たとえば、病気や怪我のために手術が必要になったとしましょう。病院は、多くの場合、保証人として患者の家族に手術依頼書《しゅじゅついらいしょ》や手術承諾書・同意書の提出を求めますが、養子縁組をして親子になっていれば、それらの書類にサインをすることができるでしょう。さらに、入院中、赤の他人であることを理由に、面会を拒否《きょひ》されることもありません。また、交通事故などで一方が死亡した場合には、他方は、加害者に対して、慰謝料《いしゃりょう》を請求することができます（民法七一一条）。もちろん、相続については、養子は養親の相続人《そうぞくにん》となりますし（民法八八七条一項）、養親は、養子に直系卑属《ちょっけいひぞく》（子や孫、ひ孫など）がいなければ、相続人となることができます（民法八八九条一項一号）。

同性のパートナー間での養子縁組の問題点

しかし、同性のパートナー間の養子縁組にはいくつかの難点《なんてん》があります。そし

とき

②他の一方の生死が三年以上明らかでないとき

③その他縁組を継続し難い重大な事由があるとき

の三つを規定しています。いずれも、親子としての精神的・経済的生活関係を維持することが困難となるほど信頼関係が破壊され、回復不能な状態となったことを表しています。

選択肢

親子となる養子縁組以外に、兄弟姉妹となる養子縁組という選択肢もあります。パートナーの一方の親が養親となって他方を養子とすることで、パートナーは兄弟あるいは姉妹となることができます。養親となる者の合意を得ることが必要となりますが、養子縁組によって兄妹あるいは姉弟となった者たちは、婚姻をす

て、そのほとんどが、養子縁組の解消の際に顕在化《けんざいか》することになります。

まず、離縁をする場合です。養親子《ようしんし》が共同で所有する財産の分割や離縁後の扶《ふ》養《よう》はどのように行われるのでしょうか？ 養子法は、これらに関する規定を用意していません。離婚をするのであれば、財産分与《ざいさんぶんよ》の制度（民法七六八条）にもとづいて、夫婦の公平性《こうへいせい》の見地《けんち》から、夫婦の財産を清算《せいさん》したり、状況によっては、相手方に対して離婚後の扶養を請求することができます。しかし、養子縁組をした同性のパートナーは、その内実《ないじつ》がいかに夫婦的な関係であったとしても、財産分与の制度を利用することはできないために、とくに、専業主婦的《せんぎょうしゅふてき》な役割を果たしていた者にとっては、過酷《かこく》な結果となってしまう可能性があります。また、養子縁組によって親子関係を設定すると、離縁後であっても婚姻をすることはできないため、将来、わが国で同性婚が認められるようになったとしても、養子縁組をした同性のパートナーとは、婚姻をすることができなくなる可能性があります（民法七三六条参照）。

もう一つが、養子あるいは養親が死亡した場合です。養子あるいは養親の死亡によって相続が開始しますが（民法八八二条）、同性のパートナーが養子縁組をしたことによって、相続分が減った者や相続人になることができなくなった者がいる場合、それらの者が自分たちの相続分を取り戻すために、縁組無効《えんぐみむこう》の訴えを提起《ていき》する可能性があります。同性のパートナーが、夫婦的な関係をカムフラージュするために便宜的《べんぎてき》に養子縁組をしたというのであれば、「縁組意思なし」あるいは「公序良《こうじょりょう》俗《ぞく》違反」と判断され、養子縁組が無効とされてしまうかもしれません（民法八〇二条・九〇条）。無効となれば、相続権も当然に失うことになります。

（鈴木伸智）

ることができるので、わが国で同性婚が認められるようになれば、兄弟あるいは姉妹となっていても、婚姻をすることが可能と思われます。

離縁後の扶養の方法

離縁金あるいは離別金が交付されることもありますが、これは法律の規定によるものではありません。

公序良俗違反

「公序良俗」という言葉は、「社会的妥当性」を意味するものとして用いられています。つまり、公序良俗違反の行為（法律行為）というのは、社会的に認められないような行為（法律行為）ということになります。

Q34 事実婚や同性のパートナーが入院した場合どう対応したらよいでしょうか?

パートナーが不慮の事故にあったとき、法律上の親族でない私に連絡が来るのか、容態の説明を受けることができるのかと心配しています。

パートナーへの緊急連絡を確保するために

事故などで患者が搬送《はんそう》されてくると、病院は、患者が会いたい人、世話をしてもらいたい人は家族だろうと考え、連絡をとろうとします。そこで思い浮かぶ家族とは、親や配偶者《はいぐうしゃ》、患者が高齢《こうれい》であれば子どもなどの親族でしょうから、婚姻関係のないパートナーには、緊急連絡が届かない可能性があります。

こうした事態に備えるために、「緊急時連絡先カード」を携帯するといった方法が考案《こうあん》されています。これは、自分に何かあったときに誰に連絡をしてほしいかを意思表示するカードです。カードには「私が事件や事故、その他のトラブルに遭遇《そうぐう》し、家族への連絡が必要な場合には、裏面の人に連絡してください。また、この人の面会も望みます」とあり、その下に自署欄《じしょらん》、裏面には連絡先を記入する欄があります。このカードを携帯することでパートナーへの連絡を確保するとともに、パートナーの権利や意向を尊重《そんちょう》するように医療に携《たずさ》わる人々、警察官や災害救助《さいがいきゅうじょ》にあた

緊急時連絡先カード

このカードはQWRC（Queer & Women's Resource Center：くぉーく http://qwrc.jimdo.com/）が作成しました。現在（二〇一六年四月）も無料配布中です。QWRCではカードを増刷するためのカンパも募っています。

っている人々に理解を求めるのです。

病院では患者の意思が尊重される

病院では、患者の意思が何よりも尊重されるはずですから、患者に意識があるときは、病状《びょうじょう》説明の立ち合いや看護・面会などからパートナーが完全に排除《はいじょ》される事態は起こりにくいと思います（ただし患者が親族にカミングアウトをしていない場合、親族への手前「パートナーに会いたい」という自分の意思を表明しづらい事態は考えられます）。

問題は、患者に意識のない場合です。病状の説明を受けたり、手術に承諾したりするのは本人以外にならざるを得ませんが、病院は親族ではない者に患者の情報を伝えることを躊躇《ちゅうちょ》します。延命措置《えんめいそち》をするのか、しないで自然に死を迎えるかなども、患者の生前の意思（リビング・ウィル）がなければ、親族が判断を代行《だいこう》することになるでしょう。

しかし、治療上の判断をパートナーに任せたいという患者本人の意思が確認されれば、状況は変わります。それは、パートナーが同性であってもです。

二〇〇五年十月の大阪府議会《おおさかふぎかい》（平成一七年九月定例会本会議第四号。十月五日）で、尾辻《おつじ》かな子氏は次のような質問をし、大阪府から以下の答弁を引き出しました。

尾辻「災害時に患者の安否《あんぴ》や病状の個人情報を提供できる第三者の範囲に、同性

緊急時連絡先

私が事件や事故、その他のトラブルに遭遇し、家族への連絡が必要な場合には、裏面の人に連絡してください。また、この人の面会も望みます。

自署

のパートナーは含まれるのか」

大阪府「個人情報保護法《こじんじょうほうほごほう》の解釈上《かいしゃくじょう》、含まれるものと考える」

尾辻「府立病院における同性のパートナーの面接、病状説明などの取り扱いはどうなっているのか」

大阪府「厚生労働省《こうせいろうどうしょう》から示されたガイドラインは、家族に限定せず、現実に患者の世話をしている親族及びこれに準《じゅん》ずる者を病状の説明対象に加えている。府立病院でも、家族に限定することなく患者の意思を尊重《そんちょう》して対応する」

つまり、患者本人が同性のパートナーの面接・病状説明を望み、それを表明することができれば、病院は本人の意思を尊重してくれるということです。「厚生労働省のガイドラインに沿《そ》って」とのことですから、府立病院だけでなく、全国の病院で同じような対応を要求することができるはずです。

（杉浦郁子）

Q35 事実婚や同性のパートナーでも生命保険の受取人になれるのですか？

自分が死んだとき同性パートナーに保険金を残したいと思っています。生命保険の受取人は法的な親族しか指定できないのでしょうか？

保険には様々な商品があり、日本の商法《しょうほう》では、大きく人を保険対象にした「生命《せいめい》保険《ほけん》」とモノを対象にした「損害保険《そんがいほけん》」とに分かれています。二〇〇一年からは規制緩和により、生命保険と損害保険の中間に位置づけられる保険も登場しています。

生命保険の受取人

原則《げんそく》として生命保険《せいめいほけん》は、受取人の選択や変更は自由で、受取人《うけとりにん》の承諾《しょうだく》も不要です。しかし、事実婚や同性パートナーが死亡保険受取人になれるかは、保険会社によって差があります。

事実婚については、同一世帯で未届の夫、未届の妻と記載されている住民票、二人で作成した公正証書、どちらかが一方の扶養家族になっている場合、受取人になれる可能性が高くなります。

同性パートナーについては、保険金詐欺事件《ほけんきんさぎじけん》などもあった影響で、保険会社の

生命保険金の相続

日本では民法が「法定相続人」を規定していますが、法定相続人がいない場合は、事実婚パートナーや同性パートナーが、故人《こじん》と生計を同じくしていた人や療養看護《りょうようかんご》をした人として、家庭裁判所に「特別縁故者《とくべつえんこしゃ》に対する相続財産分与《そうぞくざいさんぶんよ》」の請求を行うことができます。遺言があれば、事実婚パートナーや同性パートナーが故人の財産を相続することもできますが、法定相続人には遺留分がありますので、遺産をめぐるトラブル

審査部門《しんさぶもん》も慎重になっていると言われていましたが、二〇一五年を境にムードが変わってきました。

二〇一五年三月に渋谷区で同性パートナー証明書が発行できる条例が可決（→Q26）、成立しました。これを受け、第一生命、日本生命など保険会社各社は渋谷区の証明書があれば、死亡保険受取人を同性パートナーに指定することができるようになりました。ライフネット生命では、パートナーシップ証明書ではなく住民票等で申し込みが可能です。筆者が確認したところ、同性パートナーに対応をしている保険会社は一〇社あります。ただし、それぞれ要件が異なるため、詳細は各社に問い合わせが必要です。税金ですが、死亡保険金の受け取りの際には、同性パートナーは親族ではないため非課税《ひかぜい》扱いにはなりません。生命保険料控除《こうじょ》も対象外になることに注意が必要です。

損害保険についても、同性パートナーを配偶者とみなす火災保険、自動車保険が東京海上日動より二〇一七年一月から販売される予定です。

今後も取り扱いの保険会社は拡大する傾向ですので、各社の動向に注目してください。

積極的に相談してみよう

皆さんもニュースなどでよく聞いていると思いますが、日本は高齢化社会《こうれいかしゃかい》に突入しています。二〇〇六年版『高齢化社会白書』によれば、二〇〇五年十月一日現

が起きることが予想されます（→Q30）。その場合は、事実婚パートナーや同性パートナーに理解のある弁護士等に相談することをお勧めします。

ちなみに、生命保険金は被保険者の相続財産《そうぞくざいさん》ではないので、注意が必要です。例えば、受取人を「相続人」として生命保険に加入していた場合、遺言で法律上の相続人ではないパートナーに「全財産を遺贈する」と書いても、パートナーは保険金の受取はできません。保険金請求権は、「相続人」個人の財産とみなされるからです。

在の統計で、六十五歳以上の高齢者人口二五六〇万人、総人口に占める比率（高齢化率）は、二〇・〇四%と、過去最高を記録しています。この事実は、事実婚や同性カップルも決して無関係ではありません。

日本の医療制度《いりょうせいど》や介護制度《かいごせいど》は、少子高齢化《しょうしこうれいか》に対応して、現在、制度そのものが根本的な見直しを迫られていますが、例えば、高度医療《こうどいりょう》など、公的な社会保障の対象外になっているものも多くあります。行政や政治家など、一握りの誰かにお任せしている感覚では、残念ながら、日本では安心して中年期《ちゅうねんき》・老齢期《ろうれいき》を迎えることはできません。私たちひとりひとりが、自分の将来の所得保障《しょとくほしょう》、医療保障、介護保障を、真剣に考えることが、高齢化社会における「生きる力」になります。その時に、保険の知識は非常に重要です。

リスク管理における最大のリスクは、「自分は関係ない」と思うことだそうです。パートナーとの暮らしの五年後、十年後、二十年後、それ以降の人生を、想像してみてください。どんなことが起こりうるでしょうか。病気、怪我、失業、事故、災害、教育、住宅、そして二人の夢。そのために、必要な資金や保険は、さまざまな形で必要でしょう。自分たちの生活にあった保険を検討してみてください。

（尾辻かな子）

日本の公的な医療制度

日本では「国民皆保険《こくみんかいほけん》」といい、国内に居住する人は、必ず、健康保険、船員保険《せんいんほけん》、共済組合《きょうさいくみあい》、国民健康《こくみんけんこう》保険のいずれかに加入することになっています。

欧米の状況

欧米のＬＧＢＴ（レズビアン、ゲイ、バイセクシュアル、トランスジェンダー）向け雑誌をめくると、さまざまな同性カップル向けの保険商品があります。

プロブレムQ&A

Ⅶ 子どもとの関係

Q36 事実婚のカップルが子どもを育てる上で困ることはありますか？

事実婚カップルに子どもが生まれた場合はどうなるのですか。婚外子差別があると聞いたことがありますが、現状はどうなのでしょうか。

手続きは？

事実婚のなかで生まれた子どもは、まず母親の戸籍に入り、その姓《せい》を名乗ります。父親による認知は、出産前でも後でもできますが、母親が外国籍で子どもに日本国籍がほしい場合は、出産前に認知（胎児認知《たいじにんち》）する必要があります。また、胎児認知をしておくと出生届に父の名前を記入できます。

事実婚の場合、父親が認知をしても、父と母が共同で親権をもつことはできません。子どもが生まれた時点では母が親権者ですが、認知をすれば父にも法律上の親子関係にもとづく権利義務が生じ、子どもはふたりの親に守られて養育されていくことになります。また、父の単独親権《たんどくしんけん》に変更したり、子どもに父の姓を名乗らせたりすることもできます。親権および子の氏の変更は家庭裁判所に申し立てをしなければならず少しやっかいですが、最近は裁判所の理解も進み、手続きもだいぶ迅速になったと聞きます（→Q32）。

事実婚カップルの子ども

ここでは実子《じっし》を得た場合に限って解説します。子どもがほしくてもできない場合には、生殖補助医療を受ける、子どもを正式に養子《ようし》として迎えるという方法が考えられます。生殖補助医療に関してはQ41にくわしい解説があります。

医療保険も、母・父のいずれかを使えばよいわけですし、税金の扶養控除の申請もどちらでおこなってもかまいません。子どもと姓が異なることは問題になりません。保険料負担や減税額を勘案して、有利なほうを選べばよいということになります。ただし、親権をもっていない親が子どもの財産の管理（たとえば子どもの銀行口座の開設）や子どものための公的な手続きの代理にかかわれない、といった不便さは、まだ残っているそうです。

「嫡出子」「嫡出でない子」の区別

日本の法律は、法律婚のなかで生まれた子どもを「嫡出子《ちゃくしゅつし》」とし、「嫡出《ちゃくしゅつ》でない子（非嫡出子）」と区別しています。事実婚カップルの子どもは、法的には非嫡出子として扱われます。「非嫡出子」は、「正統でない子」という差別的な意味を伝えることから、一般では「婚外子」という言葉が使われるようになっていますが、民法や戸籍法では「嫡出子」および「嫡出でない子」という表現が残っています。

民法は、二〇一三年十二月まで「非嫡出子の法定相続分は嫡出子の二分の一」と定めてきました。しかし、二〇一三年九月に最高裁がこの規定を「法の下の平等を定めた憲法十四条に違反する」と結論づけ、その後、国会で民法が改正され、婚外子の相続差別規定はなくなりました。

嫡出子と非嫡出子は、戸籍や住民票の続き柄の記載でも長らく区別されてきました。戸籍では、嫡出子を「長男」「長女」、非嫡出子を「男」「女」と記載してい

胎児認知の届出

母が日本国籍の場合は母の本籍地の、外国籍の場合は住所地の市区町村役場に届け出ます。

ましたが、「一見して非嫡出子とわかる記載方法はプライバシー権の侵害《しんがい》」という判決が出て、二〇〇四年十一月以降、表記が統一されています（住民票は一九九五年三月から表記を統一）。

ただし、子どもが誕生したときに提出する出生届には、「嫡出／非嫡出の別」をチェックする欄があり、「この区別は違憲ではない」という最高裁の判断が出ています（二〇一三年九月）。同時に、最高裁は「チェック欄は自治体の事務処理上、不可欠とは言えない」と指摘しており、出生届の区別については議論の余地が残されています。

社会の婚外子差別

相続や書類上の区別はなくなりつつあり、子育ての楽しさや苦労も事実婚カップルと法律婚カップルとで何ら変わるところはないはずなのですが、事実婚カップルは、子どもを生む前に婚姻届を出すべきかと悩みます。

「婚外子は不幸だ」という社会の偏見や、「父のない子」「愛人の子」「複雑な家庭の子」といった先入観《せんにゅうかん》や同情を向けられはしないか。「子どもがいじめにあう」「私立の学校の入学に影響する」などと余計な世話をやかれたり、「自分の主義主張で子どもの人生を制限するな」などと非難されたりしないか。お互いの親を説得できるか、子どもと姓が違うことについて周囲の理解は得られるのか等々、いろいろと心配になってきます。

しかし、実際に生んでみると、出産前は心配しすぎだったと思う人が多いようです。近年、病院や保育園、学校では、家族のかたちが多様であることを前提に、子どもや保護者へ気を配っています。「婚外子」だからという理由で子どもへの風当たりが強くなるということはまずないでしょう。ふたりと子どもが楽しく過ごしていれば、周囲は自ずと多様な家族のかたちを受け入れるようになるのではないでしょうか。

（杉浦郁子）

Q37 同性カップルに子どもがいる場合もあるのでしょうか？

同性同士のカップルの場合、妊娠・出産は難しいと思うのですが、実際に子どもを育てている人はいるのですか？　子どもが欲しい場合はどうするのですか？

レズビアンやゲイの人たちは、どのような形で子どもを得て、育てているでしょうか。大きく分けて五つの形があります。①異性間性交によって妊娠・出産する。②自らは出産経験がなくとも、パートナーに子どもがいて、ともに子育てをしているゲイ・レズビアンの存在も忘れてはなりません。彼／彼女らは「心理的親《しんりてきおや》 psychological parent」「社会的親 social parent」と呼ばれる場合もあります。③人工授精によって子どもを妊娠・出産する。④養子縁組によって子どもを得る。⑤代理母契約《だいりははけいやく》により子どもを得たゲイカップルも報道されています。

これらのうち、⑤以外は、筆者が、実際に知り合うことができましたので、以下に紹介したいと思います。

同性カップルの具体的事例

①のケース。Aさん、Bさんは、三十年来のレズビアンカップルですが、かつ

ファミリーウィークエンド

一九九三年、関西でレズビアンマザーのためのワークショップが持たれ、そこに集まった仲間たちが『レ・マザー関西』というグループを立ち上げました。

二〇〇三年五月、『レ・マザー関西』がレズビアンマザーとその子どものための合宿「ファミリーウィークエンド」を大阪で開催。レズビアンマザー二一名、子ども六名、子どものいないレズビアン二一名、計四八名が参加しました。

このときの記事が、『ふぇみん』

て婚姻しており、その関係の中で得た子どもたちを、結婚解消後、共に育てています。また、Cさん、Dさんは、二十年以上同居せず遠距離恋愛を続けているレズビアンカップルで、彼女たちはそれぞれの地域で、仕事と子育てを両立させる母子家庭として暮らしています。レズビアンのEさんは、友人のゲイ男性と性交を行って妊娠し、女性のパートナーとともに子育てを行っています。

②のケース。婚姻関係の中で三人の子どもを妊娠・出産したのち離婚した女性Fさんのパートナー Gさんはこのケースです。長年その子どもたちの養育に携わり、子どもたちもGさんを姉のように慕い、母親のパートナーとしても受け入れています。いま、娘の一人が写真家を目指し、「同性愛者としての母たち」をライフテーマと考えているようです。近い将来、お二人の姿を作品を通して目にすることもあるかもしれません。

③のケースHさんとIさんのカップルは、友人のゲイ男性から精子の提供を受け、自己人工授精《じこじんこうじゅせい》によって妊娠・出産しました。その際、その友人の男性とは、子どもの扶養をめぐる約束事を決めて、文書も交わしています。現在、その娘さんは元気に通学しています。ゲイ男性とレズビアン女性が「友情結婚」という選択をする例もあります。レズビアン女性Jさんは、人工授精を行うことを条件に、ゲイ男性と話し合いの上結婚します。産婦人科において、「私たち夫婦は、セックスレスなので、人工授精を受けたい」と申し出て、施術《せじゅつ》を受けて妊娠・出産。週末は夫と、平日はレズビアン女性のパートナーと協力しあいながら子育てしていました。

（二〇〇三年七月二五日号）に、掲載されています。また、泪谷のぞみ「レズビアン・マザー素描」『女性学年報』（二〇〇三年、日本女性学研究会二四号、一三三～一四三頁）にも報告されています。

「ファミリーウィークエンド」のフライヤー

精子提供者と交わした文書

HさんとIさんが、精子提供者と契約文書を交わす際、次のペパー（一九九九年）の末尾資料が大変参考になったとのことです。

④のケース。Kさんは、アメリカ人女性で、日本人のパートナーLさんとともに日本で暮らしています。日本では未婚の者が未成年と養子縁組することは現実的には困難ですが、Kさんはアメリカ人なので、アメリカ合衆国の法律に則って幼児を養子縁組し、Lさんとともに子育てしています。

同性カップルの子どもからの声

筆者は、レズビアンマザーの子どもたちへのインタビューも行ったことがあります。ここでは、FさんとGさんの子どもの声を紹介しましょう。

彼女は、母親であるFさんが同性愛者であることに気づいたのは小学校低学年の頃のことで、当時の母親の恋人に、自分の母親を奪われたような気がして嫌だったこと、しかし、中学生のときに授業で「性同一性障害」のことを学んだこと、高校生のときにクラスメートにレズビアンがいて、その友人と深く話をする中で、母親への理解が徐々に深まったことを話してくれました。性的マイノリティの家族のなかで、たったいまも子どもたちが育っているという現実があります。そのことに、社会全体が真剣に向き合う時が来ているのではないでしょうか。

（有田啓子）

Pepper, Rachel, 1999, "The Ultimate Guide to Pregnancy for Lesbians--Tips and Techniques from Conception through Birth," Cleis Press, San Francisco.

性的マイノリティの子育て調査

集計結果は、『血縁と婚姻を越えた関係に関する政策提言研究会』のHPに掲載されています。http://www.geocities.jp/seisakuken2003/（二〇一五年四月二五日現在）

次の文献は、その結果をふまえ、性的マイノリティによる生殖・子育てを当事者自身がどのように考えているかについて考察しています。

有田・藤井・堀江「交渉・妥協・共存する『ニーズ』―同性間パートナーシップの法的保障に関する当事者ニーズから―」『女性学年報』（日本女性学研究会、二〇〇六年、二七号、四〜二四頁）

Q38 同性のカップルが子どもを育てるうえで困ることはありますか？

同性カップルの子育てを社会や周囲の人々は理解できるのでしょうか？　同性の親が二人いることを子どもはどのように感じるのでしょうか？

同性カップルの子育てにおける困難とは、同性カップルが親であること（以下、同性親《どうせいしん》）について、社会からの認識と敬意が欠如していることに、ほとんどは起因しています。

例えば、日本産婦人科学会は、人工授精（ＡＩＤ）の施術対象は夫婦に限る、としています（→Q41）。このことは、独身女性や女性同士のカップルへの施術を言外に拒絶することを意味し、独身女性と同様に同性親に対して少しも敬意をはらっていません。それは養子縁組においても同様です（→Q40）。

生殖補助医療《せいしょくほじょいりょう》や養子縁組のみならず、家族法や福祉・教育をはじめ、およそあらゆる社会制度において「親」の定義として、男女の対《つい》、あるいは女性または男性の単親が前提とされており、同性パートナーが親になることは想定からはずされています。

そのような「無視」のため、多くの人々は、性的マイノリティが親になることは

カリフォルニア州での判決

Nancy S. v. Michele G., 228 Cal. App. 3d 831 (Cal. Ct. App. 1991)

ナンシー、ミッチェルとミカ

このケースについては、Jacobsに詳しいです。また、レズビアンの全米規模の運動団体ＮＣＬＡ（National Center for Lesbian Rights）も、詳しく紹介しています。

Melanie B. Jacobs, 2002,Micah Has One Mommy and One Legal Stranger: Adjudicating Maternity for Nonbiological Lesbian Copa-

不適切であり、同性親は市民社会の正当な構成員とは見なしがたいという言外のメッセージを受け取ることになります。このことは、同性親が子どもを育てるうえで困難をもたらし続けています。

アメリカ合衆国のケース

同性カップルが子どもとの間に法的関係を認められないためにどのような問題が生じているか、一例としてアメリカ合衆国で起きた事例を紹介しましょう。

一九九一年、もとレズビアンカップルだったナンシーとミッチェルが別れる決断をします。その際に、二人で育てていた子どもミカの養育権《よういくけん》をめぐり紛争となります。

カリフォルニア州で判決が下り、ミッチェルは、ミカの監護権《かんごけん》も訪問権も与えられないことになってしまいます。当時、レズビアンカップルのうち、子どもと生物学的つながりのない方が、子どもと縁組して養子にする道がなかったので、ミッチェルとミカとは赤の他人とみなされてしまったからです。ミッチェルは、ミカの誕生時からそばに寄り添い、ずっと子育てをシェアしてきたにもかかわらずです。

ミカはナンシーに引き取られ育てられます。さて、数年後のある日、自動車事故にあい、ナンシーは死亡します。同乗していたミカは重傷を負いつつも生還します。ミカは、搬送先の病院で保護者の連絡先を尋ねられ、自分には父親はいないが、死亡した母親以外にもう一人の母親がいると主張します。しかし、州当局は連絡を

---

rents, *Buffalo Law Review* 50: 341-391.

NCLR,2004, Adoption by Lesbian, Gay and Bisexual Parents : an Overview of Current Law, http://www.nclrights.org/publications/adptn0204.htm (accessed19 July 2006.)

州ごとに違うアメリカの家族法

アメリカでは家族法は州ごとに異なるので、州によって正反対の判決がでることはめずらしくありません。同じ一九九一年、コロンビア特別区においては、レズビアン・カップルであるレーンとソロモンは、レーンの子どもマヤと、ソロモンの子どもテッサの、共同の養親となることが許可されました。その二年後、レーンは、自動車事故によって死亡します。共同養子縁組制度《きょうどうようしえんぐみせいど》のおかげで、

取ることはできず、州の養護施設に収容されることが決まってしまったのです。後日、偶然にも、病院のチャプレン（宗教関係者）がミカを見つけ出し、ミッチェルとの再会が果たされはしたのですが。

日本のケース

日本では、夫婦の離婚の調停中に、妻のセクシュアリティを知った夫が、それを理由に子どもの親権を渡さないので争いになったという例を筆者は聞いたことがあります。その際、当事者は、自らのセクシュアリティが裁判所に「子の福祉」に反すると断定されることを恐れ、苦悩を強いられるのです。

また、保育所／幼稚園や学校における理解も残念ながら十分とは言えません。日本で暮らすAさんとBさんは、アメリカ国籍のBさんが養子にしたCちゃんを二人で育てています。幼稚園に対して、「私たち二人は、この子の母親として二人で育てています」ときちんと説明していたのですが、ある「母の日」にCちゃんが描いて持ち帰った絵には、母親が一人しか描かれておらず、二人はショックを受けました。まわりの子どもたちが一人しか描いていない中で、教師のほうから積極的な声がないかぎり、Cちゃんが二人の母親を描くことには勇気のいることだったかもしれません。また、ある母子遠足のときに、二人とも親として参加したいと申し出た際、園からは、参加は一人にしてほしい、なぜなら他の子どもたちは母親が一人なので、と言われたそうです。

ソロモンは、訴訟などの手続きなしに、マヤの親でありつづけることができました。マヤ、テッサとも、遺族給付を受給することができましたし、不法死亡訴訟の提訴者となることもできたのです。

レズビアンと生殖補助医療

オランダでは現在、精子銀行を利用して、レズビアンが人工授精の施術を受けることができます。かつて、生殖補助医療センターのうちの三つの病院において、女性カップルへの施術を父親と母親がそろっていないことを理由に拒否するという事件がありました。ハンフェルドらは、そのことの是非を臨床医の立場から、一九七八年から二〇〇二年における発達心理学分野の一六二論文をレビューすることによって解答をみいだそうとしました。

園や学校がイニシアティヴをとって、同性親に敬意が払われないかぎり、Cちゃんのような、少数派の子どもたちがクラスメートから理解を得ることは容易なことではないでしょう。

また、AさんとCちゃんとの間には、法的な親子関係がありませんから、前述のアメリカ合衆国の事例と同様の悲劇が生じるリスクは常にあるのです。

同性カップルに育てられる子どもの心理学的発達

ところで、同性愛者によって育てられる子どもたちは、心理学的成長や社会的適応性において困難を抱えるのではないかということが問われることがあります。この問題については、欧米ではすでに、一九七〇年代から、発達心理学分野において実証研究が積み重ねられています。

例えば、イギリスの発達心理学者ゴロンボクは、このテーマに取り組んで四半世紀以上になりますが、ヘテロセクシュアルマザー、人工授精の施術を受けた母親などさまざまな母親のグループと、レズビアンマザーの子育てを比較し、有意な差異は見いだされなかったとしています。

また、オランダのハーグ生殖補助医療センターのハンフェルドらは、レズビアンにも生殖補助医療の施術を提供するべきかという問いに答えるために、子育てに関する比較研究のレビュー（研究成果の比較・精査）を行い、一九九五年のブレウェイによる共同研究が最も質の高い調査のひとつであることを見出しました。それに

その後、二〇〇〇年、治療平等委員会がレズビアンカップルに対して施術を拒否することは法律違反であると勧告したとの記事（朝日新聞電子版二〇〇〇年二月十日）を渡邉（二〇〇四年）が紹介しています。

渡邉泰彦、「同性カップルと親子関係――ヨーロッパの状況をめぐって――」（東北学院大学論集〈法律学〉二〇〇四年、一二五～一七九頁）。

同性カップルの子育てをめぐる発達心理学の研究

ゴロンボク／ハンフェルド／ブレウェイズ／ステイシーについては、次の文献を参照してください。

有田啓子、「Lesbian-mother の子育ては健全か―発達心理学分野の実証研究とそれをめぐる議論―」『コア・エシックス』二巻、二〇〇六年、二〇九～二二四頁。

よると、レズビアンマザーのグループ、異性愛者でかつ人工授精の施術を受けた母親のグループ、異性愛者でかつ自然妊娠した母親のグループを比較したところ、いずれにおいても、子どもの心理学的発達等において有意な差異が見いだされないという点で、上述のゴロンボクと同様の結論に達しています。

なお、二〇〇四年に、アメリカ合衆国の社会学者ステイシーは、以上のような、異性愛の親の子育てを基準にすること自体に疑問を投げかける興味深い論考を発表し話題になりました。

（有田啓子）

同性カップルに育てられた子どもの半生記

数多く出版されていますが、次のものは好著です。

Garner, Abigail 〃Families Like Mine: Children of Gay Parents Tell It Like It Is〃 HarperCollins.（2004）

「ファミリーウィークエンド」の参加者（2003年5月）

Q39 同性カップルに子どもの共同親権を認める国はありますか？

同性カップルが子どもと養子縁組をして親権をもつことはできますか？　認められている国や地域の動向なども教えてください。

性的マイノリティが法律的に親子関係をつくる方法は二つあり、一つは血のつながりのある実親子、もう一つは養子縁組による養親子です。ここでは、後者の同性カップルによる養子縁組について考えたいと思います。

近年、欧米では同性結婚が法制化されてきています。

ひとたび同性結婚が認められれば、子育てをめぐる権利においても、同性カップルは異性カップルと同様の諸権利を得ることになります。

それでは、同性結婚が認められていない国においては、同性カップルの子育てをめぐる権利が皆無《かいむ》かというと、そうでもありません。様々な運動の成果もあって、同性カップルは、養子縁組等によって親権をもつことができるようになってきています。時には、同性結婚は認められないが、同性カップルによる子どもの養子縁組は認められるというケースもあるのです。

同性カップルが子どもと養子縁組する場合、二人が共同で第三者の子どもと

ヨーロッパの同性カップルによる養子縁組

次の文献が、ヨーロッパ各国における同性カップルの親子関係の法的認知について詳しく紹介しています。

渡邉泰彦「同性カップルと親子関係―ヨーロッパの状況をめぐって」『東北学院大学学術研究会』（二〇〇四年）

七〇年代からレズビアンファミリー研究を続ける法学教授ポリコフ

ポリコフの単著には次のものがあります。

縁組するケースと、同性カップルの一方が他方の実子と縁組するケースがあります。前者は、「共同養子縁組」、後者は、「連《つ》れ子《こ》型養子縁組」と呼ばれることがあり、異性カップルの場合で喩《たと》えるなら、子持ちの男性または女性が再婚するケースは、「連れ子型」になります。

ここでは、欧米において、同性カップルによる養子縁組が認められてきた経緯を見てみたいと思います。半世紀近く、レズビアン／ゲイファミリーの法的権利について研究を続けるナンシー・ポリコフの論考《ろんこう》を参照したいと思います。ポリコフは、ヨーロッパの一部の国々とアメリカ合衆国では、同性カップルによる子育ての法制化の経緯《けいい》に、興味深い対称性《たいしょうせい》があると指摘《してき》しています。

ヨーロッパの場合

ヨーロッパでは、同性愛者の法的権利が確立していく過程に、一定の順序が見出されることを、ポリコフは指摘しています。すなわち、同性同士の性的行動の非犯罪化→性的行動の同意年齢の平等化→性的指向を理由とした差別の非合法化→同性パートナーシップ法→連れ子型養子縁組→共同養子縁組の順序で、おおよそ推移《すいい》し、逆行《ぎゃくこう》することはありません。

例えば、デンマークは、一九八九年に世界で初めて、登録パートナーシップ法を成立させました。そのとき、次の三つの権利は除外されました。①教会で婚姻の認知を受けること、②共同養子縁組をすること、③人工授精に健康保険を適用する

ことの三点です。つまり、当初デンマークでも、同性カップルに法的保障を認めつつ、子育てをめぐる権利は制限したのです。デンマークにおいて共同養子縁組が認められることになるのは、その十年後の一九九九年のことでした。

同様のことは、ノルウェー、アイスランド、スウェーデンでも見られました。現在右記以外に共同養子縁組を認める国は、オランダ、ベルギー、イギリスなどがあります。フランスは二〇一三年に同性婚が認められ、従来からある民事連帯契約(パックス)では認められなかった同性カップルによる共同養子縁組が可能になりました。

ドイツ、オーストリアなどでは、連れ子養子縁組は認められますが、共同養子縁組は認められていないようです。スイスは、連れ子型も含め、同性カップルによる養子縁組を今のところ認めていません(なお、二〇一六年現在、三カ国とも、許容の方向に推移しています)。

アメリカ合衆国の場合

アメリカ合衆国における同性婚の法制化へのチャレンジは、一九七〇年代初期、いくつかの判決によって挫折《ざせつ》します。その後この議論は、約二十年間冬眠《とうみん》することになったとポリコフは指摘します。

一方、同性カップルによる子育ての実態はどのようだったでしょうか。七〇年代初頭までは、婚姻生活を経験したレズビアンマザーがほとんどでした。しかし、

Polikoff,D.Nancy,(2008)"BEYOND(STRAIGHT AND GAY)MARRIAGE-Valuing All Fmilies under the Law,"BEACON PRESS.

この章で参照した論文は次のものです。

Polikoff,D.Nancy,(2000)"Recognizing Partners but Not Parents / Recognizing Parents but Not Partners: Gay and Lesbian Family Law in Europe and the United States," N.Y.Law. School Journal Human Rights,17:711-751.

邦語論文による紹介もあります。

「Nancy,D.Polikoff,This Child Does Have Two Mothers: Redefining Parenthood to Meet the Needs of Children in Lesbian-Mother and Other Nontraditional Families.(78Geo.L.J. 459.1990)」(『アメリカ法』

七〇年代後半になると、自分自身のレズビアニズムについての自覚を持った人たちが子どもを持ち始めたのです。この動きは、サンフランシスコなどから始まったと言われ、八〇年代には全国にひろがります。それはゲイビーブーム（gayby-boom）と呼ばれ、一九八七年にＡＢＡ（全米弁護士協会）は、レズビアン／ゲイファミリーにおいて育てられている子どもの総数を八〇〇万から一〇〇〇万人と推定すると発表しています。また、同じく八〇年代において、アメリカ合衆国の養子縁組を仲介する協会は、たとえ同性のパートナーと暮らしていることがわかっても、カップルの一名に養子を斡旋《あっせん》したといいます。

そこで問題になったことは、同性カップルの子育てにおいて、子どもと法的なつながりのある親は、一方の親のみだったことです。法的につながりのある親が仮に死亡した場合、あるいは両者が離別した場合、その子どもを共に育ててきたもう一方の親が続けて養育することができないケースがでてきたのです。（→Q38）。これを受けて、レズビアン／ゲイの権利を主張する団体のひとつ、ＮＣＬＲ（National Center for Lesbian Rights）が、（連れ子型）養子縁組をレズビアンカップル／ゲイカップルにも適用するよう主張します。アメリカ合衆国では、これを「第二の親による養子縁組」（the second-parent adoption）と呼びます。一九八六年、サンフランシスコの事実審《じじつしん》で認められたのが、最も早い時期の判決のひとつです。以後八〇～九〇年代を通じて、カリフォルニア、オレゴン、ワシントン、マサチューセッツ州などの裁判所が次々に認め、二〇〇〇年には、半数を越える州が認めるに至るのです。

篠崎光児著／一九九二年）。

マサチューセッツ州最高裁　レズビアンカップルの養子縁組を認める判決

Adoption of Tammy,416 Mass.205 (Mass.1993)

この判決を篠原が詳しく紹介しています。以下に一部を引用します。

「Helen Cooksey と、Susan Love は、十年前にマサチューセッツ州ケンブリッジに共同で購入した住まいで、カップルとして同居してきた。どちらの女性も、今では医者として成功している。この間、二人は、双方の合意のもとに、どちらとも血のつながりがある子をもうけて、共同して親となろうと決めた。そこで、Susan は Helen のいとこの精子を用いた人工授精を受けて妊娠し、一九九八年四月に女児 Tammy を出産する。（中略） Tammy は二人を

一方、一九九〇年代初頭以降、同性婚をめぐる議論が再燃します（→Q19）。一九九三年、ハワイ州最高裁が同性カップルに婚姻の権利を認めないのは性にまつわる差別であり、州の平等条項に違反するとしたことは有名です。実は同じ一九九三年、バーモント州最高裁は、同性カップルによる連れ子型養子縁組を、マサチューセッツ州最高裁は、共同養子縁組を認めます。その後、バーモント州は二〇〇〇年に全米初のシビル・ユニオン制度を制定、マサチューセッツ州は二〇〇三年に全米で初めて同性婚を認めることになります。

これら二州の例は、ヨーロッパとは順序が逆です。そればかりではありません。アメリカ合衆国では州によって後ろ向きの動きも見られます。たとえば、ミシシッピ州では、一九九七年に同性婚を禁じ、二〇〇〇年には同性カップルによる共同養子縁組も禁じられます。このように、アメリカ合衆国では、ヨーロッパとは異なり、各州によって場合によっては、相反する対応が見られたのが特徴です（なお、二〇一五年六月、アメリカ合衆国連邦最高裁により、同性婚が認められ、これまでの論争は一定の決着を見ました）。

（有田啓子）

親と思い、Helenを「ママ」、Susanを「マミー」とよんでいる。（中略）HelenとSusanは、マサチューセッツ州法によれば二人が婚姻することはできないとしても、この後、物心両面にわたりTammyの最良の利益に資するには、親子関係の実態を法律上認めておくことが必要であると考えた。そこで二人は、裁判所に対し、共同してTammyを養子とすることの許可を申し立てたのが本件である」。

「Adoption of Tammy, 619 N.E.2d.315（Mass.1993）―母とその同居の相手方である女性が共同でなした子の養子縁組の申立につき、州法は同性のカップルが養子をすることを排除する趣旨ではないとして、それが子の最良の利益にかなうときには認められるとした事例」（『アメリカ法』篠原光児著／一九九五年）

Q40 養子縁組を利用してカップルが子どもを持つことができますか?

養子縁組を利用して、事実婚のカップルや同性のカップルが子どもを持つことができるのですか？　日本や諸外国の動向を教えてください。

養子縁組《ようしえんぐみ》は、いわゆる血のつながりによるのではなく、人工的に親子関係をつくり出す制度です。昔の養子縁組は、古代ローマの養子縁組に見られるように、「家のための養子」（一家のリーダーの後継《あとつ》ぎを確保するための養子）という性格を持っていました。しかし、一九世紀から二〇世紀にかけて、家庭に恵まれない子どもたちのための養子制度が各国に導入され、「子のための養子縁組」という考え方が普及していきました。そして、この考え方に基づき、夫婦が未成年者を養子に迎えるという、養子縁組の基本パターンが成立しました。

では、従来《じゅうらい》の「夫婦」の枠に収まらない事実婚カップルや同性カップルが、特に国際養子縁組《こくさいようしえんぐみ》により養子を迎えることはできるのでしょうか。

日本では

日本では、法律婚をした異性カップルに限って共同で養子をとることができま

参考文献
鳥澤孝之「諸外国の同性婚制度等の動向」国立国会図書館。調査と情報七九八号一頁（二〇一三）、佐久間悠太「同性婚をめぐる諸外国の動向」名古屋市立大学大学院人間文化研究科・人間文化研究二〇号一三五頁（二〇一四）

恵まれない子のための養子縁組

一九世紀アメリカにおける貧困家族の大量移民や、二回の世界大戦をはじめとする大規模な戦争による戦争孤児や婚外子の増加により、養

す（事実婚カップルや同性カップルには共同養子縁組は認められていません）。

もし、法的にはともかく実態として三人（カップルと子ども）が家族のように暮らせればいいというのであれば、カップルのどちらか一方が子どもを里子《さとご》（法律上の子ではない）として引き取ったり、カップルの一方（日本人も含まれます）が子どもと国際養子縁組をするという方法もあります。

後者の方法は、夫婦が共同でしか養子を迎えることができない国では利用できませんが、夫婦の一方が単独で養子を迎えることを認めている国であれば、あくまでシングルと同じ立場で養子縁組をすればよいわけですから、一つの可能な選択肢《せんたくし》と言ってよいでしょう。ただし、養子が未成年者である場合には家庭裁判所の許可がないと養子縁組できない点でハードルが高く、また、養子を日本に住まわせることについても、普通養子の単独縁組では「日本国民の配偶者等」としての在留資格は認められず、さらには簡易帰化《かんいきか》の適用もないといった不利益があります。

外国では

海外に目を転じると、同性婚や登録パートナーシップの取り扱いについては、①異性間の婚姻と同様の同性婚を認める国々（→Q18、Q19）。それらの中には登録パートナーシップ制度も同時に認める国もありますが、デンマークのように同性婚を認めるに際して登録パートナーシップ制度を廃止した国もあります）、②婚姻に準じる扱いを認める登録パートナーシップ制度のみを有する国々（→Q20）、③その

子縁組制度に対する国際的関心が高まりました。

単独での養子縁組

日本には、養子とその実の親との親子関係が終了して養子が養親だけの子として扱われる特別養子縁組と、実の親との親子関係も続く普通養子縁組という二種類の養子縁組がありますが、普通養子縁組の場合に限って、養親が一人だけという形の養子縁組が認められます。ただし、結婚している夫婦が未成年者を普通養子にするときは単独縁組は認められません（民法七九五条、七九六条参照）。

他パートナー関係に何らかの法的保護を与える国々（➡コラム①、②）がそれぞれ存在しますが、同性婚ないし登録パートナーシップの両当事者による養子縁組の可否については、多くの国々で認められているものの、細部については国によって異なっているようです。

例えば、異性婚の場合と同じように同性婚カップルが共同養子縁組を行うことができる国として、スペイン、ベルギー、オランダ、カナダ、ノルウェー、スウェーデン、ニュージーランド、フランス（およびアメリカの一部の州）があります。特にオランダについては、国内・国外を問わず養子縁組を行うことが認められているとのことです。

他方、同性婚カップルの一方が他方の実子または養子と養子縁組を行うことのみが認められている国として、ポルトガルがあります。ただ、これは二〇一三年の法改正によるものであり、今後、他国と同様に共同縁組を認める方向に進む可能性は十分にあるように思われます。

同性婚とは異なり、登録パートナーシップの両当事者にも共同養子縁組を認めてきた国としてスウェーデンとイギリス（イングランドおよびウェールズ）が、一方当事者のみによる養子縁組を認める国としてフランスがあり、さらに、一方当事者が他方当事者の子と養子縁組を行うことを認める国としてデンマークがありました。ただ、デンマークでは既に述べたように登録パートナーシップ制度を廃止しました。他の国についても今後の動向が注目されます。

他方、従来登録パートナーシップの一方当事者が他方当事者の養子と養子縁組を行うことを認めてこなかった（一方の実子が他方と養子縁組を行うことは可能）ドイツで、そのような制限は基本法三条の法の前の平等に反する旨の判決を連邦憲法裁判所が出したり（二〇一三年）、登録パートナーシップの一方当事者が他方当事者の子との養子縁組を行うことを認めてこなかったオーストリアで、そのような制限は欧州人権条約一四条の差別禁止に反するとの判決が欧州人権裁判所によって出される（二〇一三年）いう動きが出てきており、やはり今後の動向が注目されます。

（大村芳昭）

Q41 事実婚や同性カップルも生殖補助医療を受けられますか？

生殖補助医療は、法律婚をしていないカップルでも受けることができるのでしょうか？ 日本の生殖補助医療の現状を詳しく教えてください。

生殖補助医療《せいしょくほじょいりょう》とは、生殖を補助することを目的として行われる医療全般をいい、人工授精《じんこうじゅせい》、体外受精《たいがいじゅせい》、顕微授精《けんびじゅせい》、代理母懐胎《だいりははかいたい》などのことをさしています。

生殖補助医療の対象については法律による定めはありませんが、厚生労働省の審議会や、社団法人日本産婦人科学会において検討され、提言や会告といった形で一定の指針が示されています。

二〇〇〇年の生殖補助医療技術に関する専門委員会報告書では、「精子・卵子・胚の提供等による生殖補助医療を受けることができる人は、子を欲しながら不妊症のために子を持つことができない法律上の夫婦に限る」としていました。このためかつては生殖補助医療を受ける際には、婚姻の確認が必要でした。

その後、夫婦や家族のあり方は多様化してきており、実際の医療機関ではこうした個人のプライバシーに踏み込んだ確認をすることはほとんどないことなどから、二〇一四年に日本産婦人科学会は「ヒト胚および卵子の凍結保存と移植に関する見

生殖補助医療の対象は法律上の夫婦に限る

「生殖補助医療技術に関する専門委員会」報告書（平成十五年三月二十六日版）厚生労働省《こうせいろうどうしょう》及び日本産科婦人科学会

ヒト胚および卵子の凍結保存と移植に関する見解

日本産婦人科学会は「ヒト胚および卵子の凍結保存と移植に関する見解」において「婚姻」の表現を削除

http://www.jsog.or.jp/ethic/

解」において「婚姻」の表現を削除することを決定しています。しかし事実婚のカップルに関しては、二〇一四年の日本弁護士連合会（以下、日弁連）「第三者の関わる生殖医療技術の利用に関する法制化についての提言」にみられるように、第三者の関わる生殖医療技術の利用者の範囲は、男女の事実婚に限るべきだ（同性の事実婚は除外すべきだ）という考え方があります。

　この場合の男女、同性などの考え方は、戸籍上の性別を指しているので、性同一性障害者の性別の取扱いの特例に関する法律により、性別変更したのちに婚姻したカップルは生殖補助医療を受けられます。ただし、第三者が提供する精子、卵子、胚（配偶子《はいぐうし》などともいわれます）を用いて行う生殖補助医療は、夫婦や男女の事実婚カップルであっても条件によっては行うことができません。代理母懐胎や、商業的な目的で精子、卵子を提供することなどは、どの対象者にも認められていません。

　以上から考えると、現時点においては、同性のカップルや単身者は日本国内で生殖補助医療は受けられない、と考えられます。こうした状況について日弁連はまた、前述の提言において「同性の事実婚の場合についても、その利用の範囲に含めるべきとの考えもあり得る」とし、今後の同性婚の法的整備や子どもへの影響を鑑みて検討すべき問題としています。同性の事実婚カップルの場合を社会的不妊《しゃかいてきふにん》と呼んで、不妊カップルの一部として認めるべきだという考え方があるのです。

　非公式には、女性のカップルが妊娠・出産する場合、産婦とその家族である同性パートナーを支えようとする日本の産婦人科医・助産師は存在します。日本国内

---

rinri_kaikoku_201406.html

日本弁護士連合会「第三者の関わる生殖医療技術の利用に関する法制化についての提言」
http://www.nichibenren.or.jp/library/ja/opinion/report/data/2014/opinion_140417.pdf

不妊治療を経験した人たちへの調査
「不妊当事者の経験と意識に関する調査」（白井千晶／二〇〇三年）http://www.lifestudies.org/jp/kazoku01.htm

にも精子バンクや生殖補助医療を海外で受けるための斡旋業者が存在しますが、法規制がないということは、業者を管理する仕組みもないため、各業者の営業内容を見極め契約するのは、すべて自己責任が基本となります。

海外に目を向ければ、生殖補助医療を受けられる国は数多くあります。ただ海外で医療を受けるには、経済的・文化的（英語での交渉能力なども）負担が必要です。米国の精子バンクの利用料は一〇万円前後からですが、費用以外にも、利用に際しては主治医や助産師のサインが必要であり、日本国内に持ち込むためには医療機関の協力が必要です。また精子を手に入れたとしても、それを人工授精する方法や施設・施術者を選ばなくてはなりません。

単身者や同性カップルが生殖補助医療を受ける際には、すでに海外で生殖補助医療を受けて出産し子育て中のカップルや、業者を利用した経験のある当事者の話を聞くことをお勧めします。また、ＬＧＢＴ（レズビアン・ゲイ・バイセクシュアル・トランスジェンダー）を支援するＮＰＯ団体など、信頼できる個人・機関から情報を得ることが大切です。

少子高齢社会のなかで、妊娠や出産、子育ては見えにくくなっており、特に同性カップルにとっては身近に妊娠・出産・育児を経験する機会が少ないからです。不妊治療は心身そして経済的な負担があり、また、妊娠すればマイナートラブルへの対処や、自分らしい出産方法や、育児のサポート資源などさまざまな問題があります。妊活経験者や出産・育児経験者から得られる情報や、実際に子どもと暮らす

表　子・卵子・受精卵の提供を受けられると考える対象　N=358　%

婚姻届を出した夫婦	62.6	卵巣・精巣をもたない人	56.1
婚姻届は提出していないが事実上夫婦関係にあるカップル	21.2	自然に妊娠する可能性のない高齢者夫婦	19.6
独身者	6.7	早発閉経した人	34.8
同性愛カップル	12.0		
自分の精子・卵子を得ることができる不妊治療者	32.4	そもそもこうした技術は認めるべきでない	15.3

http://homepage2.nifty.com/~shirai/survey01/index.html

人たちの喜びや充実感に触れることは、性的指向や性別を超えて、受け継ぐべき社会の財産です。

生殖補助医療を受ける前には、自らの精子の数や活発度を調べたり、排卵の有無や卵管を調べるといった検査があります。またそれは、同時に個人のリプロダクティブヘルス（性と生殖に関する健康）に関わるものです。子どもを持つかどうかとは別に、自分の健康を大切にするためにも医療があるという視点は、忘れたくないものです。基本的な検査や治療などは、誰でも受けることができます。

生殖補助医療は、クローン研究やヒト胚の研究使用などをめぐって、倫理的な複雑さを増しています。日本は体外受精・胚移植《はいいしょく》などの登録施設数が五〇〇施設を超え、とうに米国を抜いています。全出生にしめる割合でも二・七%（二〇一〇年度）となり、身近な医療技術になっています。多様性を受け入れていく成熟した社会においては、今後、生殖補助医療だけでなく、里子や養子縁組制度も含め、同性の事実婚カップルや単身者が「親になる」ことに関して、議論される必要があるでしょう。婚姻だけでない様々な関係を持つ多くの人が、親になること、子どもを持つこと、次世代を育てることなどに関わる議論に、加わるべき時期が来ていると思います。

（藤井ひろみ）

Q42 子どもの父親が誰かを決めるルールはあるのでしょうか？

夫と妻の間で生まれた子が、法律上、夫の子として認められないという話を聞いたことがあります。なぜ、そのようなことが起こるのでしょう？

父親を決定する「嫡出推定」

日本の法制度には、子どもの父親が誰であるかを推定するルールがあります。これを「嫡出推定《ちゃくしゅつすいてい》」と言います。少しややこしいようですが、嫡出推定が成り立つかどうかと子どもが「嫡出子《ちゃくしゅつし》」（↓Q7、Q33）として扱われるかどうかは別の問題です。例えば夫婦が養子をもらうような場合、夫と子の間に嫡出推定は成り立ちませんが、養子は「嫡出子」として扱われます。

嫡出推定の基本的な考え方は、婚姻中に妻が懐胎《かいたい》した子を、夫の子とみなすということです。しかし、いつ受精《じゅせい》が行われたかということは現実にはわかりません。そこで、婚姻成立から二百日よりも後（かつ婚姻の解消・取消がなされた場合はそれより三百日以内）に妻が産んだ子が、夫の子とみなされます（↓Q7）。

このようなルールと、「誰の子として育てたいか」という夫婦の意思、さらに生物学的な父親が実際には誰であるのかという事情は往々《おうおう》にして食い違います。そこから生まれる問題の一つが、「離婚後三百日問題」や「無戸籍児問題《むこせきじ》」と言われるものです。

また、数年前には第三者からの精子提供で生まれた子が、夫婦の間の子としてみなされないという問題が起きています。以下ではこのような例を題材《だいざい》に、「父子《ふし》関係」の決定という問題について考えたいと思います。

離婚後三百日以内に生まれた子

嫡出推定のルールでは、婚姻成立から二百日よりも後に生まれた子は、夫の子であるとみなされます。ただし多くの場合には、婚姻から二百日以内に生まれた子も推定のルール外で「嫡出子」として扱うという運用がなされています。

一方で、妻が夫との離婚から三百日以内に出産した場合、嫡出推定のルールによって、その子はあくまで元の夫との間の「嫡出子」とみなされます。実際に離婚が成立するようなケースでは、法律上の離婚よりもかなり前から二人の関係が破《は》たんしていることが多いでしょう。このような状況にある女性が、別の男性との間に子をもうけたとしても、出産が法的な離婚から三百日以内であれば、その子は、元の夫との間に生まれた子とみなされるということです。

この「離婚後三百日」というルールは、女性が新しいパートナーと婚姻した後に出産した場合にも適用されます。血縁上《けつえんじょう》は今の夫の子であったとしても、法律上は、前の夫と結婚していたときの妊娠で前の夫の子であると判断されるのです。このた

二百日以内に生まれた子

法律用語では、このような婚姻から二百日以内に生まれた子を「推定《すいてい》されない嫡出子」または「推定を受けない嫡出子」と呼びます。逆に、形式的には嫡出推定のルール（婚姻成立から二百日よりも後でかつ婚姻の解消・取消がなされた場合はそれより三百日以内）に沿って生まれた子であるものの、夫が服役中《ふくえきちゅう》だったなどの理由から推定が適用できないような場合を「推定の及ばない子」と呼びます。

め、今の夫（血縁上の父）を父とする出生届を提出しても、届出は受理《じゅり》されません。前の夫を父とする届出は可能ですが、事実と異なる親子関係が生じることを避けるために届出をしない人も多く、このような場合、子は戸籍を持つことができません。これがいわゆる「離婚後三百日問題」や「無戸籍児問題」と言われるものです。

親子関係を訂正するためには「嫡出否認《ちゃくしゅつひにん》」や「親子関係不存在確認」と呼ばれる手続きを行う必要があります。子から血縁上の父に対して「強制認知《きょうせいにんち》」を申し立てるという方法もあります。これらの手続きには家庭裁判所での調停《ちょうてい》が必要で、また手続きによっては、元の夫の子でないことなどを証明する必要があります。元の夫との関係が良好でない場合には、心理的な負担も無視できないと言えるでしょう。ただし、元の夫によるＤＶなどの可能性がある場合には、裁判所で顔を合わせない、申立書に住所を書かなくてよいといった配慮《はいりょ》が認められる可能性があります。

また、法務省は二〇〇七年に、離婚後三百日以内の出産でも離婚後に妊娠したことを医師が証明すれば、元の夫を父としない届出が可能であるとの通達《つうたつ》を出しました。この場合は調停が必要なく、ほかの手続きに比べると少しハードルが低いと言えますが、あくまで法的な離婚の後に妊娠したケースのみが対象です。

第三者からの精子提供を受けて生まれた子

夫が男性不妊《ふにん》である場合に、夫婦が第三者のドナーから精子の提供を受け、人工授精《じんこうじゅせい》によって子をもうけることがあります。これを非配偶者間人工授精《ひはいぐうしゃかんじんこうじゅせい》（ＡＩ

訂正のための手続き

これらの手続き等の詳細は、法務省のＷＥＢサイト「民法七七二条（嫡出推定制度）及び無戸籍児を戸籍に記載するための手続等について」を参照してください。

D）と言います。
　この場合、夫と子の間には生物学的な血縁関係がありませんが、父子関係をどう定めるべきかについて法律には明確な規定がありません。実態としては、届出を受ける役所の担当者はその子がＡＩＤによって生まれた子であるかどうかを知る術《すべ》がないので、夫婦が出した出生届がそのまま受理され、子どもは夫の子として扱われることになります（図参照）。

　公表された判例の中では、東京高裁が一九九八年に、ＡＩＤによって生まれた子が夫の嫡出子であることに言及したものがあります。しかし、この裁判は離婚に際しての親権の帰属《きぞく》を争ったもので、父子関係の認定を争ったものではありませんでした。なお、学問上は、夫婦間の合意にもとづくＡＩＤで生まれた子を、夫の嫡出子とみなすべきだとする説が多いと言われています。

　ところが、性同一性障害特例法《せいどういつせいしょうがいとくれいほう》（→Ｑ17）の適用を受けて、法的な性別を女性から男性へと変更したトランスジェンダーの男性が女性と結婚し、ＡＩＤによって妻との間に子をもうけた際、届出を受けた役所はこの子を夫の子と認めませんでした。一般の男性不妊のケースとは異なり、性別を変更した事実は、戸籍の記載から知ることができます。役所はこのことから、男性とこの子の間に血縁関係が生じるはずがなく、嫡出子

一般の AID のケース

出生の時点で、役所は夫が子どもの生物学的な父親でないと知ることができない。
→そのまま出生届が受理され、婚姻している夫婦間の子（嫡出子）として扱われる

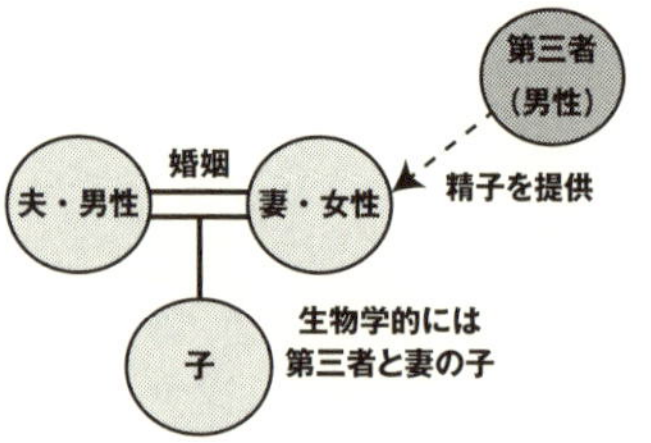

問題になったケース

過去の性別変更の事実から、出生の届出の時点で、役所は夫が子どもの生物学的な父親でないと知ることができた。
→婚姻している夫婦間の子（嫡出子）として認められなかった
→裁判の結果、最高裁が嫡出子として認める判断

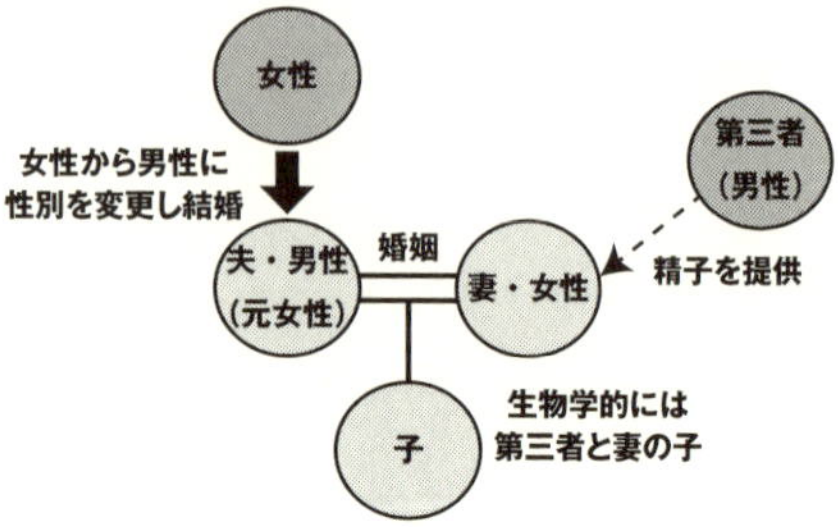

として扱うことはできないと考えたのです。
さらに、ＡＩＤの実施に関わる産婦人科学会がこのことについて法務省の見解を正したところ、法務省は、このようなケースでは嫡出の推定が及ばず、子を男性の嫡出子として認めることはできないという回答を二〇一一年に学会に対して示しました。

ここには二つの問題があります。一つはＡＩＤによって生まれた子について誰を父親とすべきなのかという根本的《こんぽんてき》な問題、もう一つは一般のＡＩＤのケースと、トランスジェンダー男性とその妻のＡＩＤのケースとの間で扱いが異なるのは正しいかという問題です。前者についてはさまざまな意見があり得ますが、後者については同じ法律のもとで異なる扱いがなされるのは不平等だという見方ができます。

この男性は役所の扱いを不服《ふふく》とし、子を嫡出子とするよう戸籍の訂正を求めて申し立てを起こしましたが、東京家裁《かさい》と東京高裁《こうさい》はこれを退《しりぞ》けました。さらに、夫婦は次に生まれた第二子についても同様の申し立てを行いました。大阪家裁は第一子の場合と同様にこれを退けた上、一般のＡＩＤのケースで子が嫡出子とされるのは、戸籍の実務担当者《じつむたんとうしゃ》がＡＩＤによる出生を知ることができないという実情によるものであり、民法上は、ＡＩＤの場合に夫を父と認める解釈はできないということにまで言及しています。もしこのまま裁判が終わっていたとしたら、この言及は「ＡＩＤで生まれた子の父親は誰か」という問題全般についても影響をもつものとなった可能性があります。

東京高裁の決定
東京高裁平成十年九月十六日決定、石井美智子「解説　生殖補助医療と親子関係」（別冊法学セミナー　二四〇号、二〇三〜二一一頁）。

しかし、最高裁はついに二〇一三年十二月に男性の訴えを認め、男性とこの子の間に父子関係を認める決定を下しました（↓下欄の新聞記事参照）。性同一性障害特例法が性別の変更を認め、男性とその妻の婚姻を可能とした以上、ほかの夫婦と同じように嫡出推定のルールを適用すべきだと判断したのです。

血縁関係をどこまで重視するか

嫡出推定の考え方は、父子関係について血縁の有無《うむ》を重視しながらも、その血縁を生物学的な証拠からではなく、婚姻や離婚が届けられた日から形式的に推定するという矛盾《むじゅん》を抱えています。これに対して、「離婚後三百日問題」を解決しようとする立場から、「ＤＮＡ鑑定など血縁関係を特定できる技術があるのに、形式を重視するのはおかしい」といった批判がなされることがあります。

しかし、単純に血縁を重視しようとすると、別の形で夫婦の意思に反する判断がなされるケースが出てきます。トランスジェンダー男性がＡＩＤで子をもうけた事例で、法務省が父子関係を認めなかったのはその一例です。法務省や一審、二審の判断を最高裁が覆《くつがえ》したことは、血縁の有無よりも、婚姻関係に基づいて嫡出を推定するというルールを優先したものと考えられます。また、夫に明らかに生殖能力がない場合においても、嫡出推定のルールが適用されるという判断を下した点で画期的《かっきてき》と言えます。

嫡出推定のルールの背景には、父子関係を形式的に定めることで子の身分を安

最高裁の決定

最高裁平成二十五年十二月十日決定、石井美智子　前掲論文、水野紀子「性別の取り扱いの変更の審判を受けた者の妻が婚姻中に懐胎した子についての嫡出推定」（ジュリスト一四七九号、八三～八四頁）。

血縁なくても父子認定
性別変更の夫　提供精子で妻が出産
最高裁　初判断

最高裁の判断を伝える新聞記事
（二〇一三年十二月十二日　朝日新聞）

定させるべきだという考え方があると言われます。一般に、父と子の血縁の有無は容易《ようい》には判断できません。「俺の子だと思えない」「血縁という保証がない」といった理由で夫が養育《よういく》を拒否する事態を避けるために、妻の子であれば、原則としてその夫に（仮に、自分の子ではない可能性があるとしても）責任を持たせるということです。このこと自体に大きな間違いはないと思います。

「家族を作る意思」が重視される社会へ

はたして「離婚後三百日」の問題は、血縁が重視されないということにあるのでしょうか。むしろ、「離婚後三百日」問題も、ＡＩＤの問題も、出産に臨《のぞ》む夫婦の意思が尊重される制度でなかったということに注目すべきではないでしょうか。

婚姻関係を結ぶということは、家族を作ろうとする当事者間の意思の表れと考えることができます。しかし、民法は出産・育児に臨んでの婚姻関係ではなく、懐《かい》胎《たい》時の婚姻関係を基準に、「子種《こだね》が誰か」を推定して父子関係を決めようとします。そのために百日、二百日、三百日という期間を定め、「この期間内は女性の再婚を禁止する」、「この期間が過ぎれば今の夫の子とする」、「この期間内であれば前の夫の子とする」といったルールを設定します（→Q7）。つまり見方を変えれば、制度が血縁を重視しているために、このような問題が起きたとも言えるのです。

血縁上の父に責任を負わせておくべきだという考え方や、子の立場から見て血縁上の父を明らかにしておくべきだという考え方には一定の理があるでしょう。しかし血縁の有無と、愛情を持った子育てができるかどうかは別の問題です。簡単に結論が出せる話ではありませんが、子どもを育てたいという当事者の意思が尊重される方向で制度に関わる議論がなされていくことを望みます。

（野宮亜紀）

プロブレムQ&A

Ⅷ 全体の課題

Q43 異性同士が利用できるパートナーシップ登録制度は必要でしょうか？

同性間のパートナーシップは法的保護がありませんが、事実婚には一定の法的保護があるので、パートナーシップ登録制度は要らないのではないでしょうか？

夫婦別姓議論

Ｑ７でも述べられているように、夫婦別姓を認める民法改正については、選択的夫婦別姓法案が何度となく国会に出されていますが、未だ成立していないのが現状です。しかし、夫婦別姓を認めて欲しいという議論は根強く、現在の日本の異性カップルのパートナーシップの権利獲得の流れは「まずは、夫婦別姓」と言えるでしょう。

法律婚とパートナーシップ登録制度

法律婚を望まない人たち（事実婚も含む）の中には、夫婦別姓《ふうふべっせい》の維持《いじ》のため、現在の日本の法律婚を選択したくないと考えている人たちが多くいます（→Q10）。夫婦別姓が日本の法律で認められるようになれば、夫婦別姓の維持のため法律婚を望まない人たちは、パートナーシップ登録制度は必要とせず、法律婚を選択し、別姓を選択するようになるでしょう。

しかし、全ての人たちが法律婚を選択するとは考えられません。姓以外にも、法律婚のさまざまな規定に不便を感じたり、戸籍制度そのものに疑問を感じたりする人は少なくないでしょう。戸籍制度の問題が大きく改善《かいぜん》された場合は別ですが、その中の一部の人たちは、より自由なパートナーシップ登録制度を望むかもしれません。

異性同士が利用できるパートナーシップ登録制度のニーズは

V部で紹介されているように、パートナーシップ登録制度の成立の背景としては、同性婚が認められない同性カップルの権利獲得運動《けんりかくとくうんどう》が盛んになり、法律婚に準ずる形としてパートナーシップ制度が確立するという流れが一般的です。そのため、同性間のみが利用できるものが主流で、異性間で利用できるものは僅《わず》かです。

しかし、パートナーシップ登録制度成立の議論の中で、同性同士だけでは不公平であるという観点や、同性同士のみに限定しない方が多様な形に対応できるという観点から、パートナーシップ登録制度を異性同士へ拡大している国があるということも確かです(→Q20)。実際に、フランスのパックス(→Q21、表1)では、同性カップルの二・五倍以上の一六万組と圧倒的《あっとうてき》に多くの異性カップルが利用しており、異性カップルにも多くのニーズがあることを証明しています。

異性同士が利用できるパートナーシップ登録制度のメリット

日本の事実婚のカップルは、法律婚には及ばないものの、それに準ずる法的保護を受けています。そのため、法的保護がまったくないといってよい同性カップルに比べ、パートナーシップ登録制度の必要性を感じている異性カップルは少ないと言えるでしょう。そして、法的保護が希薄《きはく》な部分は、公正証書《こうせいしょうしょ》を作ることで、ある程度カバーできることも、パートナーシップ登録制度が必要という切実《せつじつ》な声が出て

異性カップルのパックス登録状況

次頁の表1を参照してください。異性カップルの約四割は法律婚ではなく、パックスを選択しています。また、フランスにおけるパックス数は、同性カップルより、異性カップルが多く利用しており、同性カップルに制限しないパートナーシップ制度の利点があらわれました。

しかし、この多くのカップルがパックスを選択する理由の一つとして、フランスの事実婚カップルの権利の弱さがあげられ、それと同時に、法律婚の婚姻・離婚の難しさも、要因になっています。日本国内の場合と比較した場合、必ずしも同じニーズになるとは限りません。

こない理由の一つです。

　では、事実婚を望むカップルは、パートナーシップ登録制度ができても利用するメリットはないのでしょうか？　それは違うと思います。いくら法的保護がある程度認められているといっても、公正証書を結んでいるとしても、自分たちが事実婚であることを長々《ながなが》と説明しなければならない場合は多々あり、その都度、同一世帯の住民票や公正証書を持参し、窓口で交渉《こうしょう》し、労力《ろうりょく》を使っていることが多いのが現状です。事実婚という言葉や公正証書の存在をまったく知らず、一から説明するところからはじまることも多々あります。一刻《いっこく》を争う緊急時に病院で公正証書のことを一から説明することがあったとしたら、悪夢です。

　実際のパートナーシップ登録制度の詳細《しょうさい》がどういった内容になるかは、議論の余地《よち》がありますが、「パートナーシップ登録をしている」という一言で周囲が認知《にんち》し、煩《わずら》わしさから解放されるということは大きなメリットと言えるでしょう。

　また、現在内縁というくくりで認められている法的保護の詳細は、それほど知られていないというのが現状です。当事者でも、全ての内容を理解している人たちは多いとはいえません。

表1　婚姻数とPACSの数の推移

年	婚姻数			パックス数			異性パートナー間総数	同性パートナー間総数
	異性パートナー間	同性パートナー間	合計	異性パートナー間	同性パートナー間	合計		
2005	283,036	///	283,036	55,597	4,865	60,462	338,633	4,865
2006	273,914	///	273,914	72,276	5,071	77,347	346,190	5,071
2007	273,669	///	273,669	95,770	6,222	101,992	369,439	6,222
2008	265,404	///	265,404	137,744	8,194	145,938	403,148	8,194
2009	251,478	///	251,478	166,148	8,436	174,584	417,626	8,436
2010	251,654	///	251,654	196,416	9,145	205,561	448,070	9,145
2011	236,826	///	236,826	144,675	7,494	152,169	381,501	7,494
2012	245,930	///	245,930	153,670	6,969	160,639	399,600	6,969
2013	231,225	7,367	238,592	162,604	6,078	168,682	393,829	13,445
2014 A	230,307	10,518	240,825	167,208	6,261	173,469	397,515	16,779
2014 B	230,770	10,522	241,292	167,391	6,337	173,728	398,161	16,859
2015 ※	231,000	8,000	239,000	ND	ND	ND	ND	ND

///：同性婚が認められる以前で、データなし。　A：マヨット（フランスの海外県）を含む、B：マヨットを含まない。※：2015年後半にデータ収集を終了。　ND：データなし。
出典：Insee, statistiques de l'état civil（mariages）; SDSE, fichiers détails（pacs）; calculs Insee pour la répartition des pacs selon le sexe entre 1999 et 2006.

しかし、パートナーシップ登録制度によって、詳細《しょうさい》がまとまって明文化されれば、一目瞭然に誰でも理解しやすい形になります。

同性婚が認められれば、パートナーシップ登録制度は不要か

前述のように、パートナーシップ登録制度は、あくまで同性婚の代替法、または、同性婚までの段階的措置の位置づけとしての側面が強く、同性婚が認められれば、不要になるのではと考える方もいるのではないでしょうか。実際はどうなのか、わずか数年のデータですが、興味深い数字が表に出ています。

フランスでは、二〇一三年に同性婚が認められ、同性カップルは、法律婚ができるようになりました。同性婚数が一万組と増えてからも、同性間のパックス数は依然六〇〇〇組を超え、予想を反し減少はしませんでした。長いスパンを見ないと、一概《いちがい》には言えませんが、同性カップルは、異性カップルと同様、婚姻とパックスを、それぞれのライフスタイルにあわせ、自由に選択していると考えられます。

また、パックス数の異性間・同性間の割合は比較的近く、総数では、十組のうち約四組がパックスを選んでいる計算になります。この数字を見る限り、同性婚が認められたから、パートナーシップ登録制度は不要になったとは言い難いでしょう。

性愛を伴わない二人でも利用可能なパートナーシップ登録制度

パートナーシップのあり方として、これまで出てきたような性愛に基づく二人

の関係（法律婚、事実婚、同性カップルなど）だけでなく、ベルギーのパートナーシップ制度「コアビテーション」（法定同居／法定同棲《ほうていどうせい》）のような、友人・兄弟同士のような誰でも利用可能なパートナーシップの形もあり得るかもしれません。

日本で未婚者が継続的に増加していることはQ6で述べられているとおりで、これからは単身者が増えると言われています。単身者の場合、親友とパートナーシップ登録をし、お互いに協力していくというのは、精神的な安心にもつながり、新しいパートナーシップの形の一つになるのではないでしょうか。

また、婚姻関係にあった夫婦が、二人の子どもを共に養育するため、離婚後も生計を共にし、共同生活を営んでいるというライフスタイルもあります。

シングルマザーで、困窮《こんきゅう》している親子が、友人と共同生活をし、助け合いながら、子育てをしているという話も聞きます。そのような場合も、本人の意志や共有財産を明確にできるため、パートナーシップ登録がメリットとして考えられます。

最後に、日本では、まずは選択的夫婦別姓や、同性同士のパートナーシップ登録制度、あるいは同性婚の論議が先行される可能性が高いと思います。しかし、外国の事例をみてもわかるように、いつか近い将来、異性同士のパートナーシップ登録制度が議論される日が来ることでしょう。多様《たよう》なライフスタイルに合わせ、柔軟《じゅうなん》に対応できる多様な選択肢《せんたくし》を実現するという意味で、同性同士でも異性同士でも誰でも利用できるパートナーシップ登録制度を望みます。

（斎藤あかね）

ベルギーのパートナーシップ制度

ベルギーのパートナーシップ制度である「コアビテーション：cohabitation légal」（法定同居または法定同棲と訳される）は、二〇〇〇年に施行されました。

同居している二人であれば、異性カップル、同性カップル、友人・兄弟、誰でも可能です。

そして、三年後の二〇〇三年に、同性婚が法制化されました。

現在、ベルギーでは、

・異性・同性間の婚姻
・法的同居（二人なら誰でも可能）
・事実上の同居

という三種類の形を選択でき、多様なライフスタイルに対応しています。

参考文献：「ベルギーにおけるカップルの地位の法的三元構造の発展」ジャン＝ルイ・ランション著、大島梨沙訳

Q44 どのような人が同性婚や同性パートナー制度に反対しているのですか？

わたしは他人がどのような生き方をしても自由だし、同性婚のような制度があっても構いません。反対だという人が、なぜ反対するのかよくわかりません。

渋谷区や世田谷区の動き（Q26）に象徴《しょうちょう》されるように、同性カップルへの認知《にんち》は日本でも少しずつではありますが進んでいるようです。大学で講義をする際に「同性婚に賛成か反対か」を問うと「賛成」という学生が大多数で、「反対」はほとんど見られません。言いづらいということかもしれませんが、「自分の意見とは関係なく、全員が反対の立場に立って反対する理由を考えてください」と指示をしても、なかなか思いつかない人が多いようです。

そのような学生たちに、人々が反対する理由を想像してもらうと「偏見《へんけん》があるから」「保守的《ほしゅてき》だから」という答えが返ってきます。しかし、なぜ偏見があるのか、保守的な人たちがなぜ反対するのか、と問いなおすと答えに窮《きゅう》してしまいます。「伝統的な価値観にしたがっているから」と答える学生もいますが、これは「保守的」という言葉を言い換えただけにすぎません。

また「メディアの影響」「宗教的な理由」と答える学生もいます。しかし、メデ

保守

政治的な意味での「保守」という言葉はさまざまな観点からとらえられますが、ここでは、伝統的な価値観を重視する考え方であり、個人の自由・自律よりも集団的秩序や道徳的権威を重視する立場として捉えています。制度の改革などにおいて急進主義を避け穏健路線をとるという意味で「保守」という言葉を使う人もいますが、これは保守というよりも「漸進主義」といった用語を用いることが適切でしょう。また、米国

ィアも宗教も決して人々の考えを一方的に支配するものではなく、人々に受け入れられやすいメッセージを発信するという側面を持っています。言い換えればメディアも宗教も人々の考えを映す〝鏡〟です。したがって、これらは本当の意味での答えとは言えないでしょう。

以下は、あくまで「こういった考え方ができる」という例であり、正解を限定するものではありません。しかし、同性婚のような問題について「なぜ意見が分かれるのか」ということの、一つの説明にはなると思います。

結婚・出産は誰のためか

同性婚を肯定する人々は、「好きな相手とともに生活を作っていくのが結婚であり、その相手が同性でも異性でも構わないはずだ」と考えるでしょう。その背景には「結婚は、好きな人どうしでするものだ」、また「結婚とは、お互いの幸福のためにするものだ」という考え方があります。これは、結婚は万人に認められるべき「権利」だという考え方につながります。現在、先進国《せんしんこく》と言われる国々では確かにそのような考えが主流《しゅりゅう》です。

しかし、時代や地域によって、また、所属する階級によって考え方は異なります。例えば戦前の日本では、結婚は個人の意思ではなく「家」と「家」の間で決められるものでした。現在でも、アジア、アフリカの多くの国に「親が決めた相手と

の保守派は「経済活動に政府はできるだけ介入すべきでない」とする立場をとることが一般的ですが、日本の場合には必ずしもあてはまりません。

結婚する」という習慣があります。このような場合、性交渉《せいこうしょう》は、子づくりのためには嫌《いや》でもしなければならない「義務」です。「夜のおつとめ」という表現は、そのような考え方を反映《はんえい》したものと言えるでしょう。

「好き・嫌い」など関係なく、ただ親や親せきのために、また家を存続《そんぞく》させるために（あるいは国の繁栄《はんえい》のために）子をつくることこそが結婚や性交渉の目的であるなら、そして、それらが万人に求められる強制的な義務であるならば、同性婚を認めることはできないということになります。

男と女は本質的に違うものか

皆さんの多くは「男女は平等であるべきだ」と教えられ、そして、多少の損得《そんとく》はあるにせよ「女だから、男だからといって職業や社会参加のあり方が制限されるべきではない」と思っていることでしょう。妊娠・出産に関わる体の機能の違いはあっても、学問や仕事、家事・育児といった役割をこなす上では男女の間に大きな違いはないと思っているはずです。もちろん人によって向き・不向きはあるでしょうが、それは性別の差ではなく「個人の差」といえます。

しかし、男と女は本質的に違うものだと考える人もいます。日本でも、また欧米でも、女性に政治参加の権利が認められたのは数十年から百年ほど前のことにすぎません。今でも、「男には男の、女には女の、また、父

表　同性婚への肯定と否定

	肯定派の考え	否定派の考え
同性愛と異性愛（性指向）	人間の「属性」の一つ （人種や性別などと同じ） ↓ 不平等を正す必要	選択できる「行為」 （文化、習慣、道徳の問題） ↓ 不平等ではない
結婚と性交渉	２人の個人が決めるもの 精神と身体の充足、幸福の追求 ↓ 誰もが持つ「権利」	家どうしで決めるもの 子作りのための「つとめ」 ↓ 嫌でも果たすべき「義務」
男女の違いと互いの役割（性差・性役割）	大きな違いはない 仕事や育児の役割は交換可能 ↓ 家族の構成は多様であってよい	本質的に大きな違い 仕事や育児の役割に違い ↓ 男女が対になって家族を作る

親には父親の、母親には母親の、交換できない役割がある」と信じる人は数多くいます。そのような人から見れば、家族とは、個人を基礎としたものではなく、男と女という本質的に違う集団から選ばれた二人が、対になって完成するものです。そのような考え方にしたがえば、シングルマザーやシングルファーザーの家庭も、同性カップルの家庭も、不完全でいびつなものでしかないということになるでしょう。

パートナーの性別は選べるか

私たちはよく「同性愛者」あるいは「ゲイ」といった言葉を使います。これは、「白人」「日本人」などと同様に「人」を表す言葉です。その背景には「同性を好きか、異性を好きか」という違い（性指向）は人種、民族、性別などと同じ人間の基本的な属性《ぞくせい》であり、自分の意思でコントロールできるようなものではないという考え方があります。例えば、あなたが異性愛者だったとして、明日から同性を好きになりなさい、と言われてもそれは難しいでしょう。好きになる相手の性別を自分で選べないのであれば、同性愛者であるからといって、制度上、結婚ができないというのは平等の原則に反します。

一方で、同性婚否定派の議論は「同性愛傾向」または「同性愛行動」をどう扱うべきかという視点で展開されることがあります。このような議論は、同性愛とは相手に同性を選ぶという「行為」であって、本人の意思でコントロールできる問題であり、文化や習慣、または道徳の問題だということを前提《ぜんてい》にしています。もし、同性か異性かを選ぶのが意思に基づく選択であるなら、異性と付き合うことにすれば誰でも結婚できるのだから、同性婚を認めなくても制度上は平等だという解釈ができるのです。

それぞれの立場の一貫性

これらをまとめれば、同性婚を否定する保守派の主張にも一貫性《いっかんせい》が見出せます（表　同性婚への肯定と否定）。つまり、「同性愛は自らの意思の問題で、たとえ同性に魅かれることがあったとしても、そのような気持ちは我慢し、嫌でも異性と結婚し、家庭の中で男と女でお互いの異なる役割を果たし、出産や子育てについて課せられた義務を果たすのが、男として、女としての務めである」ということです。

また、そのような考え方にしたがうなら「女性は、家庭で果たすべき役割のために仕事や学問を我慢するのが当然だ」ということになるでしょう。幸福の追求や、個人の才能の発揮といったことよりも、与えられた異なる役割をこなすことが優先されるのであれば、男女平等という考え方は成り立ちません。まして、同性との結婚などは認める必然性がないと言えるでしょう。

現代に生きるあなたにとって、このような考え方は、窮屈で、誰も得することがないように思われるかもしれません。しかし、視点を変えてみると一概にそうとも言えません。自由や自己実現などという目標はまやかしで、与えられた規範に沿って生きることこそが正しいと思えば「自分で考え、自分で行動し、自分で責任を

自由や自己実現

現代社会に生きる私たちが、自由を嫌うということは考えにくいかもしれません。しかし、他人の自由に不寛容な人々はいますし、自由よりも生活の安定や安全を重視する人、集団に属する安心感をとる人も多いでしょう。人々がなぜ自由を捨てるのかについては、『自由からの逃走』（E・フロム著／東京創元社）など、ナチズム（➡Q47）を分析した書籍が参考になります。

とる」といった面倒からは解放されます。もちろん「婚活」の必要もありません。特にあなたが裕福な男性であれば、周囲が魅力的な女性を探して世話してくれるでしょう。

これとは逆に、リベラルな立場から結婚を考える人々は「人間はみな平等な権利を与えられるべきで、男性であっても女性であっても、結婚や出産・育児は個人の、またはお互いの自由な意思に基づいてなされるべきものだ」と考えるでしょう。育児は女性だけの役割ではなく、家族を養うのは男性だけの役割ではありません。もしそうであれば、結婚を異性愛者に限定する必要はない」ということになります。このような考え方は一見、理想的な考えであるように見えますが、人生が自分自身の意思や努力に左右されるという意味では、実は厳しい考え方です。一人ひとりの個人に、自由と責任を与えるというのがリベラリズムの基本的な考え方だからです（→Q47）。

単に同性間の恋愛を認めるかどうかではなく、制度としての同性婚やパートナー制度について考えようとすると、そこには必然的に結婚や男女の役割についての価値観が関わってくるのです。

（野宮亜紀）

リベラル

リベラリズム（自由主義）とは、個人の自由・自律によって社会が成立するという考え方です。この点で、欧米の、また戦後憲法下の日本の体制はリベラルな理念に則っていると言えます。しかし現実には、性別、人種などの問題や貧富の差があり、人々がみな平等に自由な選択が行えるわけではありません。このため、私生活や価値観においては個人の自由を保障し、社会的・経済的な制度設計においては富の再分配と弱者への配慮によって公正な社会を作るというのが現代のリベラリズムの考え方です。なお、経済活動もできるだけ自由であるべきだと考える立場をリバタリアニズムと言い、リベラリズムとは区別されます。

Q45 パートナーシップ登録制度や同性婚に否定的な同性愛者もいるようですが？

パートナーシップ登録制度や同性婚の要求についてはLGBTコミュニティでも賛否があります。差別的な結婚制度に荷担することを懸念する声もあります。

パートナーシップ登録制度や同性婚については、まだ日本のLGBT（レズビアン・ゲイ・バイセクシュアル・トランスジェンダー）コミュニティの内部でも広く問題意識が共有されているわけではなく、その必要性に対しては懐疑的《かいぎてき》な声もあります。そのひとつが、「日本の結婚制度は、戸籍制度とともに〈男性が女性を支配する社会構造《しゃかいこうぞう》〉を支えている。パートナーシップ登録制度や同性婚は、こうした抑圧的構造《よくあつてきこうぞう》を強化してしまうのではないか」という、フェミニズム的な視点にもとづく指摘《してき》です。

また、特にゲイ男性のコミュニティ内には「これまでゲイの文化は、異性愛社会が当然視《とうぜんし》するモノガミー主義にはとらわれず、さまざまな関係のあり方を許容《きょよう》してきたが、パートナーシップ登録制度や同性婚ではモノガミー的な交際関係しか承認《しょうにん》されない。こうした制度を求める運動は、コミュニティ内部にモノガミー主義を強要《きょうよう》することにつながるのではないか」という指摘もあります。

モノガミー主義
〈一対一の人間による、長期的で排他的なパートナー関係〉を正しいものとし、それからはみだす関係（たとえば同時に複数の相手と交際したり、性交渉を持ったりすること）を否定する考え方。

いずれの立場も、現在の結婚制度や、それが下支えしている社会規範《きはん》に問題意識を持ち、その制度に自分たちが取り込まれることを警戒《けいかい》しているわけです。

こうした問題意識をさらに推し進めて、「同性愛者のコミュニティはパートナーシップ登録制度や同性婚の獲得運動《かくとくうんどう》ではなく、抑圧的な結婚制度そのものの解体《かいたい》を目指すべきだ」と主張する人々もいます。本書のQ46で解説されている、〈カップル〉や〈家族〉という単位ではなく〈個人〉を単位とした社会の構想も、こうした原則論的批判《げんそくろんてきひはん》にもとづく提案《ていあん》のひとつといえるでしょう。

このような主張は、私たちが自分たちの先入観《せんにゅうかん》を見直し、より公正で平等な社会制度のあり方を考えるうえで、大きな示唆《しさ》を与えてくれます。しかし、パートナーシップ登録制度や同性婚の是非《ぜひ》を「現行の結婚制度や、それが支えている社会規範の解体に貢献《こうけん》するか、それとも障害となるか」という大局的観点《たいきょくてきかんてん》のみから論じてしまうと、「既存《きそん》の結婚制度を利用できないカップルたちが現に存在し、日々の暮らしの中でさまざまな困難や不安と直面している」という、〈今・ここ〉の課題が見えにくくなってしまうのも確かです。Q27でも紹介されている通り、二〇〇四年に『血縁と婚姻を越えた関係に対する政策提言研究会《せいさくていげんけんきゅうかい》』がレズビアン・ゲイ男性・バイセクシュアル・トランスジェンダーの人々を対象に行った調査では、多くの回答者が「パートナーが入院した際の介護《かいご》・面接権《めんせつけん》、医療方針《いりょうほうしん》の代理決定権《だいりけっていけん》、介護休暇、相続権《そうぞくけん》などの必要性を感じている」と答えていました。このような切迫《せっぱく》したニーズに対しては、結婚制度に対する原則論的批判とは別に、これを法的に保護・

救済《きゅうさい》するための実践的な取り組みが必要になると思われます。

なお、これは「現実的な目標を達成するためには内部批判を自重《じちょう》し、コミュニティの団結《だんけつ》を図《はか》るべきだ」という意味ではありません。ＬＧＢＴコミュニティの内部から批判があることは不協和音《ふきょうわおん》や分裂《ぶんれつ》を示すサインではなく、その豊かさを示す好ましい傾向《けいこう》ととらえるべきでしょう。

実は米国のＬＧＢＴコミュニティでも、一九八〇年代ごろまでは前述のような原則論的批判が主流《しゅりゅう》となっており、パートナーシップ登録制度や同性婚の獲得運動に積極的にかかわる運動団体はごく少数でした。そのなかで実際に法廷闘争《ほうていとうそう》や啓《けい》蒙活動《もうかつどう》を繰り広げ、パートナーシップ登録制度や同性婚を成立させる可能性を切り開いてきたのは、生活の中でさまざまな困難に直面していた〈普通の〉同性カップルと、彼らを支援する弁護士たちだったのです。

米国のＬＧＢＴコミュニティの足取りは、個別の当事者がそれぞれのニーズにもとづいて、さまざまな方向性やスタイルを持つ運動を〈同時多発的《たはってき》に〉模索《もさく》することの重要性を教えてくれます。そのなかで時宜《じぎ》を得ている試みを繋《つな》げ合い、多くの人々を巻き込み、より大きな潮流《ちょうりゅう》を作ることで、彼らはさまざまな政治的成果を獲得してきたのです。これは日本においても同じでしょう。私たちもコミュニティの内部で、お互いの力を削《そ》がないように生産的な議論を積み重ねながら、それぞれに運動を展開してゆくのが理想的ではないでしょうか。

（村上隆則）

Q46 パートナーシップ登録制度や同性婚より個人単位の社会を目指すべきでは？

パートナーシップ登録制度や同性婚に対して否定的な声もあります。事実婚や同性のカップルが直面する問題は別の方法で解決されるべきなのでしょうか。

事実婚や同性のカップルが抱える問題は、パートナーシップ登録制度や同性婚に頼らず解決されるべきだ、とする考えがあります（→Q45）。そして、そうした考えを支持する人々が具体的に思い描いている社会のあり方が「個人単位の社会」です。

個人単位の社会とは

現在日本では、「家族（カップル）単位」という発想があらゆる社会領域《しゃかいりょういき》に貫《つらぬ》かれています。たとえば、専業主婦という経済的「弱者」への社会保障《しゃかいほしょう》（年金・医療保険の負担免除《ふたんめんじょ》、税金の控除《こうじょ》など）は、妻を扶養《ふよう》する夫を介してなされていますが、これは家族単位の制度だといえます。なぜなら、低所得者への生活保障がその人個人ではなく、その個人の所属する家族（の責任者）に向けられているからです。

家族単位の制度は、「人は必ず家族に属している」「家族はお互いを扶養する義務がある」という前提《ぜんてい》で設計されています。国や自治体は、この前提において夫婦・

個人単位の社会論

「個人単位」という考え方については、伊田広行さんの『シングル単位の社会論—ジェンダー・フリーな社会へ』（世界思想社、一九九八年）が参考になります。

親子間の自助《じじょ》を期待し、公的な保障の適用範囲と量を減らすことに成功しています。
しかし、この制度にはさまざまな問題があります。たとえば、女性や高齢者《こうれいしゃ》、障害者などの低所得者層が、家族と離れて生きるという選択肢《せんたくし》を奪われている、という指摘があります。

また、どんな家族関係をもつかによって保障の権利、受給、負担のあり方が異なり不公平である、という問題提起もなされています。現行では、「会社員の男性と低所得の女性のカップル」が基本的な単位として優遇《ゆうぐう》されており、共働《ともばたら》き、単身《たんしん》、ひとり親、事実婚、同性カップルなど、それ以外の生活形態をとる人々は相対的に不利なのです。同性カップルでも、一方が他方を実質的に扶養しているケースがありますが、法律婚家族が享受《きょうじゅ》できる恩恵《おんけい》に浴することはできません。

個人単位の社会は、このような問題を根本から解決するプランとして示されています。家族を介して個人の最低生活保障をするのではなく、どんな家族を形成しているかにかかわらず直接に個人を保障する、というのが個人単位の発想です。そうすることで家族と離れて生活する自由が確保《かくほ》されますし、どんなライフスタイルを選択しても損得のないフェアな制度になります。つまりこれは、援助やケアが必要な人を家族ではなく社会で支えよう、現在家族が果たしている相互扶助《そうごふじょ》／生活保護機能《せいかつほごきのう》を国家に委譲《いじょう》しようという提案です。

個人単位の社会がどのようなものになるのか、少し具体的にシミュレートしてみましょう。個人単位の社会では、原則としてすべての人が働くことを求められる

個人単位社会における親子の扶養義務

個人単位の福祉政策を進めている国では、家族の扶養義務の範囲が縮小される傾向にあり、たとえばその代表とされるスウェーデンでは、親の成年子に対する扶養義務、子の親に対する扶養義務はありません。しかし、未成年の子となると話は別で、親の扶養義務はきちんと規定されています。ですから、ここで描いたのは究極のシミュレーションです。個人単位の政策を進める国々でも、未成年の子の養育を完全に社会化することはないでしょう。

でしょう。ただし、収入が得られない人、他者からのケアを必要とする人には、生活を維持するためのサービスを、国や自治体、他の機関が提供します。その費用は、保険料や税金で賄われることになるでしょう。教育費は無料に。個人を支える義務が社会全体に拡大される結果、家族のなかでの扶養義務は縮小します。結婚は、ふたりの愛情を確認するだけの象徴的な意味しかもたなくなるかもしれません。

個人単位社会を目指すべき?

個人単位の社会は、法律婚カップルとそれ以外のカップルの不平等を解消するだけでなく、障害者や高齢者の生きにくさの問題、さらには無償でケア労働を担ってきた女性の問題や社会階層の固定化の問題などを同時に解決します。だから、何よりも個人単位社会の実現をめざすべきだといえるかというと、そう単純ではありません。

第一に、個人単位の社会論は、あらゆる領域の制度、慣行《かんこう》を激変《げきへん》させる壮大《そうだい》な社会構想で、現在の人々の常識から大きく離れた考え方を含むものです。たとえば、未成年の子どもの扶養を親が行わなくてもよいといった考え方には、多くの人が納得しづらいでしょう。専業主婦というあり方も認められない可能性があります。子どもに大きな財産を遺すこともできなくなるかもしれません。

つまり、個人単位社会は、仮に実現するにしても相当長い時間を要するものであり、その間、事実婚や同性のカップルの生活リスクが放置されても仕方ない、ということにはなりません。また、個人単位社会は弱者へのセーフティネットを確立

社会階層の固定化

現代の日本は、裕福な家庭に生まれた人はその後の人生でも有利になる社会です。学歴や職業、収入における成功は、一般的に、本人の努力によって獲得されたものだと思われていますが、実は親の社会経済的な地位が高い人ほど成功しやすいということが明らかにされています。つまり、親世代の階層が子世代へと継承されるのです。

個人単位の社会では、豊かな階層から税金や保険料を徴収し、自立の難しい子ども、高齢者、障害者個人へ分配するというしくみを強化します。その結果、貧富の差も縮まり、社会階層の固定化が緩和されると考えられます。

するプランとして提案されていますが、実現への道のりが長いことが予想される現状において、パートナーシップ登録制度や同性婚に頑《かたく》なに反対し続けることは、その弱者を不利な状況に据え置いてしまうことになります。パートナーシップ登録制度や同性婚は、個人単位の公平さは望めないにせよ、それでも所得を再分配する範囲を拡大し、経済格差を是正する側面を持ち合わせているのです。

第二に、パートナーシップ登録制度や同性婚をめざすことと、個人単位社会をめざすことは、対立するというより補完的《ほかんてき》です。個人単位社会は、性別や年齢、血縁を問わず、個人がいまより自由に他者と結びつくことを可能にする社会です。こうした社会が成り立つためには、同性間の性愛関係が異性間のそれと同等に社会で承認されなければなりません。パートナーシップ登録制度や同性婚は、性愛をめぐる不平等な慣行や制度の是正につながるものであり、個人単位社会の基礎を準備するはずです。

さらには、「個人単位か家族単位か」の二者択一を迫ることが果たしてよいのかどうかも、検討されてしかるべきです。一人一人の生活を保障する制度に加えて、複数によるあらゆる支えあいの関係を保障する制度も整備され、生活の実情に合わせて利用できる、そのほうが多様な生活共同体のニーズに柔軟に対応でき、より高度な福祉へと結びつく、という可能性についても考えられてよいと思います。ですから、個人単位社会を見据えながらパートナーシップ登録制度や同性婚を求めていくことは、それほど矛盾することではありません。

（杉浦郁子）

コラム④

人権として同性婚が身にしみた数カ月

パートナーであるKとは、つきあい始めて十九年、一緒に暮らして十三年あまり。あと数年もすれば、親元《おやもと》で過ごした日々よりもKとの生活のほうが長くなる、というのは感慨《かんがい》深い。

知り合った当時、私は最初の就職先に勤めていたので、その後の転職、フリーランスへのシフト、米国の大学院への留学、帰国と、人生の転機をそばで支えてもらってきた、という実感《じっかん》がある。レズビアン・コミュニティでの活動についても同じだ。

けれどももちろん、私たち二人の関係は、法的には「同居している友人」、つまり「他人」だ。留学中に9・11が起こった時にも思ったが、私に何かあった時には保険金や賠償金《ばいしょうきん》はKではなく両親に行くし、現地に赴《おもむ》くために政府公用機《せいふこうようき》に乗らねばならないような状況の場合、乗ることが許されるのは家族、つまり、両親、もしくは弟となるのだろう。ちなみに弟は昨年、職場結婚をしたのだが、「つきあい始めて二カ月で結婚を決めた」と聞いて驚愕《きょうがく》する姉に、彼は「でも、そんなもんだよ」と教えてくれた。三十代後半ともなると、結婚という展開《てんかい》の見込めない相手とは長くつきあったりしない、ということらしい。「結婚」できない相手と二十年近くもつきあっている姉とはえらい違いである。

かといって、私がKとの同性婚《どうせいこん》を切望してきたか、というと、そういうわけではない。同性婚のニーズを調べるアンケートにも、「何らかのパートナーシップ法は欲しいけれど……」と回答をした記憶がある。テロに限らず、ふたりのどちらかに「何か」があった時に、お互いをケアできる権利だけでも確保しなければ、という思いは切実《せつじつ》なのだが、それが「結婚」だと、言い切れないのはなぜだろう? もちろん、「結婚」制度への抵抗感《ていこうかん》の理由は、いくつも考えられるし、シングル単位の社会になるのが理想だとも思う。けれど、今、現在の自分にとって、実際的に考えればどうなのだろう?……今年のゴールデンウィークから夏にかけて、この問いを実地《じっち》に考える機会があった。

Kのお父さんが肺ガンで亡くなったのだ。
Kのお父さんが検査入院して三日後、肺壁《はいへき》の一部が崩《くず》れ危険な状態になったと、早朝、病院から呼び出されたところから、私はほぼすべての局面に付き添《そ》った。Kの実家は、お母さんが九年前に交通事故で亡くなっているため、お父さんのことについては、Kが治療方針《ちりょうほうしん》などについての判断を行う「大黒柱《だいこくばしら》」の立場にあった。そこで、「一緒に聞いて」とKに言われるままに、Kと、弟さんとおじさんと、並んで主治医《しゅじい》からの説明を聞いた時点から、私は「同居の友人」を飛び越えて、限りなく家族に近い……「ヨメ」のような役割でかかわることとなった。もちろん、同性である私を病院側が「ヨメ」と認識《にんしき》したわけではなくて、「患者の娘Kと同居している『親戚』」ということになっていたのだが。

たとえば、携帯電話を嫌って持っていなかったKにかわって、私の携帯番号を病院に知らせたため、医師や看護師からの連絡はすべて私が受けていたのだが、病院スタッフとの会話という公的なコミュニケーションにおいて、いわば「正式に身内」として扱われることには、ある種の満足感があった。

また、「呼吸が安定しない状態で、ゴールデンウィークの人手が少ない期間を過ごすのは危険だから」と呼吸器をつけられ、鎮静《ちんせい》状態にされたために一気に「意識のない寝たきり状態」になってしまったお父さんにショックを受け、また、主治医への信頼《しんらい》も危うくなってしまった。私は友達を経由して、彼女の夫で、救急病院での勤務医経験のある内科医に日々、相談のメールをすることになった。もともと長電話も長文メールも得意ではないKに代わって、お父さんの病状を手際よくまとめて述べながら、知人からアドバイスをもらうことも私の役割となったのだ。

十日間の一時退院の時には、Kは仕事に行く以外のすべての時間を看病に費《つい》やすんだとばかりに、民間の介護サービスを当初予定よりも縮小してしまった。Kの「自己犠牲精神《じこぎせいせいしん》」を不安に思った私は、稽古事《けいこごと》を休むというKに、「一日くらい私が面倒見るから、教室に行ってきなよ」という妥協案《だきょうあん》を提案した。結果的には、あの一日だけが、私が単独でKのお父さんのお世話をしたひとときになったのだから、できてよかった、と思う。パソコンを持ち込み、ダイニングで『プリカちゃん』（雑誌『アニース』に登場以来、大人気の天宮沙江によるレズビアン・コミック）映画版の英語字幕を作りながら介護をした。Kのお父さんは、再入院後、レズビアン&ゲイ映画祭での『プリカちゃん』上映の翌朝、容態が急変、大量出血によって亡くなった（いつ、そうなってもおかしくはない、とは、主治医にも、セカンドオピニオンでも言われていたことではあったが……。それにしても、『プリカちゃん』上映まで待ってくれたのはお父さんの計《はか》らいだろうか？）。

さて、Kのお父さんを含め、Kの親族に私がどう認識されていたか、というと、九年前のお母さんのお葬式の時も親戚にまじってお手伝いをしていたので、「少なくとも九年、一緒に暮らしていて、Kの親が病気となれば当然のように看病を手伝う、そういう親密な、同居の友達」といったところか。「これからもKちゃんと仲良くしてね」とは、仮通夜《かりつや》、通夜、葬式、告別式、そして四十九日と、一連の儀式をとおして、親戚の方達に何度も言われたことだ。Kの近くにいたいけれども親族ではないし……と、親族席と一般席の間で右往左往する私に、おじさんやおばさんが「こっちへ座って」と親族席を示してくれたりもした。彼らは私たちの関係が「同性カップル」だとわかっているのだろうか？

そういうわけではないらしい。というのも、私が席を外している時に、Kに、「Kちゃん、いい人いないの？　いるんでしょ？　葬式には来てた？」とつめよっていたのだそうだから。なるほど、私のことは、Kの「いい人」、つまり「恋人」として認めているわけではなくて、「お友達」、つまり、性愛の介在《かいざい》しない「シスターフッド」としてのみの認知《にんち》というわけだ。

レズビアンの脱性化《だっせいか》を許さない、という立場からすれば、Kの親戚に向かって、「私たちは恋人同士です」と宣言しなくてはならないわけだが、そうする意義はあるだろうか？

実質的に考えると、きわめて疑問だ。

第一に、そんなことより、「一生仲良くして欲しいカップル」として認められていることのほうが重要ではないか、ということ。もちろん、親戚の人たちは、Kが私との同居を解消し、異性と家庭を持ち、私とは「女友達」として「仲良くする」ことをベストだと考えていると思われる。しかし同時に、もしも将来同性婚が法律化されたとしたら、「私たち、ずっと一緒に仲良く暮らしてきましたし、結婚しようと思います。異性とのご縁もなかったですし」と言えば、受け入れられそうな雰囲気でもあるのだ。もちろん、ここで、「異性とのご縁がなかったので」と言い添えることは、異性愛規範におもねる行為なのだが。

そして第二には、そもそも、「結婚」という法的関係が、粘膜接触をともなう性愛関係とイコールであるという前提にのっとる必要がないのでは？　という点。つまり、「男女の結婚では二人が性愛関係にあるように、私たち女同士の『結婚』も性愛関係にあることを認識せよ」とせまるよりも、「そもそも結婚とセックスは別もの」という前提にたって、私とKがセクシャリティを持つレズビアンであることと、私たちが「結婚」する、ということは分けて考えるほうが現実的かつ有効なのでは、ということだ。

実際、数十年にわたる結婚期間の途中からセックスレス、という異性愛カップルは多いようだし、私の友人には、最初からセックスレスの仲良し夫婦もいる。彼らは、はじめから、互いに粘膜接触には興味がない者同士のカップルとして、結婚制度の法的メリットを享受《きょうじゅ》している。いわゆる「有名人」にも、ゲイ男性と結婚しながら、異性愛女性としての性行為は婚姻関係の外で異性愛男性と、と公表している女性作家がいるではないか。

「結婚」とは、二人の成人が、性愛関係とは関係なく、生活のパートナーとして機能したい、という時に、すでに活用されている制度なのだ。それであれば、私がKとの関係を法的に保護されたい――「何か」あった時にお互いをケアできる権利を確保したい――時に、それが「結婚」制度であっても何ら不思議はない。

そう、今回はKのお父さんの病気という事態だったから「ニセヨメ」でも実質的な協力行動がとれたけれど、いざ、K自身に「何か」があった時には、主治医からの説明を聞く権利も、主治医からの電話連絡を受ける権利も、面会謝絶《めんかいしゃぜつ》であっても家族だからと病室に見舞う権利も、葬式で親族席に座る権利も、私には何も保証されていない。その重大かつ基本的な権利を得るためには、「異性とご縁がなかったものですから……」と言うことなど、何でもない。

まずは、同性婚の権利を。そしてその上で、シングル単位の社会を求めての運動を。今の私は、そう思っている。

（溝口彰子／二〇〇六年記）

Q47 同性婚やパートナーシップ登録制度は特別な人たちの問題ではないですか？

わたしは同性愛者ではありません。同性婚やパートナーシップ登録制度は、わたしたちの社会のあり方と何か関係があるのでしょうか？

もしあなたが異性愛者で、法律婚をすることに何の障害もなければ、この問題は「自分には関係ない」と思われるかもしれません。確かに、同性婚やパートナーシップ登録制度が実現したところで、あなた自身の生活が直接に大きく変わるわけではありません。しかし、これは私たちがどのような社会を選択するかという問題に大きく関わっています。これは、男女の平等や、民主的な社会のあり方に関わる問題でもあるのです。

わたしたちの社会と結婚の意味

日本や欧米などの国ではよく「自由」や「民主主義」という言葉で社会のあり方が語られます。これらの理念《りねん》は、十七世紀以降のヨーロッパで「教会」や「王」といったそれまでの権力が力を失い、市場経済《しじょうけいざい》が発展する中で登場しました。経済活動は人と人が契約《けいやく》を結ぶことで成り立ちますが、これと同じように国や社会も、人々

自由と責任

契約には責任が伴《ともな》いますが、自分の意思と無関係に結ばされた強制的な契約であれば責任を問うことができません。つまり責任を持つことと自由であることは一体であり、このことはわたしたちの社会の基本的な原則と考えてよいでしょう。

結婚という契約

例えば、フランスで革命の当初に作られた一七九一年の憲法は「法は婚姻を民事上の契約としてのみ認め

が自らの自由と責任によって取り決めを結ぶことで成り立つと考えられたのです。
このような社会では、結婚も個人間の合意《ごうい》によって成立します。法律上は、結婚という契約を結ぶことによって、夫婦間に権利と義務の関係が生じると解釈《かいしゃく》されます。ドライな考え方のようですが、二人の自由と責任が家庭を形作るという意味では崇高《すうこう》な理念《りねん》を表しているとも言えるでしょう。

結婚と男女の「不平等」

しかし、民主主義が実現し、個人の権利と義務を中心に社会のしくみが組み立てられるようになっても、それで男女が平等になったわけではありません。当時の考え方では、家族の一人ひとりではなく、家族を代表して対外的《たいがいてき》な活動に参加する家長《かちょう》の男性だけが「市民」の資格を持っていれば十分だったのです。
市民として経済活動や政治を担《にな》う役割が男性のものであるならば、女性には家事労働を担って男性の社会参加を支えるという役割が残ります。このような不平等を理論的に補強《ほきょう》したのが、男性と女性は本質的に異なっており、人格的にも大きな差異《さい》を持つという考え方でした。これは、夫は妻を保護し、妻は夫に服従《ふくじゅう》するという不平等な仕組みを制度化することにつながっていきました。

社会の変化と結婚

やがて産業革命《さんぎょうかくめい》による工業化が進むと、生産活動の担い手は家族的な共同体か

る」と記していました。

個人の合意にもとづく結婚
十六世紀以前のイギリスでは、少なくとも土地や財産を持つ人々の場合、結婚は親族どうしが地位や資産にもとづいて決める問題であり、本人の意思が関わる余地はなかったと言われます。

不平等な制度
フランスでは、一八〇四年のナポレオン法典で、夫に対する妻の服従が明記されました。また、イギリスでは長い間、夫婦の財産（動産）は原則として夫に帰属《きぞく》すると考えられていました。

男性と女性の差異
ここでは男女の性差《せいさ》について細かく論じることはしません。ただし平

ら企業へと変化し、男性も女性も、家庭の外で労働に従事《じゅうじ》するようになります。十九世紀末から二十世紀には、ようやく女性にも政治参加の権利が与えられるようになりました。職場や家庭で女性の地位が男性と同等なものとなると、結婚が持つ意味合いも変化していきます。現在では、従来のような性による役割分担よりも、むしろ精神的な結びつきや、ともに一つの家庭を営《いとな》むという行為そのものが重視されていると言ってよいでしょう。

十九世紀の初めに、哲学者《てつがくしゃ》のヘーゲルは、独立した二つの人格《じんかく》が、お互いに相手の視点《してん》を持って一体となることが結婚の意味だと考えました。ヘーゲルは男女の差を絶対的なものと考え、家長である夫が家族を代表するとも記していて、その考え方全てを現代に当てはめることはできません。しかし、結婚が個人間の合意にもとづくという点や、他人との関係を通じて自分を省《かえり》みる視点を得るという考え方は、今日のパートナーシップについても通用する考え方だと思います。

他者との共存

他者の視点を持つということは、わたしたちの社会のあり方を考える上でも重要なポイントです。民主主義の社会では、宗教や君主といった権威《けんい》が国を統率《とうそつ》することではなく、個人が他の個人と関係を結ぶことで、政治や経済が成り立ちます。そこでは人種や民族、性別などの立場の違いを超えて、平等に人々が協力し合えることが理想です。

均の差があるとしても人格的な特性の差はわずかであり、そのような性差によって個人の処遇《しょぐう》を決めるべきではないということを述べておきたいと思います。例えば、平均すれば数学の成績は男子が女子を上回っていますが、だからといって数学者の資格を男性に限定するのはナンセンスです。

工業化と社会の変化

工業の発達によって工場労働が一般的なものとなると、男性に限らず女性も賃金収入を得る人が増えました。しかし、初期の賃労働は低収入で悲惨なものであったようです。

ヘーゲルの結婚観

ヘーゲルの結婚観や国家観は、『法の哲学』（中央公論新社）に描かれています。

しかし世の中には、あらゆる人々を一つの価値観《かちかん》に合わせたいと考え、政治的な手段でそれを達成したいと考える人もいます。これは、往々《おうおう》にして国民の一体性《いったいせい》を維持して強い国家を作ろうとする動きとつながり、少数者に対する差別や迫害《はくがい》を生み出します。ときには、経済や福祉の問題が、文化や道徳《どうとく》の問題として扱われ、特定の人々をスケープゴートにした偽《いつわ》りの解決が図られます。

この立場を最も極端《きょくたん》に推《お》し進めたのが、二十世紀前半にドイツを席巻《せっけん》したナチズムです。悪名《あくめい》高いヒトラーの政権は、美しく、純粋な民族による統一的な国家を作ると標榜《ひょうぼう》して多くのユダヤ人や同性愛者を虐殺《ぎゃくさつ》しました。

このような弾圧《だんあつ》は人々を扇動《せんどう》する特定の党派が引き起こしたもので、自分には関係ないと思われるかもしれませんが、決してそうではありません。私たちは、自分に近いライフスタイルや考え方を持った人を友人にすることが多く、そのような関係を居心地《いごこち》が良いと感じます。しかし、現代社会にはさまざまな立場の人々が共存しています。問題は、私たちがそのことを認められるかどうかであり、私たち一人ひとりの意識に関わっているのです。

他人との「違い」が認められる社会へ

私たちの社会は、異《こと》なる価値観《かちかん》をもつ人々が個人の責任をもとに平等に協力し合うことで秩序《ちつじょ》を築《きず》こうとする立場と、少数を排除《はいじょ》し特定の価値観による意識統一を図ることで秩序を保とうとする立場の間で揺れ動いてきたように思えます。

また、ヘーゲル哲学のわかりやすい解説書には、『ヘーゲル・大人のなり方』（西研著／NHK出版）があります。

強い国家
市民革命は王の権力を否定しましたが、一方で、国民に対して徴兵《ちょうへい》や課税などの強い権限を持ち、強力な軍事力や財政力を持つ「国民国家」を成立させたと言われます。

ナチズム
一九三三年から一九四五年までの間ドイツを支配した、国家社会主義ドイツ労働者党（ナチス）の主義・主張。

複雑な現代社会では、生活の習慣、職業上の立場、宗教的な信条《しんじょう》、さらにはペットの飼い方、喫煙《きつえん》の有無《うむ》に至るまで、さまざまな側面について、異なる価値観や境遇《きょうぐう》があり得ます。あらゆる側面について自分は多数派だという人はまれでしょう。つまり、私たちは皆、多数者であり同時に少数者でもあるのです。

他人との「違い」を認めない社会では、自分と他人を区別せずに考え、行動することができます。自分が常に多数派であると考えるなら、それは居心地の良い社会だと思えるかもしれません。しかし、そのつけは、子育てや介護、就業や失業といったライフステージの節目《ふしめ》、さらには何らかのトラブルや、病気、事故、災害といった何らかのアクシデントであなたが少数の立場に立たされたときに、回ってくることになるでしょう。

他人との「違い」が認められる社会では、自分が将来どのような境遇に陥《おちい》っても、安心して生活を送ることができます。少数者の立場が認められる社会は、誰もが暮らしやすい社会でもあるのです。

同性婚・パートナーシップ制度とわたしたちの社会

今日のわたしたちの社会では、政治や経済の担い手を男性に限定することはできません。男女が市民としての資格《しかく》を平等に持つことで、「準市民《じゅんしみん》」である女性が「市民」である男性を支えるという家族の役割は意味がないものとなっています。パートナーシップの意味が愛情を基礎として個人の精神的成長を実現し、社会の基

パートナーシップの意味

近代社会は、家族を市民社会の基礎として位置付け、契約的な結婚観を制度化しながら、その一方で、家庭の役割やそのあり方についてはこれを「自然的な」ものと見なし、その政治的な側面を無視してきたとも言われています。

例えば出産や子育ては、常に変わらない「自然」の営みのように思われるかもしれませんが、現実には、遺伝的なつながりのない子を養子とすることが、近代以前から一般に行われています。また、国によっては同性のパートナーに共同親権を認めています。それは自然の原理の問題ではなく、私たちの社会の選択の問題だからです。

礎をかたち作るということにあるなら、それは異性間であっても同性間であっても変わるところはありません。

異性愛か同性愛かといった違いは、人種《じんしゅ》や民族、性別、障害の有無などと同じように、人間が必然的《ひつぜんてき》に持っているさまざまな「違い」の一つです。同性愛者は、多くの異性愛者に対してライフスタイルの変更を迫《せま》っているわけではなく、異性愛者の立場も同性愛者の立場も平等に尊重される社会を求めているに過ぎません。多くの人々にとって同性愛者の存在は見えづらいものですが、実際には、あなたの同僚や友人、家族や隣人の一人です。普段はそのことに気づかず、特に関心も持たずに過ごしているに過ぎません。そういった人々の抱える問題に気づき、自分との「違い」を認めてそれを尊重できるかどうかは、私たちが、また私たちの社会が「大人」であるか否かを図る基準でもあるのです。

（野宮亜紀）

Q48 パートナーシップ登録制度や同性婚を実現するためには何が必要ですか？

欧米にはパートナーシップ登録制度や同性婚があるとわかりました。なぜまだ日本にはないのですか？　それら制度を実現するためにできることは何ですか？

まずは、日本で同性同士の生活の法的保障を実現するための具体的な方法を知る必要があります。法律をつくるのは、日本では国会です。衆議院《しゅうぎいん》と参議院《さんぎいん》が賛成多数《さんせいたすう》で法案を通過させると、法律になります。法案の是非《ぜひ》の最終判断は、国会議員の役割なのです。では、法律をつくる国会議員たちはどうやって選出されているのかといえば、二十歳（二〇一六年から十八歳）以上の日本国籍を有する人の選挙での投票によって選ばれています。この政治のしくみを理解することがとても重要です。

国会議員たちに同性カップルのためのパートナーシップ制度に賛成してもらうにはどうしたらいいかというと、これには様々なやり方があります。しかし、何より大事なことは、同性を生活のパートナーとしている当事者自身が、パートナーシップ制度を心から望むことです。日本にもこうした法律が必要なんだという熱意《ねつい》がなければ、誰も応援してくれません。大切な誰かと一緒に暮らしていくために、人

同性婚について

日本では、憲法二四条が、婚姻は「両性の合意のみによって」成立するものと規定しています（→Q14）。

この条文の解釈を巡っては意見がわかれています。二〇一五年の参議院の質疑において安倍首相は、「憲法二十四条は、婚姻は、両性の合意のみに基づいて成立すると定めており、現行憲法の下では、同性カップルに婚姻の成立を認めることは想定されておりません。同性婚を認めるために憲法改正を検討すべきか否か

間として平等な権利が欲しい、自分たちの権利を獲得《かくとく》するために立ち上がるんだ、そう信じる、あなたの力が必要です。

次は手段の話ですが、国会議員を動かすために必要なのは、世論《よろん》の喚起《かんき》です。議員の特性として、ある法案に賛成したら、自分が周囲にどういう評価をされるのかを気にします。その判断のために、世論を必死で読んでいます。逆に言うと、世論がパートナーシップ制度を必要と考えるなら、議員を動かすことができるのです。

その世論を変えていくためには、同性パートナーと暮らす人たちが、実は多くの人の身近に、すでに「いる」のだということを理解してもらわなくてはいけません。この法律は、一握りの誰かではなく、家族や友人といった身近な人たちを幸せにするための法律なのだということを多くの人に知ってもらうことが大事です。

あなたがもしカミングアウト（公表）できる状況にあるのなら、是非、あなたという存在を周囲に知らせて下さい。同性パートナーがいるあなたのために、パートナーシップ制度が必要だと思う人がもっともっと増えたら、世論を変えることができます。カリフォルニア州モントレーの「マリッジ・イクオリティ」というグループのモットーをご紹介しましょう。

「偉大《いだい》な考え、情熱的なスピーチ、メール、抗議《こうぎ》、選挙いずれも必要だが、これだけで世界を変えることはできない。世界を変えられるのは自分らしく本当の姿を隠《かく》さずに生きること。皆に自分と自分の家族を知ってもらうこと。本当の私たちをみて欲しい。そうしたら私たちは皆と同じ人間だということに気がつくでしょう。

は、我が国の家族の在り方の根幹に関わる問題であり、極めて慎重な検討を要するものと考えております」と答弁しています。憲法一三条の幸福追求権の一環として、家族を作る権利が認められており、憲法制定当初は同性婚を想定していなかっただけであり同性婚を禁止する意図はなく、新たな立法により婚姻が可能であるという見解もあります。

多様な当事者の意見

日本の当事者たちにも、様々な立場があり、意見があります。当事者たちの声を聞くと、婚姻制度と戸籍制度に内包《ないほう》される、民族差別《みんぞくさべつ》、部落《ぶらく》差別、女性差別などの問題を、そのまま同性間で引き継いでしまう同性婚への懸念《けねん》が、特に女性として抑圧の対象になっているレズビアンの中で聞かれます。具体的な法的保障は

私たちは、彼らが求めているものと同じものを求めている。私たちは彼らが持っている夢と同じ夢を持っている。だからこそ、平等であるべきだ」。

世論の喚起とは別に、一人ひとりがパートナーとの関係の実績《じっせき》を積み上げていくことも同じように重要です。今からできることもたくさんあります。例えば、公正証書を作成する（↓Q31、32）、お互いを受取人に指定して生命保険に入る（↓Q36）等、パートナーと生活上の契約を結んでいくこと。事実婚に認められる民間や行政の諸権利（↓Q9）を、同性パートナーにも拡大していくよう求めること。

国会周辺では、国会議員に立法の働きかけを行うNPO団体EMA日本や、特別配偶者（パートナーシップ）法全国ネットワーク等が活動しています。また、性的指向、性自認による差別をなくすための立法を求める「LGBT法連合会」が二〇一五年に設立されました。これらの団体を支援することで政策実現を目指す方法もあります。また、超党派議員によるLGBTに関する課題を考える議員連盟も立ち上がっています。二〇一六年の通常国会では、民進、共産、社民、生活の党と山本太郎となかまたちの四党による、「性的指向又は性自認を理由とする差別の解消等の推進に関する法律案」（通称・LGBT差別解消法案）が衆議院に提出をされています。

同じく二〇一五年には、法律の専門家によるLGBT支援法律家ネットワークの有志によって、同性婚人権救済弁護団が作られ、日本弁護士連合会に対して日本で同性婚が法制化されていないのは人権侵害であるとして人権救済の申立書を提出

欲しいが、同性婚には賛成できないという声もあります。

また、社会保障等の単位をカップルや世帯ではなく、一人ひとり、シングル単位に見直していくべきでは、という声もあります（↓Q46）。このシングル単位の考え方は、同性パートナーの法的保障の対立項ではない、と私は考えています。同性パートナーの法的保障の実現は、日本の社会構造を家族単位から個人単位へ転換していくための、ひとつのステップとして位置づけることができるのではないでしょうか。

LGBT
レズビアン・ゲイ・バイセクシュアル・トランスジェンダーの頭文字。

しています。四五五人の方が申立人になりました。この申し立てを受け、立法を求める勧告が日本弁護士連合会から出れば、法制定に向けての推進力になります。

各自治体では、渋谷区がパートナーシップ証明書、世田谷区、伊賀市、宝塚市、那覇市などがパートナーシップ宣誓書受領証の交付を行っています。自治体の同性パートナー承認の政策を全国に広げていくことも重要です。お住まいの自治体の首長や議員への働きかけをしてみて下さい。

同性パートナーの法的保障を求める世界的な流れは、決して止まることがないと私は確信しています。主要国会議（G7）の中で、同性カップルのためのパートナーシップ制度がない国は、すでに日本だけになっています。日本でも三十年も前からLGBTであることをカミングアウトして頑張ってきた人たちがいてくれたからこそ、確実に社会の受容度は上がってきています。私は、LGBT等の性的マイノリティの「孤独と自己否定《じこひてい》」を「連帯と自己肯定《じここうてい》」に変えていきたいと心から願っています。一人ひとりの力は小さいかもしれませんが、それを集めれば大きな力になります。自分を信じること、そして、自分たちの権利のために立ち上がること、声を上げること。私たちには、きっともうすでに、社会を変える力があるのです。

（尾辻かな子）

裁判の支援について

二人で締結《ていけつ》した契約に第三者から異議を申し立てられた場合等には、同性パートナーの権利を求めて裁判で争うことも必要になるでしょう。裁判は、時間とお金がかかるので、誰もができることではないかもしれませんが、よい判例は、他の当事者たちにも有利に働く可能性があるのですから、コミュニティとして裁判を支援していくことも必要だと思います。

斎藤　あかね（さいとう　あかね）

中央大学法学部法律学科卒業。緑風出版勤務。主に、性的マイノリティや、ジェンダーなどの社会問題を中心とした書籍を企画・編集。

齋藤　笑美子（さいとう　えみこ）

一橋大学大学院法学研究科博士課程修了。博士（法学）。一橋大学大学院法学研究科特任講師、茨城大学人文学部准教授を経て、2013年より在仏で活動。

鈴木　伸智（すずき　しんち）

青山学院大学大学院法学研究科博士後期課程標準修業年限満了退学。
青山学院大学法学部助手を経て、現在、愛知学院大学法学部准教授。

谷口　洋幸（たにぐち　ひろゆき）

高岡法科大学法学部准教授、博士（法学）。専門分野は国際人権法・ジェンダー法学。日本学術振興会特別研究員、早稲田大学法学学術院助手を経て現職。主著に『性的マイノリティ判例解説』（共編著、2011年、信山社）、「『同性婚』は国家の義務か」現代思想43-16（2015年）ほか著書・論文多数。

田巻　帝子（たまき　ていこ）

2005年9月新潟大学大学院現代社会文化研究科（博士後期課程）修了、博士（法学）。現在、新潟大学法学部教授。専攻は法社会学、イギリス家族法など。関連する業績として「同性婚：イギリス」比較法研究74号（2012年）、床谷文雄・本山敦編『親権法の比較研究』（日本評論社、2014年）、「イギリス－パートナーシップ制度と婚姻制度の並立」法律時報88巻5号（2016年）など。

藤井　ひろみ（ふじい　ひろみ）

1967年生まれ。神戸市看護大学准教授。博士（看護学）。助産師。「LGBTサポートブック」（保育社 2016）など。ウェブサイト『町家助産院』（http://machi.iinaa.net/）

溝口　彰子（みぞぐち　あきこ）

法政、明治学院、多摩美術大学など非常勤講師。「LOUD」スタッフなど、1990年代東京のレズビアン・コミュニティで活動した後、米国ロチェスター大学大学院でビジュアル&カルチュラル・スタディーズPhD（博士号）取得。著書『ＢＬ進化論　ボーイズラブが社会を動かす』（太田出版、2015）は台湾と韓国でも翻訳出版された。対談集『ＢＬ進化論　対話編』をLGBTのためのサイト「2CHOPO」で連載中（2017年書籍化予定）。

村上　隆則（むらかみ　たかのり）

会社員。元・成城大学民俗学研究所共同研究員。専門分野は文化人類学・セクシュアリティ研究。関連する翻訳書にジョージ・チョーンシー『同性婚―ゲイの権利をめぐるアメリカ現代史』（共訳、2006年、明石書店）。

〈著者略歴〉五十音順

有田　啓子（ありた　けいこ）

博士（学術）。学位論文『「親」という社会システムの再構築に向けて―「同性親」をめぐる諸議論の検討―』(2009)。共著『実践　ジェンダー・フリー教育―フェミニズムを学校に―』(1998、明石書店)、『論点ハンドブック　家族社会学』(2009、世界思想社)。

池田　宏（いけだ　ひろし）

1959 年兵庫県生まれ。現在、同性カップルの法的認知・保障を目指す特別配偶者（パートナーシップ）法全国ネットワーク共同代表、LGBT 法連合会共同代表。1993 年に米コロンビア大学 MBA 取得。ニュー・ジーランド人パートナーと同国パートナー法で結ばれ、NZ 現地企業、在欧州日系企業にて働いた後、現在は日本と NZ を往来する生活の中、日本での LGBT 権利獲得を目標にロビー活動中。

出雲　まろう（いずも　まろう）

94 年日本初の同性パートナー間による公正証書を作成公表する。著書『まな板の上の恋』(93 宝島社)、『チャンバラ・クィーン』(2002 パンドラ)、編著『虹の彼方に　レズビアン・ゲイ・クィア映画を読む』(2005 パンドラ)、豪州移住後の論文やエッセイに「男優・三島由紀夫試論」(『日本映画は生きている第５巻　監督と俳優の美学』2010 岩波書店)、「井の頭公園と大島作品の思い出」(2012『大島弓子の話をしよう』Scopeboy Books) などがある。

大島　梨沙（おおしま　りさ）

2004 年北海道大学法学部卒業。2010 年北海道大学大学院法学研究科博士後期課程修了。新潟大学実務法学研究科・法学部准教授。
民法専攻。共編著『性的マイノリティ判例解説』(2011 年、信山社)。

大村　芳昭（おおむら　よしあき）

1963 年東京都生まれ。法曹を志して東京大学に入学するが、研究者に志望変更。東大大学院で国際家族法を学び、修士論文「タラーク離婚の渉外的効力」で 1989 年に法学修士号取得。その後も一貫して国際家族法にこだわり現在に至る。1997 年に中央学院大学専任講師に着任し、助教授を経て 2005 年より教授。2012 年より法学部長。大学以外では、習志野・船橋・我孫子・流山・柏の各市で男女共同参画関係の審議会委員を歴任。

尾辻　かな子（おつじ　かなこ）

1974 年生まれ。同志社大学商学部卒。2003 年 4 月に大阪府議会議員に初当選。2005 年 8 月の東京レズビアン&ゲイパレードで、議員としては日本で初めて同性愛者であることを公表した。2013 年参議院議員。著書『カミングアウト――自分らしさを見つける旅』(講談社)。一般社団法人 LGBT 政策情報センター代表理事。

鹿賀　理恵子（かが　りえこ）

1968 年宮崎県生まれ。語学講師。1995 年の LOUD 創設直後からスタッフとして関わり、現在 LOUD 副代表。2015 年 7 月に行われた日弁連への同性婚人権救済申立てにパートナーと共に加わっている。

釜野　さおり（かまの　さおり）

スタンフォード大学大学院社会学研究科博士課程修了（Ph.D）。"*Lesbians" in East Asia* (Harrington Park Press) 共編の他、*Journal of Lesbian Studies*、『スウェーデンの家族とパートナー関係』(青木書店)、『少子化のジェンダー分析』(勁草書房)、*East Asian Sexualities* (Zed Books)、*Transforming Japan* (Feminist Press)、『人口問題研究』、『家族社会学研究』、『論叢クィア』等に執筆。国立社会保障・人口問題研究所に勤務。

〈編著者略歴〉五十音順

大江　千束（おおえ　ちづか）

東京中野にあるセクシュアルマイノリティのためのコミュニティ、LOUD（ラウド www.space-loud.org/）代表。主な著書に『Q&A 同性愛って何？』（緑風出版）、『Q&A10 代からのセイファーセックス入門』（緑風出版）などがある。

杉浦　郁子（すぎうら　いくこ）

和光大学現代人間学部准教授。社会学。最近の業績に「『女性同性愛』言説をめぐる歴史的研究の展開と課題」『和光大学現代人間学部紀要』8（2015 年）、『セクシュアル・マイノリティ白書 2015』NPO 法人共生社会をつくるセクシュアル・マイノリティ支援全国ネットワーク監修発行／小島和子・杉浦郁子編（2015 年）がある。

野宮　亜紀（のみや　あき）

東京生まれ。早稲田大学第一文学部心理学専修卒業。1998 年より、性同一性障害／トランスセクシュアル／トランスジェンダーの自助・支援グループ「Trans-Net Japan：TS と TG を支える人々の会」運営メンバー。和光大学非常勤講師（2005 年～ 2011 年）、神奈川大学非常勤講師（2013 年～）。著書に『Q&A 性同一性障害って何？［増補改訂版］』（共著、緑風出版）、『Q&A 性同一性障害と戸籍』（緑風出版）など。

プロブレムQ＆A
パートナーシップ・生活《せいかつ》と制度《せいど》【増補改訂版】
［結婚、事実婚、同性婚］

2007年1月31日　初版第1刷発行　定価1800円＋税
2016年9月31日　増補改訂版第1刷発行

編著者　杉浦郁子・野宮亜紀・大江千束 ©
発行者　高須次郎
発行所　緑風出版
〒113-0033　東京都文京区本郷2-17-5　ツイン壱岐坂
〔電話〕03-3812-9420　〔FAX〕03-3812-7262　〔郵便振替〕00100-9-30776
［E-mail］info@ryokufu.com
［URL］http://www.ryokufu.com/

装　幀　斎藤あかね　カバーイラスト　Nozu　本文イラスト　天宮　沙江
組　版　R 企 画　印　刷　中央精版印刷・巣鴨美術印刷
製　本　中央精版印刷　用　紙　大宝紙業・中央精版印刷　E1500

Printed in Japan　ISBN978-4-8461-1608-8　C0336

プロブレムQ&A
戸籍って何だ
［差別をつくりだすもの］
佐藤文明著
A5判変並製
二六四頁
1900円
日本独自の戸籍制度だが、その内実はあまり知られていない。戸籍研究家と知られる著者が、個人情報との関連や差別問題、婚外子差別から外国人登録問題等、幅広く戸籍の問題をとらえ返し、その生い立ちから問題点までやさしく解説。

レインボーフォーラム
ゲイ編集者からの論士歴問
永易至文編著
四六判並製
二三六頁
1800円
あの人がゲイ・レズビアンを語ったら……読者は、同性愛者コミュニティがけっして日本社会と無縁で特殊な存在ではない事をむしろ日本社会の課題をすぐれて先鋭的に体現する場所である事を理解されるでしょう。

性なる聖なる生
――セクシュアリティと魂の交叉
虎井まさ衛・大月純子／河口和也著
四六判並製
二四〇頁
1700円
セクシュアル・マイノリティーは、神からタブーとされる存在なのか？　性別適合手術は神への冒瀆なのか？　別々の視点から「聖なるもの」を語り、一人一人の性を自分らしく、今を生き生きと生きるために性と聖を見つめなおす。

プロブレムQ&A
アイヌ差別問題読本［増補改訂版］
［シサムになるために］
小笠原信之著
A5変並製
二七六頁
1900円
二風谷ダム判決や、九七年に成立した「アイヌ文化振興法」等話題になっているアイヌ。しかし私たちは、アイヌの歴史をどれだけ知っているのだろうか？　本書はその歴史と差別問題、そして先住民権とは何かを易しく解説。最新版。

プロブレムQ&A
どう考える？　生殖医療
［体外受精から代理出産・受精卵診断まで］
小笠原信之著
A5変並製
二〇八頁
1700円
人工受精・体外受精・代理出産・クローンと生殖分野の医療技術の発展はめざましい。出生前診断で出産を断念することの是非や、人工授精児たちの親捜し等、色々な問題を整理し解説すると共に、生命の尊厳を踏まえ共に考える書。

私たちの仲間
［結合双生児と多様な身体の未来］
アリス・ドムラット・ドレガー著／針間克己訳
四六判並製
二七二頁
2400円
結合双生児、インターセックス、巨人症、小人症、口唇裂……多様な身体を持つ人々。本書は、身体的「正常化」の歴史的文化的背景をさぐり、独特の身体に対して変えるべきは身体ではなく、人々の心ではないかと問いかける。